国家出版基金项目
NATIONAL PUBLICATION FOUNDATION

中国共产党
理论武装一百年丛书

马克思主义
在广东传播一百年

MAKESI ZHUYI ZAI GUANGDONG
CHUANBO YIBAI NIAN

中共广东省委宣传部 编

SPM
南方出版传媒
广东人民出版社
·广州·

图书在版编目（CIP）数据

马克思主义在广东传播一百年 / 中共广东省委宣传部编. —广州：
广东人民出版社，2021.6（2022.3 重印）
（中国共产党理论武装一百年丛书）
ISBN 978-7-218-15074-1

Ⅰ.①马… Ⅱ.①中… Ⅲ.①马克思主义—党史—广东 Ⅳ.
①D235.1

中国版本图书馆 CIP 数据核字（2021）第 104538 号

MAKESI ZHUYI ZAI GUANGDONG CHUANBO YIBAI NIAN

马克思主义在广东传播一百年

中共广东省委宣传部 编　　　　　　版权所有　翻印必究

出 版 人：肖风华

出版统筹：钟永宁　卢雪华
责任编辑：黎　捷　梁　晖　李宜励
责任校对：胡艺超
封面设计：河马设计
版式设计：书窗设计工作室
责任技编：吴彦斌　周星奎

出版发行：广东人民出版社
地　　址：广州市海珠区新港西路 204 号 2 号楼（邮政编码：510300）
电　　话：（020）85716809（总编室）
传　　真：（020）85716872
网　　址：http://www.gdpph.com
印　　刷：广州市豪威彩色印务有限公司
开　　本：787mm×1092mm　1/16
印　　张：23.5　字　数：310 千
版　　次：2021 年 6 月第 1 版
印　　次：2022 年 3 月第 3 次印刷
定　　价：80.00 元

《马克思主义在广东传播一百年》
编撰人员

-主　编-

张承良

-著　者-

张承良　舒建华　蓝　强

前　言

思想是行动的先导，理论是实践的指南。坚持以科学理论引领、用科学理论武装，是马克思主义政党永葆先进性纯洁性的根本保证，也是中国共产党历经百年风雨依然风华正茂的重要法宝。一百年来，我们党之所以能历经磨难而不断发展壮大，很重要的一条就是始终重视思想建党、理论强党，用党的科学理论为中国革命、建设、改革提供强大思想武器，坚持用科学理论武装广大党员、干部的头脑，使全党始终保持统一的思想、坚定的意志、强大的战斗力，在攻坚克难中从胜利走向胜利。

我们党的历史，是一部不断推进理论创新、进行理论创造的历史，是一部不断推进马克思主义中国化、时代化、大众化的历史。一百年来，我们党不断推进马克思主义中国化。自诞生之日起，我们党就把马克思主义确立为自己的指导思想，坚持把马克思主义基本原理同中国具体实际相结合，坚持解放思想和实事求是相统一、培元固本和守正创新相统一，产生了毛泽东思想、邓小平理论、"三个代表"重要思想、科学发展观，产生了习近平新时代中国特色社会主义思想，指引近代以来久经磨难的中华民族实现了从站起来、富起来到强起来的伟大飞跃。一百年来，我们党不断推进马克思主义时代化。肩负不断开辟马克思主义新境界这一神圣职责，我们党坚持用马克思主义观察时代、解读时代、引领时代，立足时代之基，回答时代之问，引领时代之变，不断探索时代发展提出的新课题、面临的新挑战，形成了既一脉相承又与时俱进的科学理论体系。一百年来，我们党不断推进马克思主义大众化。时刻牢记"人民群众是历史的创造者"，促进"理论掌握群众"向"群众掌握理论"转化，我们党始终把组织群众、宣传群众、凝聚群众、服务群众作为重要职责，注重用人民群众普遍接受的方式宣传马克思主义，使马克思主义为人民群众所理解和接受、认同和信仰、掌握和运用，让科学理论在掌握群众的过程中不断转化为群众认识世界、把握规律、追求真理、改造世界的强大力量。

党的十八大以来，以习近平同志为主要代表的中国共产党人，坚持马克思主义立场观点方法，根据时代特点和实践要求，以崭新的思想内容丰富和发展了马克思主义，创立了习近平新时代中国特色社会主义思想。这一思想，是新时代中国共产党的思想旗帜，是国家政治生活和社会生活的根本指针，是引领中国、影响世界的当代中国马克思主义、21世纪马克思主义。站在"两个一百年"的历史交汇点上，统筹中华民族伟大复兴战略全局和世界百年未有之大变局，更好推进全面建设社会主义现代化国家、向第二个百年奋斗目标进军，必须始终坚持马克思主义指导地位，持续抓好理论武装工作，用习近平新时代中国特色社会主义思想统一思想、统一意志、统一行动。要坚持马克思主义立场观点方法，坚持唯物史观，教育引导广大干部群众从深层次上掌握党的创新理论的精髓要义，不断提高政治判断力、政治领悟力、政治执行力，切实把增强"四个意识"、坚定"四个自信"、做到"两个维护"落实到行动上。要坚持推进实践基础上的理论创新，加强对改革开放和社会主义现代化建设实践经验的系统总结，深化对重大理论和现实问题的研究，提炼出有学理性的新理论，概括出有规律性的新实践，为丰富和发展党的创新理论作出新的贡献。要坚持推进理论宣传普及，努力构建接地气有生气、富有吸引力感染力的大众话语体系，广泛组织开展分众化、对象化、互动化理论宣讲，用丰富多样、有时代气息的形式载体进行宣传普及，架起科学理论通向人民群众的桥梁，推动习近平新时代中国特色社会主义思想"飞入寻常百姓家"。

在中国共产党百年华诞之际，由中共广东省委宣传部组织省内部分高校和省委党校专家学者历时两年时间编撰的《中国共产党理论武装一百年丛书》得以公开出版。这套丛书由《马克思主义中国化一百年》《马克思主义时代化一百年》《马克思主义大众化一百年》和《马克思主义在广东传播一百年》4部专著组成，系统回顾和总结了我们党一百年来推动马克思主义中国化、时代化、大众化的伟大历程、生动实践和宝贵经验，以及广东在这一历程中的重要地位和特殊贡献，为广大干部群众了解我们党开展理论武装工作的历史提供了一套简明、生动、系统的著作，值得广大干部群众认真阅读、学习。希望这套丛书能够帮助广大干部群众更好地感悟马克思主义的真理力量和实践伟力，特别是结合党的十八大以来党和国家事业取得历史性成就、发生历史性变革的进程，深刻学习掌握新时代党的创新理论，坚持不懈用习近平新时代中国特色社会主义思想武装头脑、指导实践、推动工作。

中共广东省委宣传部

2021 年 5 月

目　录

导　言

　　在人类发展史上，马克思主义的诞生堪称是一场伟大的思想革命。作为一种科学理论体系，马克思主义的伟大之处不仅在于它第一次较为全面、深刻地揭示了社会发展的基本规律，为人类的解放指明了目标和方向；而且还在于它给世界第一次带来了经得起实践检验的、科学的世界观和方法论，直到今天，马克思主义仍然是分析、改造世界的科学工具。马克思主义中国化的百年历程，以铁一般的事实证明了和证明着马克思主义作为一种极具实践性、开放性、创新性和包容性的科学思想，其在中国共产党的领导下，在与中国国情相结合的过程中，对中国革命、中国现代化建设所发挥的巨大思想价值。这一过程，实质上就是将马克思主义（科学社会主义）作为价值目标，亿万中国人民在百年中不懈追寻和接近这一目标的历史；这一过程，实质上也是马克思主义作为思想武器，不断为广大人民群众所掌握，用于认识世界、改造世界的历史。在这一过程中，传播是起着基础性作用的重要环节。

从 20 世纪初马克思主义被引介到中国，其在中国的传播发展已经走过了百年历程。时至今日，马克思主义已然深深地嵌入到中国政治和经济社会发展的方方面面，与中华文化发展日益深度融合，成为当代中华文化肌体的一部分。在此背景下，我们来考察马克思主义在中国的百年传播，尝试以广东这个样本来梳理、解读马克思主义中国化过程中传播维度的历史变迁，以期从中寻找一些规律性的认识，进一步推动马克思主义这一科学思想在中国被更为广泛和系统化地接受。

一

　　鸦片战争，古老中国的国门被西方列强的坚船利炮轰开，中国日益沦为半殖民地半封建社会，觉醒的中国人四处寻找救国良方，从洋务运动到戊戌变法，再到辛亥革命之后的历次政治改革和革命，经过半个多世纪的努力，却始终没有找到适合中国国情的救国救民之路。只有在中国共产党成立后，共产党人以马克思主义为指导，将马克思主义与中国实际相结合，才带领中国人民找到了一条适合中国国情的救国兴邦之路。在经过新民主主义革命、社会主义革命和社会主义建设、中国特色社会主义建设等不同历史时期的艰苦拼搏之后，中华民族伟大复兴之路终于迎来了从站起来、富起来到强起来的历史性转变。这一过程也是马克思主义思想持续发挥指导作用，日益从理论到实践，与中国发展实际交融共生的过程：一方面，马克思主义为中国实践提供了方向指引和方法论指导；另一方面，中国实践又为马克思主义的当代发展贡献了最新成果和时代印证，"21 世纪的马克思主义"由此以充溢的时代活力向世人宣告了科学的理论可以达到的时代高度和未来可能。在这一过程中，马克思主义的传播无疑是一个极其重要的环节，是一个值得深入研究探讨的重要课题。

　　从更长的时段来看，马克思主义在中国的百年传播，与中华文化传统相合相生，并成为当代中国文化有机体的重要内容，这也成为一个非常值得深入研究的文化现象。在中华文化漫长的发展过程中，不止一次地出现过外来文化成规模地融入的现象。但自 20 世纪初才开始被引介到中国的马克思主义，在百年时间里如此成系统地与中华文化相互融入，以中华文化基因中一直以来相对缺乏的科学思维深度变革和优化中华文化生态，这却是有史以来的第一次。那么，在这一过程中，马克思主义的发展是如何由"自发"而至"自觉"的？其传播又是如何从"星星之火"而终成"燎原之势"的？

自20世纪初以来，中国至少曾经有过两次对外来文化（以西方文化为主要对象）的深度接受。五四新文化运动时期，中国第一次全面拥抱西方文化。这一时期，知识精英纷纷走出国门，满腔热情地来到西方发达国家以及十月革命之后的苏联，去寻找救国救民之道。他们广泛接触、了解西方文化，把各式西方理论和思潮引介到中国来。正是在这一时期，马克思主义从日本、苏联、法国等国被引介到中国来，并在国内落地生根，成为当时公认的、最流行的一种新思潮。在经过"马克思主义与无政府主义""问题与主义""社会主义与资本主义"等一系列论战之后，马克思主义在中国的影响力进一步扩大。先进的知识分子也通过对各种主义和思潮的比较、甄别和筛选，最终认识到只有科学社会主义即马克思主义才是改造中国的唯一正确的道路。此后，越来越多的先进分子自觉接受马克思主义，集合在马克思主义的旗帜下，中国历史由此掀开崭新的一页。

中国共产党成立后，一直十分重视马克思主义的传播工作。以马克思主义经典著作的翻译出版为例：大革命失败后，在白色恐怖的险恶环境下，马克思、恩格斯的著作以公开或秘密的形式持续得到出版和推介。正是在这一时期，马克思《资本论》（第一卷第一分册）、恩格斯《反杜林论》与马克思《拿破仑第三政变记》等重要著作陆续有了中译本。抗日战争时期，延安马列学院专门成立了负责马列主义著作编译工作的编辑部，先后出版了"马克思恩格斯丛书"，包括《哥达纲领批判》《法兰西内战》《社会主义从空想到科学的发展》等著作，及《列宁选集》（18卷本）、《斯大林选集》

（5 卷本）及《马克思恩格斯列宁论艺术》等专题文集。在国统区和敌占区，以生活书店、读书出版社和新知书店为代表的进步出版界，也在极其艰难的条件下，持续翻印来自解放区的马恩著作新译本，甚至还于 1938 年在上海发行了郭大力、王亚南合译的《资本论》，从而成就了我国第一部《资本论》全译本的出版。中华人民共和国成立后，国内开展了大规模的翻译、推介马克思主义的工作。1950 年 12 月成立了人民出版社，使之成为出版马克思主义经典著作的主要出版平台。1953 年 1 月，中共中央成立了马克思恩格斯列宁斯大林著作编译局（简称中央编译局），开始有计划地系统翻译马克思、恩格斯、列宁、斯大林的著作。此后所出版的成果，以《马克思恩格斯全集》《列宁全集》《斯大林全集》这三大全集为标志，无论在品种、规模上，还是译文质量、装帧用纸及出版印刷上，都达到了前所未有的高度，为马克思主义的广泛传播提供了很高的起点。

中共十一届三中全会后，国内知识界再次全面译介、深入了解西方文化。从 20 世纪 70 年代末到 90 年代初，在改革开放的时代背景下，国内出现了新一轮的大规模译介、传播西方文化的潮流，西方文化得到了更加系统化的翻译和推介。在这一阶段，包括马克思主义经典著作、西方马克思主义等在内的西方 20 世纪文论，以及哲学、美学、文化学、社会学、心理学等社会科学和人文学科的重要成果都被纳入视野。正是在这一次对西方文化的"深度拥抱"中，国内知识界"认识自己的文化，理解所接触到的多种文化，在这个已经在形成中的多元文化的世界里确立自己的位置"[1]，从而在与当

---

① 费孝通：《反思、对话、文化自觉》，《北京大学学报》（哲学社会科学版）1997 年第 3 期，第 22 页。

下中国特色社会主义建设的实践探索中进一步明确和坚定了马克思主义意识形态指导地位的文化自觉。

二

马克思主义在广东百年传播的研究，从根本上来说是马克思主义在广东发生、发展过程的梳理和评判，是观察马克思主义中国化的一个具有样本意义的窗口。在本课题中，我们将马克思主义在广东的百年变迁聚焦在传播层面，试图以传播为核心主题，梳理马克思主义在广东百年传播的历史景观、发展演进及时代表征，发现历史演进背后的动力机制、作用途径与经验得失。

马克思主义的广东传播，既有其自身的独特性，同时又有马克思主义在中国传播的共性，通过这一研究，一方面可在百年历程中了解马克思主义作为一种外来思想（文化现象），在广东落地生根、发展壮大的演变过程及其背后的影响因素；另一方面又可从广东这个样本中看到马克思主义中国化进程中影响传播发生、发展的时代变量及体制机制因素。其中，所关注的核心问题在于：从最初的引介到当代的深度融合与活力迸发，马克思主义的百年传播是如何在传播主体与接受主体之间建立起有效的机制，使马克思主义作为理论和知识信息与接受主体的情感体验和理性思考相契合，进而成为接受主体思想意识、实践能力的一部分的？在这一过程中，必然有着诸多的成功经验，以及值得引以为戒的过失和教训。其中，必定存在着复杂的多样变量，它们存在于传播的主客体、环节、渠道、方式方法、环境等方面，以某个或某些变量，或机制乃至体制因素，在客观上决定和制约着马克思主义传播的有效性。那么，本研究通过对马克思主义在广东传播百年历程的梳理，总结其中的经验得失，发现并揭示马克思主义传播中的制约性因素，为马克思主义的可持续传播提供讨论和改进的基础。

第一章

马克思主义在广东传播概说

广东是马克思主义在中国传播的重要阵地，也是将马克思主义理论与中国具体实践相结合的重要策源地、先行地，在马克思主义中国传播的百年进程中有着特殊地位。研究马克思主义在广东的百年传播，涉及的论题是丰富而多样的。现有的研究成果主要在早期（即建党前后）传播上，对土地革命战争时期以后及至当代的传播，并无深入的系统研究。在此，本章将研究的视野放大到马克思主义广东传播的百年历程上，主要对马克思主义在广东传播的基本维度、历史演进及特征等做一梳理、概括。

一、马克思主义在广东传播的基本维度

自近代以来，广东往往是外来新思想、新观念最早得到认识和引介的地方。广东作为中国民主革命的发祥地，也是马克思主义较早得到系统传播和实践的地方之一。从 20 世纪初至今百多年的时间里，马克思主义的广东传播作为一段历史实践，已经形成了丰富而突出的创新成果。

（一）马克思主义传播及其研究的基本界定

1. 马克思主义传播的内涵界定

对马克思主义在广东百年传播的研究，从根本上来说是一项以马克思主义为主题的传播学研究。因此，在研究展开之前，首先需要对马克思主义、马克思主义传播的内涵等做一个基本的界定。

首先，是对马克思主义概念内涵的理解。通常有狭义和广义的区分。狭义的马克思主义，指的是作为创始人的马克思、恩格斯的观点、理论和学说体系；广义的马克思主义，是指以马克思、恩格斯的观点、理论和学说体系为核心，包括马克思、恩格斯以及马克思主义者在历史进程中继承、创新发展出来的思想理论体系。具体言之，我们把马克思主义思想理论体系区分为马克思主义哲学、马克思主义政治经济学以及科学社会主义三个部分，那么，包括马克思和恩格斯本人的理论学说，以及他们的继承者所发展出来的理论学说（如列宁、斯大林以及中国化的马克思主义等），都应涵盖在内。在中国，马克思主义在与中国新民主主义革命、社会主义革命与社会主义建设及中国特色社会主义建设的具体实践相结合的过程中，形成了中国化的马克思主义：以毛泽东为代表的中国共产党人，把马克思主义的基本理论与中国革命及社会主义建设实践相结合，创立了毛泽东思想。改革开放以来，中国共产党人将马克思主义与中国特色社会主义建设实践相结合，形成了包括邓小平理论、"三个代表"重要思想、科学发展观以及习近平新时代中国特色社会主义思想等在内的中国特色社会主义理论体系，是马克思主义在当代的重大思想和理论创新，是当代马克思主义的最新成果。

基于此，我们讨论马克思主义的传播，主要是指广义上的马克思主义，其中既包括马克思和恩格斯本人的理论学说的传播、列宁与斯大林相关理论学说的传播，也包括毛泽东思想，以及邓小平理论、"三个代表"重要思想、科学发展观、习近平新时代中国特色社会主义思想等在内的中国特色社会主义理论体系的传播。

2. 马克思主义传播研究的界定

作为一种政治与社会文化变迁的历史考察，本研究将主要聚焦于马克思主义传播的社会化层面，更多地关注群体传播、组织传播及大众传播的维度。同时，以马克思主义在广东传播的历史与现实问题为出发点和聚焦点，以社会范式研究为主，并根据研究需要兼及其他范式。

马克思主义在中国的百年传播作为马克思主义中国化中一个极其重要的层面，首先是因其所承担的重要政治使命，而作为一种革命理论、政治思想在中国从被引介到接受，进而成为新民主主义革命、社会主义革命和社会主义建设以及中国特色社会主义建设等不同历史时期的指导思想并最终成为社会主流意识形态的过程。因此，研究马克思主义的百年传播，就是要在梳理马克思主义从进入中国到作为当代中国主流意识形态和政治指导思想的历史变迁脉络基础上，弄清楚其中的运作机制、经验得失，以改进思想政治教育的做法，提高马克思主义传播的有效性。

与此同时，马克思主义在中国的百年传播又是作为一种社会思潮、科学思想被不断推介和再阐释而被广泛接受，并最终与中国本土文化不断融入共生的文化融合过程。在长时期全方位的主动传播作用下，马克思主义的思想精髓和文化气质日益成为当代中国社会群体所共有的文化气质，极大地提升了中国国民的科学思维和思想高度。"马克思主义应当有三种存在形态：一是理论形态，它存在于两种具体形态即原生态——马克思主义经典作家、新经典作家的著作和次生态——以教科书为主导形式的著作之中；二是制度形态，它存在于党和政府的政策、法规和指导性的文件中；三是观念形态，它存在于人民大众的理想信念、知识结构、思维方式和行为方式中。"[①] 从这个意义来说，正是马克思主义在中国的传播，成为把马克思主义理论形态和制度形态转变为观念形态的关键环节所在。在这一过程中，作为抽象存在的马克思主义理论，最终为人民群众所理解和掌握，内化为人民群众的价值观念、思想观念，进而作为一种思维方式和行为方式呈现出来，成为指导人民群众认识世界、改造世界的思想武器和方法指南。因此，从文化社会学的视角，观察马克思主义从理论形态到党员领导干部及广大人民群众的观念自觉的演进过程，正是文化变迁研究的要义所在，也是马克思主义传播研究的一个重要维度。

（二）马克思主义广东传播研究的样本意义

广东作为中国民主革命的发祥地，也是外来新思想新观念最早

[①] 何怀远：《关于推进当代中国马克思主义大众化的几个问题》，《南京政治学院学报》2008 年第 3 期，第 15 页。

得到认识和引介的地方。早在 19 世纪末 20 世纪初，马克思和马克思的思想学说就被广东籍人士引介到国内来，梁启超、孙中山、朱执信等是其中的代表人物。比如，梁启超在戊戌变法时期就提出要"参西方以救中国"。梁启超流亡日本期间，于 1901—1902 年间撰写了二十余篇文章，大力引介西方政治、社会思想，其中就包括了马克思的著述，认为马克思主义是当时德国最有影响力的学派之一。此外，孙中山早在 1896 年旅居伦敦时，就研究过包括马克思主义在内的各种社会主义学说。他称赞《资本论》使马克思的社会主义学说最终成为系统学说，"有德国麦克司（马克思）者出，苦心孤诣，研究资本问题，垂三十年之久，著为《资本论》一书，发阐真理，不遗余力。而无条理之说，遂成为有系统之学理，研究社会主义者，咸知所本，不复专迎合一般粗浅激烈之言论矣"。[①]

五四运动前后，广东成为国内传播马克思主义最为活跃的地区之一。不仅出现了一批有影响力的介绍传播马克思主义的刊物和报纸，而且涌现了一批具有较高理论水平的马克思主义者，他们致力于将马克思主义与早期的中国革命实践相结合，推动实现第一次国共合作，建立了广泛的革命统一战线；与此同时，还以马克思主义为指导，放手发动工农运动、学生运动和妇女运动，为全国各地的革命运动树立了典范，在马克思主义中国化的历史上写下了精彩的一页。

改革开放之初，广东经由港澳地区鲜活地触及了现代市场经济的巨大魅力，这使广东深刻地认识到"计划不只是社会主义的专利，市场也不是资本主义所独有"的精髓要义。他们深入反思以往马克思主义传播中的种种误区，在现实环境下重新思考和理解马克思主义及其传播，并在实践层面不断打破"左"倾教条桎梏，为中国社会主义

---

① 《孙中山全集》第 2 卷，中华书局 1982 年版，第 506 页。

制度环境下市场经济建设的理论遐想和实践推进充当了排头兵。20世纪80年代末，中国改革开放10周年之际，哈佛大学著名中国问题专家傅高义出版《先行一步——改革中的广东》一书，他对广东在全国改革中的先锋作用给予了高度的评价，把广东称为"新体制的实验室"。他认为："如果说，广东的改革在中国是先行一步，那么，对于社会主义世界其他国家而言，也许就是先行两步了。"因为"广东改革的影响跨越国界"。哈佛大学出版社在介绍这本书时，也把广东称为"社会主义改革浪峰上的地区""第一条社会主义小龙"。

广东坚持马克思主义与中国实际相结合，还推动了中国社会主义制度环境下现代国家治理的本土化思考与创新实践。一般而言，一个现代意义上的民族国家，除了要确定市场经济的主体地位外，还要在制度安排、精神规则上寻找与之相适应的保障和激励体系。社会主义制度下的现代化治理，从根本上说就是在马克思主义指导下，不断探索新的价值理念和制度安排，使之从经济建设的局部上升到全局的高度来构建现代化发展需要的、确保全民福祉不断增长的制度和精神体系，从而以行之有效的新制度体系替代绩效变得低下的旧制度体系。改革开放"先走一步"的广东始终坚持将马克思主义的思想指导与广东发展的实际相结合，持之以恒地进行马克思主义传播教育，使马克思主义真正为人民群众所理解和掌握，不断在思想创新和实践创新的良性互动中实现可喜的突破：其一，在党中央和历届省委领导班子的正确领导下，打破了对社会主义与资本主义两种制度"画地为牢"的制度禁锢，建立起了改革开放的社会共识。改革开放四十多年，广东掌握马克思主义辩证法的思想精髓，大胆地借鉴现代发达国家的先进生产方式、生产手段、科学技术和管理方式，为我所用，使改革开放的观念逐渐演进为全民共识，并落实到制度层面加以固定下来。比如，改革开放初期，国门打开，外来的各种思想观念、行为方式纷纷进入，这时，就难免出现泥沙俱下的情况。但当时不少人的思想观念依然禁锢在极左的束缚中，对任何新的变化、新的做法都习惯地用固有的尺子来丈量、评判，凡是不合尺度的东西都巴不得一棍子打倒。1981 年冬，思想文化领域开展反精神污染的整治运动，有的地方采取了简单化的粗暴做法，即不分青红皂白地对外来的文化产品、文艺活动一扫而光，对外来的生活方式一律一批到底。结果，有些外商见内地如此"污""外"不分，纷纷担心又要"闭门"了，再也不敢放胆来投资。鉴于反精神污染运动带来的这种负面影响，1982 年春，中共广东省委第一书记任仲夷接受记者采访，及时、鲜明地提出"排污不排外"的方针。他指出："盲目排外是错误的、愚蠢的，自觉排污是必要的、明智的。"在实践中，我们也是按照这个方针来把握分寸，指导具体的工作。什么是污、淫秽色情的东西？不符合人类基本道德规范的东西，违背四项基本原则的东西，就是"污"，应当把它们堵在国门之外，混进来了也要予以取缔。但是，国外一些别具特色的舞蹈、新潮音乐歌曲、新异服饰、个性化生活方式等，这些都是很正常的文化现象，体现了人性的多样性发展，也反映了人的基本需求，有的还包含着人类优秀的文化成果。此外，国外的一些有关发展民主政治、建设法制社会、保护和尊重人权的思想，同样是有价值的东西，值得我们学习和借鉴，为什么一定要排斥呢？[①]

其二，坚持马克思主义思想的正确指导，坚持唯物辩证法和历史辩证法思维，形成了创新理论的信心和路径方法。改革开放所取得的巨大成效，在不断打破固化思维的同时，还激励着人们理论

---

① 中共广东省委党史研究室编：《广东改革开放决策者访谈录》，广东人民出版社2008 年版，第 39—40 页。

创新的勇气，为建立和发展中国特色社会主义理论体系，确立中国特色社会主义道路自信、理论自信、制度自信形成了根本的物质支持和精神支持。比如，改革开放的广东，除了对外来的优秀文化普遍持开放的态度，在面对优秀传统文化时也表现出明显的思辨特征。在外人看来，广东是观念开放的前沿，但又是保守传统的地方，如对人情的看重、对传统生活方式的"死守"、对自我责任（如家庭）的担当等。但事实上，正是广东人立足于当下的现实考量——既不以"主义"拒绝有效的制度安排，也不以断裂的态度来对待历史文化遗产，大胆地从传统的有效资源中吸纳适应现代发展的要素，从而达到对优秀传统文化的创造性转化和创新性发展。应该说，这才是真正的马克思主义者面对丰富而多样的实践活动时应有的态度。

　　以上种种，促使我们把研究的兴趣指向一个方面，即马克思主义在广东的传播作为一种历史实践，它从 20 世纪初至今百多年时间里，已经推动形成了如此丰富而突出的实践成果。那么，作为一种外来的思想文化，它是如何有效地融入岭南文化、中华文化的肌体中，成为当代岭南文化、中华文化的有机部分的？以此类推，当我们面向未来发问：马克思主义中国化作为开放性、建构性的政治思想使命和文化进程，马克思主义传播所承担的面向社会大众进行理论教育和思想启蒙的使命又将如何持续地、有效地得到推进？我们要做的，就是通过梳理和研究马克思主义在广东传播的历史变迁与当代实践，发现存在的问题，从中寻找规律性的认识，以理论反哺实践能力的提升，推动马克思主义传播更加有效地实现。

二、马克思主义在广东传播的历史演进

在马克思主义中国化的百年进程中，传播是马克思主义走向大众、融入中华文化的一个关键环节。

目前而言，学术界对马克思主义在中国传播的历史进程进行分期，一般是将这一历史进程与近现代政治史、革命史、中共党史、思想史分期基本保持一致，即新民主主义革命时期、社会主义革命和建设时期、改革开放新时期。在此，我们参照学术界这一达成共识的分期，将马克思主义在广东的传播分为四个大的发展阶段：1919 年前后至 1949 年中华人民共和国成立为一个阶段，即新民主主义革命时期马克思主义在广东的传播；1949 年中华人民共和国成立至 1978 年党的十一届三中全会召开为一个阶段，即社会主义革命和建设时期马克思主义在广东的传播；1978 年党的十一届三中全会召开至 2012 年党的十八大召开之前为一个阶段，即改革开放新时期马克思主义在广东的传播；2012 年党的十八大召开至今，即习近平新时代中国特色社会主义思想所标示的新的历史方位下新时代马克思主义在广东的传播。

作为马克思主义中国化的重要部分，百年来广东的马克思主义传播从自发、分散，日益趋向自觉化、系统化。从早期的马克思主义传播，历经新民主主义革命时期、社会主义革命和建设时期、改革开放新时期，及至当下马克思主义在广东传播，传播的内容、传播的主体构成及其关系、传播的渠道等都发生了巨大的变化。

（一）马克思主义传播内容的变迁

百年历程中从最初的马克思、恩格斯的名字被介绍到中国，到马克思主义理论体系的译介、传播日益受到重视，传播内容经历了一个由少到多、由简入繁、由无序到体系化、由自发而自觉的发展过程。这一过程主要在两个层面上来展开：其一，对马克思主义经典文本和基本原理的传播，其主要经由马克思主义经典文本的译介、研究、出版发行，进而开展有组织的教育培训而不断地丰富和发展。这一维度的传播构成了马克思主义在广东百年传播的基本面，即在不同的历史时期，对马克思主义经典文本及基于经典文本的理论阐释是传播的基调和准绳。其二，对中国化马克思主义的传播，主要在马克思主义与新民主主义革命、社会主义革命和建设及改革开放具体实践相结合的时代语境下，伴随着毛泽东思想、中国特色社会主义理论体系（包括邓小平理论、"三个代表"重要思想、科学发展观、习近平新时代中国特色社会主义思想等在内）的提出和成熟而日益丰富和发展。在百年传播进程中，这两个维度齐头并进，越到后来，中国化马克思主义传播所占的比重越大——一方面，基于马克思主义经典文本、基本原理的传播，在不断丰富和回归马克思主义理论本真的基础上，成为确保马克思主义作为指导思想的理论基石和价值指针；另一方面，基于中国化马克思主义随着时代需要和中国实际而不断丰富和发展，马克思主义传播在充满活力的实践活动中得到前所未有的丰富和提高，成为马克思主义中国化的核心环节之一。

1. 经典文本、基本原理作为百年传播的基本面

马克思主义作为人类探索历史规律和寻求自身解放道路的科学真理，其理论体系主要由哲学、政治经济学和科学社会主义三大部

分构成。在马克思主义广东传播的百年历程中，人们对马克思主义理论体系的认识经历了一个由浅入深、由片面而系统化的过程；与此相应，其传播内容也体现了由浅入深、由片面而系统化的演进特征。

在传播的早期阶段，人们对于马克思主义的传播首先聚焦在介绍层面。传播者在留学、阅读中接触到马克思主义后，即在报刊上撰写相关文章予以推介。如早在戊戌变法后，流亡日本的梁启超就在《新民丛报》上撰文对马克思及其思想做了简要的介绍，并称马克思为"社会主义之泰斗"。俄国十月革命后，广东紧随上海、北京的步伐，成为国内持续介绍、传播马克思主义的重要阵地。如1919 年 7—12 月，杨匏安就集中在《广东中华新报》的《世界学说》栏目发表了《社会主义》《共产主义》《马克斯主义（一称科学的社会主义）》等 41 篇文章，主要就是介绍社会主义学说等相关内容，如唯物论、社会主义、共产主义、马克思主义、国家社会主义、改良社会主义等；他还相对系统地介绍了马克思主义的唯物史观、阶级斗争论和剩余价值学说等基本观点，成为华南地区最早系统性介绍马克思主义的先驱。此外，杨匏安还在广东社会主义青年团机关刊物发表题为《马克思主义浅说》（1922 年 4 月）的长文，用通俗易懂的文字，观点鲜明地系统介绍了马克思主义理论体系的三大构成。

随着对马克思主义理论体系理解的不断深化[①]，以及广东共产

① 俄国十月革命后，以李大钊、陈独秀等为代表的有识之士把马克思主义作为一种观察中国与世界的思想武器来传播，因此由自发翻译介绍转变为自觉翻译研究，并从片段翻译进入完整著作的翻译，从文言文翻译转变为白话文翻译，为马克思主义传播开创了新局。比如，1920 年年初，在李大钊的主持下，北京大学成立了马克思学说研究会，他们用各种办法搜集中外文马克思主义文献，组织会员对马克思主义原著进行翻译和介绍。

党组织深入发动工农学生群众、与工农学生运动深度结合，基于原著翻译的出版以及基于马克思主义研究的出版成果越来越多地进入组织化的教育、培训中，马克思主义传播的内容也越来越趋于丰富化、系统化。从陈独秀以广东省教育委员会的名义创办的宣讲员养成所、注音字母教导团等培训班，到中共广东区委和中国社会主义青年团广东区委领导成立广东新学生社，再到广东地区党组织领导的历次工人运动、农民运动等，马克思主义经典文本和基本原理的传播都成为其中不可缺少的重要内容。在各种骨干培训班中，通常按照学员对象对马克思主义理解掌握的程度设置相应的课程。比如，1926 年年初，共青团广东区委举办了为期 3 个月的青年骨干培训班，学习马列主义和团的基本知识，共青团广东区委规定把《马克思主义浅说》《共产主义 ABC》《新社会观》《唯物史观浅释》等革命著作作为必读文本。甚至是黄埔军校这样的机构，在共产党人的主导下，也设置了大量与马克思主义有关的政治理论课，如"社会主义原理""社会主义史""帝国主义""社会主义"等。

这种情况在土地革命战争时期、抗日战争时期及解放战争时期都得到了很好的延续和发展。比如，中共东江特别委员会（简称中共东江特委）于 1928 年 1 月在海丰县创办东江党校，选派部分党员和群众中的先进分子脱产学习，将马克思主义基本理论学习与实际革命斗争经验和方法的学习相结合，学习课程就包括"列宁主义""苏维埃建设""第三国际与世界革命""中国共产党史""农民与土地革命"等。1931 年 6 月，琼崖苏维埃政府在海南创建琼崖高级列宁学校。列宁学校开设"唯物史观""马克思列宁主义""社会进化论"等各类课程，帮助学员了解马列主义基本理论以及中共的方针政策。抗日战争时期，东江革命武装在龙川师范创办龙川青年自我教育班，吸收当地的进步青年参加学习培训，学习内容也包括

"大众哲学"等马克思主义课程。1940年，中山大学曾迁往韶关乐昌坪石，为期4年。著名马克思主义学者李达曾在文学院任教一年，讲授传播马克思主义思想；著名经济学家王亚南应邀任经法学院经济学系主任，主讲马克思的政治经济学原理课程，与郭大力合作翻译的第一部中文全译本《资本论》（1938年）也进入课堂，成为广东马克思主义传播历史上的重要事件。

中华人民共和国成立后，中国共产党领导下的人民政权掌握了国家机器，马克思主义被明确为党和国家的指导思想，从而为马克思主义的广泛传播奠定了坚实的政治、经济和文化基础。同时，以中央编译局、人民出版社等为代表的翻译研究机构、出版传播机构系统地翻译出版了三大全集，即《马克思恩格斯全集》《列宁全集》《斯大林全集》中文第一版，编辑出版了三大选集，即《马克思恩格斯选集》《列宁选集》《斯大林选集》。进入改革开放新时期，由中央编译局牵头，先后编译出版了《列宁全集》（中文第二版，60卷本）、《马克思恩格斯全集》（中文第二版，计划出版70卷），修订出版了《马克思恩格斯选集》《列宁选集》以及马克思主义文库，选编出版了大量经典著作的专题文集等。在此背景下，广东本地的高校、研究机构也持续地开展学术研究，阐释马克思主义理论体系，形成了大量的研究成果，这些都前所未有地充实、丰富了广东马克思主义传播的内容，为人们全面理解、研究马克思主义的思想精髓提供了坚实的支撑。

2. 中国化马克思主义日益成为传播内容的主体部分

自中国共产党成立，马克思主义作为思想武器就为共产党人所掌握，马克思主义的传播就开始表现出马克思主义基本理论与中国实际相结合的趋势。在广东，这一趋势表现得尤其突出。广东共产党组织在组织领导工人、农民、学生运动的过程中，从一开始就表现出明显的以马克思主义为思想武器指导革命实践的特征。比如，1923 年年底，广东党组织在广州成立平民书社（1924 年改组为国光书店），出版了一系列图书，其中就包括《帝国主义侵略中国史》（于树德）、《省港罢工概观》（邓中夏）、《湖南农民运动考察报告》（毛泽东）、《帝国主义浅说》等。又如，广州农民运动讲习所（简称广州农讲所）前后共办了六届，尽管每一届学习课程内容不尽相同，但马克思主义是属于必讲的内容，而且越到后几届，课程中的马克思主义内容越突出。以第六届广州农讲所开设的课程为例，"中国农民问题""农村教育""帝国主义""社会问题与社会主义""中国民族革命运动史""中国职工运动""中国史概要""中国国民党史""三民主义""中国政治状况""中国财政经济状况"等课程，都开始自觉运用马克思主义的观点和方法来分析中国农民革命问题。

土地革命战争时期，中共广东省委曾主办过不少刊物，如《省委通讯》《红旗周刊》《党内生活》《教育杂志》《学习半月刊》《五月红》《两广实话》《大路》等，这些党管刊物在内容上都有一个明显的特征，即纯马克思主义著作或理论偏少，结合大革命问题、宣传中共的方针政策路线居多。刊物的主要内容是宣传党的方针政策、党的政治与组织路线及号召革命、解释社会问题，这无疑表明了马克思主义传播内容从理论偏向实际、从经典理论转向广东具体社会革命实际的基本态势。

党的七大确立毛泽东思想为党的指导思想，标志着以毛泽东为代表的中国共产党人创造性地运用马克思主义指导中国革命的成功实践，在推动马克思主义与中国实际相结合中产生了第一次飞跃。此后，毛泽东思想成为包括广东在内的全国在社会主义革命和建设时期中国化马克思主义传播的主要内容。

改革开放新时期，中国共产党坚持马克思主义的思想路线，不断探索和回答什么是社会主义、怎样建设社会主义，建设什么样的党、怎样建设党，实现什么样的发展、怎样发展，新时代坚持和发展什么样的中国特色社会主义、怎样坚持和发展中国特色社会主义等重大理论和实践问题，继承和发展毛泽东思想，不断推进马克思主义中国化，形成了包括邓小平理论、"三个代表"重要思想、科学发展观、习近平新时代中国特色社会主义思想在内的马克思主义中国化成果，使中国特色社会主义焕发出勃勃生机和旺盛活力。广东作为中国改革开放的先行地、排头兵，中国特色社会主义理论体系的传播也成为改革开放新时期以来广东马克思主义传播的重要内容，成为当代中国马克思主义传播的有机组成。

（二）马克思主义传播主体构成及其关系变迁

马克思主义在广东的百年传播，从传播活动的主体构成及其关系看，也发生了巨大的变化。在广东马克思主义传播事业不断壮大的过程中，共产党组织及共产党人一直是最重要的传播实施者，是传播活动的核心主体。与此同时，在百年历程中，随着中国革命、建设和改革开放事业的稳步发展，在共产党组织的外围，不断吸引、发展着更多的社会主体参与进来，逐渐形成了以各级党委（党组织）为核心、以多元社会力量为重要力量的"一核多元"格局。传播主体由最初的自发传播行为，逐渐演进为自觉地开展全方位覆盖、系统深入的传播活动，彰显的是传播主体在面对复杂变化的国际国内局势时特有的战略认知、战略定力，以及共产党人基于文化自信而开展马克思主义传播能力的与时俱进和全面提升。

1. 新民主主义革命时期的单一传播主体格局

新民主主义革命时期是马克思主义传播从微小而逐步壮大，由"星星之火"进而"燎原"的关键时期。这一时期，马克思主义传播基本上都是由共产党组织及共产党人来实施的。特别是到了土地革命战争时期、抗日战争时期及解放战争时期，共产党组织及共产党人几乎成为马克思主义传播的单一主体。

在传播的早期，一些维新派人士、国民党人，甚至无政府主义者，如梁启超、孙中山、朱执信等都曾参与引介、研究马克思主义的工作，但真正一直坚持不懈地推进马克思主义传播工作、使马克思主义深入基层并为越来越多的革命者所掌握的，是中国共产党及其坚定的信仰者。早在广东的共产党组织成立之前，以陈独秀、谭平山等人为代表的共产党人就曾举办过机器工人补习学校、宣讲员养成所、注音字母教导团等培训班，开办书社，大力宣传马克思主义。广州共产主义小组、中共广东支部成立后，广东共产党组织就开始自觉地运用各种形式，将马克思主义教育和传播与工人运动、农民运动、学生运动等紧密结合，以马克思主义作为最有力的思想武器，在具体的革命斗争中扩大马克思主义的影响力。

第一次国共合作失败后，中国共产党走向武装革命夺取政权的道路。1927年12月11日，中国共产党在广州领导工人、农民和革命士兵举行武装起义。此后，中共广东各级组织于艰苦的环境下，在坚持不懈地顽强开展革命斗争的同时，坚持马克思主义传播活动，在各地开拓新的宣传阵地，开展军事政治培训，推动左翼文化运动，创建党的外围组织，马克思主义传播由中心转向外围、由城市转向农村革命根据地，为新民主主义革命事业培养了一批又一批坚定的马克思主义者。

新民主主义革命时期的广东马克思主义传播，连同全国其他地区的马克思主义传播一道，成为近代以来中国启蒙运动的重要内容。在近代中国为民族救亡图存而战的时代需要下，马克思主义的传播为人们提供了极其重要的科学之思想武器。诚如有研究者所指出的，"马克思主义在中国的传播具有反对帝国主义压迫和反对封建愚昧、迷信和专制的伟大历史作用。从这个意义上讲，马克思主义在中国的传播是一场真真切切的思想解放运动，也是一场真真切切的启蒙运动。"①

在这场启蒙运动中，作为行动者的马克思主义传播主体主要是一些接受过高等教育的知识分子。他们多数如杨匏安、彭湃、谭平山等人都有留学欧美、日本的经历，或者在国内高等学府如北京大学等接受过高等教育，在学习期间接触到马克思主义，进而成为其忠实的信仰者。他们通过在报刊上发表引介文章、组织教育培训等形式，面向工农大众、学生群体传播马克思主义，呈现了浓重的思想启蒙的意味。这种启蒙无疑是有着明显的单向度特征的，即传播主体的"传"与接受主体（传播对象）的"受"之间，形成了一种比较固定的结构关系。在很长的一段时间里，从马克思主义传播的早期，乃至整个新民主主义革命时期，这种结构关系都是相对稳定的。其中的原因，主要都与国民受教育的程度密切相关。

2. 中华人民共和国成立以来形成"一核多元"传播主体格局

中华人民共和国成立后，中国共产党成为执政党，新政权的建立和社会环境的改变为马克思主义传播创造了良好的条件，同时也对马克思主义传播提出了新的要求。在此背景下，广东的马克思主义传播与全国各地一道，日益向多主体协同演进，逐渐形成了"一核多元"的传播主体格局。

---

① 张顺洪：《马克思主义在中国的传播和发展：中国历史上最伟大的启蒙运动》，《马克思主义研究》2013 年第 11 期，第 35 页。

中华人民共和国成立之初，面对国内外的严峻形势和建设中华人民共和国的复杂任务，中国共产党作为新生政权的领导者，进一步将马克思主义传播工作提到前所未有的高度来对待。1951 年 5 月，党的第一次宣传工作会议提出，用马克思主义在全国范围内和全体规模上教育人民，是"我们党的一项最基本的政治任务"。① 与此相应地，马克思主义传播的制度建设、机构建设顺利推进，中共中央，各中央局，中央分局，各省委、市委、县委都设立了宣传部门，理论宣传体系建设日益完善。1951 年 1 月，中共中央发布《关于在全党建立对人民群众的宣传网的决定》，要求"党的每个支部设立宣传员"。宣传员的任务就是经常性地深入机关、学校、工厂、农村，紧密联系基层群众，采用读报活动、出黑板报、个别谈话、开小组会和村民会等方式开展马克思主义理论和时事政治的正面宣传。同年 2 月，中共中央印发《关于健全各级宣传机构和加强党的宣传教育工作的指示》，要求综合运用全国"庞大的报纸网、广播网、出版网、学校网、电影网以及其他各种文化教育的工具"，系统性地传播马克思主义思想，宣传社会主义大好形势。② 此外，中华人民共和国成立之后建立起来的各级党委干部理论教育讲师团和各级党校、团校，以及高校成立的马克思主义理论专业等，成为马克思主义传播的专门学校和平台，人们依托这些机构开展马克思主义理论的研究、教育和宣传工作。

在全国统筹推进马克思主义传播体系建设的背景下，广东省委根据中央对广东的指示要求、结合广东的社会主义建设需要，逐步

---

① 中共中央文献研究室编：《建国以来重要文献选编》第 2 册，中央文献出版社 1992 年版，第 292 页。

② 中共中央文献研究室编：《建国以来重要文献选编》第 2 册，中央文献出版社 1992 年版，第 75 页。

构建起以各级党委宣传部主管，包括各级讲师团、党校、团校、高校、中小学校等在内的比较完善的马克思主义传播主体架构。

这一格局在改革开放后得到进一步的强化和优化。改革开放以来，在党中央的集中统一领导下，广东省委一直高度重视马克思主义的传播，传播主体建设卓有成效，传播主体队伍稳步壮大。在各级党委的统一领导下，民主党派、政协机构、宗教团体以及社会组织、民营企业等纷纷加入马克思主义传播的队伍，学习、传播马克思主义，日益形成以各级党委（党组织）为核心、多元社会力量参与的"一核多元"传播主体格局。

党的十八大以来，马克思主义传播主体建设持续推进，马克思主义传播进入了历史上最好的时期。一方面，广东省委在党中央的统一部署下，持续开展系列精准化、高效率的党内教育活动，马克思主义传播主体的理论素养和实践能力得到了进一步提升。另一方面，广大人民群众基于"四个自信"的确立，前所未有地激发了对马克思主义学习的自觉，接受者也纷纷成为传播者，马克思主义传播主体队伍呈现不断壮大扩容的态势。

（三）马克思主义传播渠道的变迁

传播渠道是传播的一个基础性问题。在传播活动中，传播者总是需要选取特定的媒介，如出版物、报刊、广播电视、互联网络等，采用文字、图片、影像、音频等形式来向传播对象传递相关知识和信息。进一步来说，在具体的操作层面，人们总是尝试将不同的传播媒介予以组合，以达成更加优化的传播效果。因此，传播渠道又可区分出工具层面的传播渠道和组织层面的传播渠道。在马克思主义广东传播的百年历程中，我们发现传播者从一开始就非常注重将不同的传播渠道进行组合，以形成马克思主义的多维度传播，达成最佳的传播效果。百年来，得益于传播技术的不断进步，以及传播者在提升传播效率、强化传播影响力上的不懈努力，马克思主义传播的渠道建设推陈出新，传播效能不断优化。

1. 传统传播渠道的组合和优化

在马克思主义的早期传播中，报刊、书籍等大众媒体是最重要的传播渠道。早在19世纪末20世纪初，广东一些开明知识分子和进步人士如梁启超、孙中山等就已经注意到了马克思主义，他们通过报刊引介马克思及其思想。五四运动前后，特别是中国共产党成立前后，广东共产党人也纷纷借助进步报刊（如《广东中华新报》），结合不同社会群体的境遇和诉求，有针对性地介绍和宣传马克思主义。中共广东党组织成立后，宣传工作受到高度重视，报刊书社建设被纳入重要议程。在中共广东党组织的领导下，各地马克思主义组织（团体）纷纷创办报刊和进步书社，《广东群报》《劳动与妇女》《琼崖旬报》《新海丰》《青年周刊》《揭中校刊》《人民周刊》《新琼崖评论》《革命潮》等报刊相继创办发行，初步形成了广东马克思主义的宣传网络。土地革命战争时期，报刊与出版发行工作持续推进。中共广东省委于1929年组建党报委员会，专门负责党报的出版和发行工作。抗日战争时期，尽管条件艰难，中共广东省委及各地党组织仍尽可能地创建并维持党的舆论阵地，先后创办《抗战大学》《抗日新闻》《新华南》《华商报》《前进报》等报刊，积极宣传中共政治主张，传播马克思主义。解放战争时期，广东各地的报刊书社持续迅速发展壮大，各地党组织积极创办机关报，加强党的宣传阵地的建设。

中国共产党领导工人运动、农民运动，特别是进入武装斗争后，通过组织化的培训形式来开展马克思主义传播越来越成为常态。第一次国共合作期间的广州农讲所就是典型的例子。广州农讲所先后招收培养学员 772 名，许多学员结业回乡后，广东省农民训练所、普宁农民自卫军训练班、汕头农工运动讲习所、广东北江农军学校、雷州农民宣传讲习所、琼崖农民自卫队训练所等一批地方农民运动讲习所纷纷成立。据统计，1926 年广东各地农民干部培训学校多达 18 所，极大地促进了马克思主义思想向农村地区的传播。

除此之外，文艺传播和纪念活动也在革命斗争的环境下，成为传播马克思主义的重要渠道。就文艺传播而言，通过表演戏剧、传唱歌谣、讲演画报等文艺活动宣传与普及马克思主义，是人民群众所喜闻乐见的重要方式。与马克思主义思想传播有关的纪念活动也是马克思主义传播的重要载体之一。根据陈金龙的研究，在民主革命时期，中国共产党就形成了多种多样的纪念活动，如对七一建党纪念、八一建军纪念、革命先烈纪念，对马克思、恩格斯、列宁的纪念，对十月革命、巴黎公社的纪念，对五一劳动节、三八妇女节的纪念，对近代中国重要人物的纪念等，纪念活动通过召开大会、发表宣言、举办纪念展览、出版专刊特辑、出版文集纪念集等形式，[①] 实际上也起到了有效传播马克思主义的作用。

中华人民共和国成立后，随着党管媒体制度的正式确立，大众媒体的体系化建设稳步推进，广东建立起以省级党报党刊、广播台、出版社以及新华书店为核心，包括各地市党报党刊、广播台（站）、新华书店在内的媒体平台，其与中央及各省市媒体一道，成为宣传党的政治主张、传播马克思主义的巨大网络。与此同时，组织传播与教育传播也得到长足的发展。中共中央华南分局党校（对外称为广东革命干部学校）于 1950 年 3 月正式挂牌成立，此后，各

① 陈金龙：《略论民主革命时期中国共产党的纪念活动》，《陈金龙自选集》，中山大学出版社 2015 年版，第 6—19 页。

地党校纷纷成立，形成覆盖全省的党校培训网络，成为党内干部常规化学习培训马克思主义理论的重要场所。随着学校教育体系建设的推进，马克思主义相关课程进入高等学校以及中小学校，初步形成教育系统全覆盖的马克思主义传播网络。此外，文艺传播与纪念活动也在融合发展中日益走向常态化、仪式化和规范化。"纪念仪式的设定与实施，彰显政党与国家的权威，体现政党与国家的凝聚力，也是政党与国家权威的柔性建构。中华人民共和国成立初期的国庆纪念，除北京举行庆典外，各地均举行集会和游行，中央关于国庆纪念办法在各地实施，实际上是政党权威、国家意志的体现，纪念活动开展的过程，也成为塑造政党和国家形象、增强政党与国家凝聚力的过程。"① 毫无疑问，这一过程实际上也是马克思主义传播的重要形式。

改革开放后，随着人们生活水平的提高，电视也日益得到普及，传统媒体由此形成了包括报刊、出版、广播、电视在内的多层次网络。在此背景下，马克思主义传播在更大的范围内得到推广，多层次、广覆盖的马克思主义传播体系日益完善。同时，以党校和各类干部学校为平台的组织传播稳步发展，形成以中共广东省委党校为主阵地，涵盖全省地市县区的各级党校、行业干部学校的党员领导干部教育培训网络，为在广大党员干部群体中深植马克思主义的思想理论、思维方法和实践自觉做出了巨大贡献。基于各大中小学校的思想政治教育（思政课、品德课等），以及基于高校马克思主义理论学科专业建设而开展的教学、研究及学术交流活动也与时俱进，成为马克思主义传播的一个极其重要的渠道。与此同时，马

---

① 陈金龙：《中共纪念活动与党史文化的建构》，《陈金龙自选集》，中山大学出版社2015年版，第83页。

克思主义的文艺传播形式与纪念活动形式也更加成熟，并在媒体技术日新月异的进步中呈现全新的形态。

2. 新媒体为马克思主义传播带来革命性变革

新媒体是基于互联网而发展起来的新型传播渠道。20 世纪 90 年代中期以后，在互联网技术不断推陈出新的背景下，中国的新媒体运用迅速发展。至 2004 年前后，随着 Web 2.0 技术支持网站与用户双向交流互动功能的实现，用户开始通过电子邮件、网络论坛、博客、微博、播客等参与型平台及应用，与传播的发起者形成互动。特别是 2011 年以来，基于手机等智能移动终端整合微信、博客、微博、党报媒体客户端等免费应用程序的技术日益成熟，其所具有的即时性、交互性、开放性、共享性特征，极大地改变了传统媒体渠道的组织模式和传播特征。

在传统的大众媒体中，几乎所有的传播都是估算性、单向性、滞后性的，即传播者发出信息，接受者接收信息，但传播是否准确地到达、接受者是否满意等却往往无从得知，或者具有滞后性、片面性。在新媒体环境下，传播至少在五个方面带来了革命性的变化。一是传播范围的广域性。互联网突破了常规的物理空间的现状，任何地方只要有网络，传播内容都可以迅速通达，而且传输成本极低。二是传播的精准化。基于网络大数据的分析，传播内容可以根据接受者的分类进行分层化的精准投放。三是传播的即时性和交互性。传播活动减少了基于物理空间分发、转运的不便，实现了由网络实施送达，传播效率得到极大提高。同时，传播者与接受者之间呈现明显的交互性特征，即传播者和接受者形成实时的、双向互动的关系，使得传播沟通和对话得以快速实现。四是实现了一次传播的多次转播。由于新媒体便利的实时转发功能，接受者可以在接收到信息之后，将其感兴趣的东西进行转发予以共享，接受者同时又成为传播者，从而实现了快速的二次、三次乃至多次的传播。五是融媒体传播带来阅读、观看的立体化、场景化体验。融媒体集合传统媒体的文字、图片、声音、影像等传播工具的优势，极大地提升了接受者的接受体验。

新媒体传播渠道的日益成熟，为马克思主义传播提供了更为多元而便捷的途径。在新媒体传播条件下，微信、微博、微视频、微理论等"微产品"的流行成为现实，这些"微"应用形成的"微空间"，为马克思主义传播提供了崭新的空间。党的十八大以来，传统媒体与新媒体融合加速发展，以融媒体的渠道来实现多元化、多层次的马克思主义传播已然成为一个实践中的时代命题。广东大力推动党报党刊、广播电视、传统出版的数字化升级，以媒体融合推动马克思主义传播创新。近年来，涌现出一大批富有号召力、深受人们喜爱的新媒体马克思主义传播平台，如"学习强国"广东中心、"南方+"、"羊城派"、广东广播电视台融媒中心等，开辟了马克思主义传播的新空间。与此同时，新媒体技术大量运用于组织传播、教育传播中，通过新媒体技术进校园、进课堂，极大地丰富了马克思主义传播的手段，提升了马克思主义传播的有效性。

三、马克思主义在广东传播的特征

马克思主义在广东的传播是马克思主义中国传播的重要部分。百年来，马克思主义的广东传播，在呈现马克思主义中国传播共有特征的同时，也表现出了一些独特之处，其中较为突出的是问题意识、实践导向及包容性特征。

（一）马克思主义传播彰显问题意识

突出的问题意识，是百年马克思主义中国化进程的一个重要特征。马克思主义在广东的传播，从一开始就表现出了明显的问题意识。由于历史的机缘与岭南文化的特质使然，20 世纪 20 年代初中期的广东是中国革命的中心区域之一。在这一时期，广东的马克思主义传播也迅速地告别了早期简单引介的阶段，开始尝试将马克思主义与当下中国的发展实际联系在一起，用马克思主义的"药方"来解决当时的问题，这成为中国共产党群体传播马克思主义的共同特征。以《广东群报》为例，该报在创刊之初是一份相对独立的激进民主主义报纸。1921 年中共广东党组织成立后，《广东群报》成为广东党组织的机关报，开始旗帜鲜明地宣传马克思主义思想，思考和讨论以马克思主义指导中国的社会革命问题。如李达在 1921 年 1 月 29 日《广东群报》上发表的《社会革命之商榷》一文，就集中讨论了中国是否需要社会革命的问题，他态度鲜明地反驳了认为中国没有阶级分化、不必实行社会主义的观点，认为中国的农民阶级、工人阶级不仅存在，而且受到本国和外国资本的剥削和压迫，认为"中国的无产阶级所受的悲惨，比欧美日本的无产阶级所受的还要大"，实行社会革命是大势所趋。谭平山则撰文指出，希望注意农民问题。他认为，在中国的劳动问题中，农民问题"较为实际、较为要紧"，要促进农民的解放，加强农民的团结和联合，反对地主，减轻地租，反抗各种盘剥。[1]

20 世纪 20 年代，彭湃在广东海陆丰开展农民运动，将马克思

---

① 谭平山：《对于文化宣传的我见》，中共广东省党史研究委员会办公室：《广东群报选辑》，1964 年编印，第 18—19 页。

主义与农民运动相结合，开创了中国农民运动的全新模式。但他并没有止步于此，而是迅速将这一实践的经验予以理论的总结与提升，体现出强烈的问题意识和超群的理论表达能力。从1926年1月1日起，他在国民党中央农民部主办的《中国农民》第1、3、4、5期上，连续发表了《海丰农民运动报告》一文（同年10月，广东省农民协会将《海丰农民运动报告》改为《海丰农民运动》，出版单行本，周恩来亲笔题写了书名）。《海丰农民运动报告》详细地论述了海丰农民的政治地位、经济地位和文化状况，记述了彭湃从1922年到1924年在海丰从事农民运动的全过程，总结了海丰农民运动的经验，从而成为中国共产党最早的一部从理论和实践的结合上阐述农民运动理论和方法的重要著作。

在此后的土地革命战争时期、抗日战争时期、解放战争时期以及中华人民共和国成立后的社会主义革命和建设时期，这种以聚焦问题、注重实效为目标的取向，始终是广东马克思主义传播的重要特征之一。改革开放之初，极左思维还在牢牢地桎梏着人们的思想，为了打破人们思想的禁锢，中共广东省委组织全省性的真理标准大学习大讨论。针对有些单位对真理标准问题讨论的重要性认识不足，讨论开展不积极的情况，习仲勋在各种会议场合一再强调：必须继续宣传关于实践是检验真理的唯一标准这个马克思主义的基本原理，用它来观察问题和解决问题，敢于独立思考，开动机器，冲破禁区。中共广东省委宣传部还在中山县（今中山市）组织现场会议，部署在全省进一步开展讨论，要求各地向中山县学习，一级带一级、一级抓一级，特别是领导干部和领导机关要带头学习和讨论，要联系实际，把讨论普及到基层中去，使实践是检验真理的唯一标准这个马列主义、毛泽东思想的根本原则深入人心，成为广大党员、干部和群众手中的锐利武器。

改革开放新时期以来，随着包括邓小平理论、"三个代表"重要思想、科学发展观、习近平新时代中国特色社会主义思想等在内的中国特色社会主义理论体系的提出和不断完善，广东的马克思主义传播益发彰显出以解决实际问题为聚焦的价值取向。

（二）马克思主义传播突出实践导向

中国共产党对马克思主义的传播，不只是知识分子之间的理论传递，而是从一开始就聚焦中国社会的实际问题，落点于工农运动等革命实践活动，表现出突出的实践导向，这也成为马克思主义广东传播从初期就表现出的一个突出特征。

1. 马克思主义传播与工人运动实践相结合

1921年8月，中共广东党组织在广州成立中国劳动组合书记部南方分部，并于1922年改称中国劳动组合书记部广东分部，组织领导广东的工人运动。广东分部坚持将马克思主义传播与工人运动实践结合起来，一手抓宣传、一手抓组织建设，联合广东总工会、盐业工会、轮船工会、革履工会、机织工会等工人团体成立了爱群通讯社，出版《星期报》，在工人中深入宣传马克思主义。1923年2月，中共广东党组织成立广东工会联合会，推动工会团体联合起来，进行统一行动。1924年5月，广州工人代表会成立，中共广东区委以多种形式对其下属的二百多个工会组织开展宣传教育，有力地推动了马克思主义在广大工人群体中的传播。

以著名的省港大罢工为例。1925年五卅惨案后，中共中央广州临时委员会和中共广东区委根据中共中央关于声援上海人民斗争的指示，委派邓中夏、黄平、杨殷、杨匏安、苏兆征等人到香港组织罢工。1925年6月，持续16个月的省港大罢工爆发，二十多万工人先后参与罢工，广东因此成为全国工人运动的中心地带。在这一过程中，邓中夏等人针对香港工会组织中黄色工会和行业工会较多、共产党和共青团力量薄弱等问题，采取了一系列的措施将马克思主义传播与组织领导工人团体运动结合起来，在很短的时间内就推动工人运动焕发了强大的战斗力：一是成立省港罢工委员会作为领导机构，成立专门小组，逐层布局，分工协作，强化组织体系。二是出版《工人之路》等刊物，加大宣传，多层次开展马克思主义和爱国主义教育，强化马克思主义信仰，培养了一大批中坚力量。三是正确运用统一战线思想，依靠进步工会，吸收中立工会，改造黄色工会和行业工会等落后工会，从而极大地唤醒了工人阶级的斗争思想和反抗意识。

2. 马克思主义传播与农民运动结合

将马克思主义与农民运动相结合，是大革命时期和土地革命战争时期广东马克思主义传播的一大特色。

1923 年 6 月，中共三大通过了《农民问题决议案》，把宣传和发动农民提上议事日程。此后，党领导的农民运动逐渐开展起来，至 1923 年年底，广东农民运动已经发展到十来个县，会员达到了几十万人，成为早期农民运动的中心。从 1924 年 7 月至 1926 年 9 月，由共产党人主持的广州农讲所在广州连续举办六届。其中前五届的学员都主要是从广东各地选送来的。这些从广州农讲所结业的学员纷纷返回家乡，深入工农大众中去，进行宣传动员，对群众进行马克思主义的启蒙教育，提高群众的觉悟，带领农民群众成立农民协会（简称农会），开展斗争，在广东形成了第一波波澜壮阔的农民运动高潮。

以广东南路地区为例。1925 年，从广州农讲所结业的黄学增、梁本荣、苏天春等人，受中共广东区委的派遣返回南路地区。他们深入工农大众中去，广泛发动农民，成立农民协会，组织农会会员上夜校，通过学习培训、演话剧、唱革命歌曲等形式，对群众进行马克思主义的启蒙教育，提高他们的觉悟。至 1926 年年底，南路地区的农民运动持续高涨，大多数的县市成立了农会，农会会员总数达 12 万人以上。[①] 此外，他们还同时大力发动工人、青年、妇女，推动各地各行业相继成立工会、学生会、妇女解放协会等。海康、化县、廉江、阳江、合浦、北海、梅菉、茂名、电白等地都建立了工会组织，各校相继成立了学生会、学生宣传队。遂溪、雷州、廉江、梅菉、电白、茂名、防城、北海等地还成立了妇女解放协会。在这一过程中，马克思主义传播与具体的斗争实践深度融合，使马克思主义成为工农群众强大的思想武器。

比南路地区更早推动马克思主义传播与农民运动相结合的，是彭湃领导下的海陆丰地区。1922 年 6 月间，彭湃开始在他的家乡海陆丰地区推动农民运动。在经过一个多月的堪称艰苦的思想发动后，彭湃团结了 5 位农民组成了六人农会。此后，彭湃等 6 人四处联络，广泛发动群众，到 9 月至 10 月间，参加该农会的农民已达五百多人，成立了赤山约农会，到年底，平岗、银镇等地也先后成立了农会，由此掀开了中国农民运动史上新的一页。1923 年 1 月，海丰县总农会成立，入会者后来发展到二万家农户十余万人，占全县人口的四分之一。海丰县总农会制定了《海丰总农会临时简章》，民主选举了彭湃为农会会长，农会下设农业、宣传、教育、卫生、仲裁等 9 个部，制定了会旗。在这一制度框架下，彭湃将其所接受的马克思主义自觉地运用于农民运动，通过学习培训、教育宣传等方式，用马克思主义武装群众的头脑，从而使农民革命斗争

---

① 中共湛江市委党史研究室：《中共南路党史大事记》，广东人民出版社 1996 年版，第 35 页。

有了全新的科学的指导思想。1927 年 11 月 13 日，在彭湃等人的动员下，陆丰县第一次工农兵代表大会举行。在会场正壁上，悬挂着马克思、列宁的巨像和国际旗。随后，陆丰、海丰两县苏维埃政府相继成立，通称"海陆丰苏维埃"。它的建立标志着中国第一个苏维埃政权的出现，由此成为新民主主义革命史上一个里程碑式的事件。

马克思主义传播中的实践导向，在改革开放以来的广东同样有突出的表现。比如，在改革开放之初，广东对乡镇企业雇工数量问题争议的解决。其时，随着农村体制改革的推进，农村乡镇企业和民营经济的兴起初露端倪。当时，珠江三角洲地区出现了一大批私人承包企业和联合兴办社队企业。这些企业因为生产规模扩大，普遍都需要聘请雇工，特别是一些规模较大的企业，雇工少则十个八个，多则几十个甚至上百个。但这在当时刚刚从极左观念笼罩下走过来的人们看来，却是一个事关社会主义和资本主义道路的原则性问题。许多人认为，这些企业大量雇工，是典型的资本主义，是剥削，是与社会主义生产资料公有制原则相违背的。最有代表性的案例，莫过于肇庆农民陈志雄承包鱼塘聘用雇工的做法，由于他率先冲击了"禁止雇工"的禁区，由此引发了一场全国性的大讨论、大争论。陈志雄（1937—1996），肇庆地区高要县沙浦公社沙一大队第六生产队（今肇庆市鼎湖区沙浦镇）社员，他从承包村边鱼塘开始快速致富，雇工规模不断扩大。1981 年，陈志雄承包面积达到了 497 亩（约 33.13 万平方米），为此他雇请了 5 个固定工，还雇用临时工一千多个工作日，并从外地高薪雇请了一位养鱼技师负责专业养鱼技术。陈志雄的事迹传播出去后，一时成为社会上议论颇多的热点现象，吸引了全国至少 12 个省份的数百人来信求教，更有人直接找到陈志雄，要给他当雇工和学徒。1981 年 5 月 29 日，《人民日报》发表了广东读者陈处兮的读者来信文章《一场关于承包鱼塘的争论》，《人民日报》开辟《怎样看待陈志雄承包鱼塘问题》的专栏，展开历时 3 个月的讨论。当时，中央政策研究室有研究员以马克思《资本论》第一卷第三篇第九章《剩余价值率和剩余价值量》为依据推导出一个结论："雇工到了 8 个就不是普通的个体经济，而是资本主义经济，是剥削。"与此同时，两位来自广东省级科研机构的工作人员于 1981 年 8 月提交了一篇长达 1.2 万字的调查报告，认为"陈氏承包以雇佣劳动力为基础，脱离集体统一经营，已不属集体经济内部责任制性质，而成为资本主义经营，弊多利少，应予限制"。此事最后引起了中央的高度重视。中央领导人责成广东省委深入调查，务必把问题搞清楚。广东省委为了妥善处理雇工问题引发的广泛争议，保护改革开放稳定的势头，决定对陈志雄雇工事件的事实再次进行深入调查研究（此前已经有过一次调查和肯定性的定性）。1982 年 4 月，广东省委将《关于陈志雄承包经营的情况报告》送到国家农业委员会。报告肯定这种承包方法和经营方式，就其经济效益来说，比原来"吃大锅饭"的集体经营要好，同时强调这是发生在特殊的历史条件下产生的效益。为了从理论上、思想上彻底弄清这一问题，广东省委有关部门还专门召开了一次大型的农村雇工问题研讨会。随后，这次会议的纪要及主要论文在北京有关报刊发表，在全国产生了积极影响。力主农村经济改革的广东省委，自始至终没有对农村雇工经营活动做出任何限制和取消的规定，也没有进行全省性的通报。1983 年 1 月，中央对雇工问题提出"不宜提倡，不要公开宣传，也不要急于取缔"的"三不"原则，关于雇工经营问题的论争归于平静。

党的十八大以来，广东持续推进、深化马克思主义学习和传播活动，特别是围绕习近平新时代中国特色社会主义思想在全省范围内开展了多层次、全覆盖的大学习、大讨论。"带着问题联系实际学，形成贯彻落实的具体举措和行动方案。深入开展'大学习、深调研、真落实'工作，把学习的过程转化为统一思想、提高认识的过程，转化为分析问题、解决问题的过程，转化为转变作风、真抓实干的过程。"① 紧密联系思想实际、工作实际，全面系统准确把握习近平总书记重要讲话的思想内涵和精神实质，把总书记重要讲话精神落实到具体工作和行动上已经成为学习、传播活动的基本要求。

（三）马克思主义传播呈现包容性特征

自古以来，岭南地区都是多元文化交融汇聚之地，形成了多元包容的文化特质。百年来，马克思主义在广东的传播也在特定环境特定时期呈现出包容性的特征。这种包容性从一开始的缺乏原则性，到后来越来越趋于理性化、自觉化，越发彰显出马克思主义辩证法意义上的价值取向。可以说，岭南文化也在与马克思主义日趋融入的进程中，获得了时代的升华和品质的提升。以早期的《广东群报》为例。《广东群报》前后共持续了两年多时间，在创办初期，其在马克思主义传播中无论是作者群体还是理论来源上，都体现出相当程度的兼容并包的特征。首先，在作者群体的构成上，除了陈独秀、陈公博、谭平山、谭植棠等几位主要的撰写或翻译马克思主义文章的作者外，还有一大批通过转载《晨报》《觉悟》《共产党》月刊等国内其他报刊文章而被读者熟知的作者，如李大钊、瞿秋白、李达、周佛海、施存统、包惠僧等人，以及国民党方面对社会

① 徐林：《省委理论学习中心组专题学习习近平总书记参加广东代表团审议时的重要讲话精神》，《南方日报》2018年4月4日，第A01版。

主义有研究的人员如胡汉民、陈秋霖等人。这种做法使得《广东群报》在展示马克思主义传播作者群体方面有了一定程度的"全景"化的特征。这在当时资讯不够发达的环境下，有效推动马克思主义在广东的传播无疑是起到了相当积极的作用的。其次，《广东群报》在刊发马克思主义阐释文章时注意到了理论渠道来源的问题，有意识地构建了理论来源的多元渠道。其一是俄国渠道。这是《广东群报》传播马克思主义的最大来源所在，不仅刊发了大量来自俄国各方面情况的报道，还积极介绍、阐释列宁主义的相关理论，比如，《广东群报》持续转载刊载蔡和森等人从俄国发来的通讯，让广大读者得以持续了解十月革命后俄国的情况。其二是欧洲渠道。《广东群报》对德国、意大利、法国、英国等国的工人运动和无产阶级政党的活动进行了持续的关注和介绍。其三是日本渠道。《广东群报》对日本的社会主义运动进行了关注，发表了不少日本社会主义者如山川均等人关于马克思主义的理论文章。其四是美国渠道。陈公博翻译发表的《马克斯的一生及其事业》的作者就是美国人，同时还连载了《美国共产党党纲》等文章。

当然，由于受历史条件和认识水平的限制，《广东群报》在大力传播马克思主义的过程中，也不加鉴别地传播了一些非马克思主义如工团主义、无政府主义等派别的内容和观点。这些文章发表出来，又没有相应的评判和引导，极易引起读者思想上的混乱，给马克思主义传播带来一定的消极影响。这也恰恰是岭南文化"包容性"特质下广东马克思主义传播在早期所呈现的一个特征。

随着马克思主义传播的持续深入，这种不加区别、含混的"包容性"逐渐让位于理性化的"包容"。特别是改革开放新时期以来，广东马克思主义传播中理性化的多元包容越来越成为主流。以改革开放之初关于"排外"和"排污"的辩证认识为例。党的十一届三中全会后，广东在党中央的支持下实行改革开放先走一步。打开国门后，在不断引进外来资本和技术的同时，一些不良价值观念也泥沙俱下，造成了非常不好的影响。这时，有人主张重新关闭国门，以阻止外来不良观念的侵蚀。对此，时任中共广东省委书记的任仲夷在接受上海《世界经济导报》记者采访时指出："我们不排外，排外是不对的，但是我们要排污。立行开放政策，也带来一些新问题。'近水楼台先得月'，但也会先污染。……排污要分清界限，要排真正的污，要做具体分析，要总结经验，吸取教训，统一认识。"① 其时，关于"鱼骨天线"的争论也是一个典型的例子。改革开放之初，珠三角地区电视开始普及，由于内地电视内容匮乏、可看性差，人们纷纷在家里架起了鱼骨天线，收看香港电视。结果，珠三角地区的城乡一时鱼骨天线林立，蔚为壮观。《羊城晚报》为此刊发一篇题为《"香港电视"及其他》的文章，将香港电视说成是"心灵的癌症"，主张拿掉鱼骨天线，由此引发了对香港电视利弊、是非的争论。当时，中央是三令五申严禁收看，对鱼骨天线也是坚决要求拆除的。1984 年 5 月，一位国家领导人途经顺德，问及顺德对香港电视的看法，顺德领导班子为此专门召开了一个长达 3 个小时的讨论会，得出的结论是：省委第一书记任仲夷说"排污不排外"，顺德要按此精神，接受世界先进的东西。因此决定不正式发文要求强行拆除鱼骨天线。

---

① 中共广东省委党史研究室编：《广东改革开放决策者访谈录》，广东人民出版社2008 年版，第 39 页。

第二章

新民主主义革命时期
马克思主义在广东的传播

　　20 世纪初，世界风云变幻，中国社会革命势在必行。1915 年新文化运动在全国掀起思想文化革新的序幕，1917 年俄国十月革命的胜利推动了马克思主义在中国的传播，1919 年巴黎和会上中国外交的失败成为全国范围内爆发五四运动的导火索，从此也揭开了中国人民反帝反封建的新民主主义革命的序幕。在此思想文化激荡、革命浪潮高涨的世纪之初，历经多次社会革命洗礼、资本主义经济发展比较成熟、思想文化风气开明的广东成为全国马克思主义传播和实践的重要阵地。

一、马克思主义在广东早期传播的历史机缘

20世纪初,世界格局出现了大调整、大变化,其中最重要的事件当属俄国社会主义革命的成功。第一个社会主义国家政权的落地对人类社会的发展来说具有开创性意义,在资本主义制度之外,为各个国家的发展提供了另一条道路选择。而这对于马克思主义在世界范围内的传播和影响来说也是至关重要的,在发达资本主义的大本营里没有实践成功的马克思主义,却在落后封建农奴制俄国成功建立了政权。"共产主义的幽灵"不仅仅在整个欧洲游荡,还逐渐延伸到亚洲大陆及世界各地,延伸至备受欺凌、贫困交加、亟须变革的中国。20世纪初的中国人民尤其是中国的知识分子逐渐认识到,多年来向西方学习先进技术、学习社会政治制度都无法改变中国积贫积弱的状况,中国需要一场最彻底的社会革命。马克思主义的出现契合了中国的革命需求和社会发展要求,并像一个楔子逐步扎根到中国大地上。近代以来,广东由于地缘优势,逐渐成为世界文明与中国国情交织汇聚的前沿地带,这里既有西方船坚炮利的痕迹,又有外来经济文明的汇入,还有中国社会矛盾的最直接体现。东西方战争、经济、文明在广东交织,使之成为早期马克思主义传播的重要阵地,也成为推动全国马克思主义传播的重要一环。

(一)资本主义世界矛盾爆发与马克思主义影响扩大

19世纪上半叶,以大工业为基础的资本主义生产方式促进了社会生产力的空前发展,也推动了社会物质财富的快速增长。与此同时,大工业与资本相结合也催生了经济危机和社会阶级矛盾的爆

发。1825 年，英国爆发了第一次全国性经济危机，银行破产，商品滞销，工人失业。此后，这种周期性经济危机大约每 10 年就会光顾一次资本主义国家，并影响整个世界。同时，随着社会财富越来越积聚到资本家手中，社会贫富差距越来越大，无产阶级与资产阶级的矛盾不断激化，成为资本主义社会的一颗不定时炸弹。1831 年和1834 年法国里昂工人运动，1836—1848 年英国宪章运动，1844 年德国西里西亚纺织工人运动，工人阶级的反抗运动一浪接着一浪。面对经济危机和阶级矛盾的双重压力，资本主义急需向外扩张以拓宽世界市场、转移剩余生产力、寻求价值洼地进而促进资本积累，从而缓解和转移国内矛盾危机。

资本主义早期向世界扩张的方式是相当粗暴和野蛮的，在很大程度上是发达国家以殖民甚至发动战争掠夺落后国家的形式进行的。在以发达国家为主导的全球化过程中，各个被侵略、被殖民的国家不甘于帝国主义的压迫和剥削，奋起反抗，争取民族地区的独立自主，发起一波又一波的反对帝国主义的运动。半殖民半封建的近代中国是典型的例子，从鸦片战争到抗日战争，中国人民在帝国主义的侵略中奋起反抗，寻求民族独立。

综上，到 20 世纪初，资本主义世界体系内部出现了多重矛盾，它既包含着资本主义国家内部的经济和阶级矛盾，也体现为资本主义扩张过程中资本输出国家与资本输入国家的矛盾，甚至还呈现出资本主义世界各国之间的矛盾。资本主义这一当时较高的社会形态既清晰地展现出其文明的一面，也充分暴露了其局限性，甚至是破坏性。

任何真正的哲学都是自己时代精神的精华。马克思主义在 19 世纪的资本主义发展进程中应运而生，马克思和恩格斯深入分析了资本主义的生成机制，揭露批判了资本主义社会的矛盾和危机。同时，他们从历史唯物主义的角度把握人类社会发展规律，提出资本主义最终将被社会主义所代替的历史必然性，为无产阶级运动提供理论武器。马克思主义理论与无产阶级实践的结合，使社会主义从乌托邦变成现实，为人类解放事业找到了历史的主体。马克思主义创立之初就对德国、英国、法国等国家产生了重要影响，共产主义通讯委员会、共产主义者同盟、国际工人协会等工人组织和运动促进了马克思主义在欧洲的扩散，巴黎公社虽然最终失败了，却仍然扩大了马克思主义的影响。

1917年俄国十月革命成功建立苏维埃政权开启了马克思主义传播的全新时代，马克思主义从理论转为成功的实践，社会主义为人类社会提供了新的道路选择，人类社会历史进程和全球格局步入新的发展阶段。十月革命的胜利对于马克思主义在世界范围内的传播产生了深远的影响：在实践上，它突破了社会主义将发生在发达资本主义国家的设想，也证明了社会主义可以首先在一国实践成功，为其他国家和地区的民族解放运动提供新的参考；在国际格局上，树立起社会主义旗帜，突破资本主义一统天下的局面，逐渐形成可以相互抗衡的资本主义和社会主义两大阵营。十月革命对于马克思主义的传播是一个重要的历史节点，如果说在此之前马克思主义更多的是作为一个理论流派，那么在此之后，马克思主义更多的是作为社会革命的武器。1919年3月，列宁在莫斯科创建了共产国际，来自21个国家的共产主义代表参加了国际共产主义代表会议，大会通过了《共产国际行动纲领》等纲领性文件。此后，共产国际成为马克思主义在世界范围内传播的重要组织，影响和指导各国的马克思主义运动，其中包括中国。在马克思主义、列宁主义指导下的共产国际，从1919年成立到1943年解散，其存在的24年里总共召开过7次代表大会，领导过65个共产主义政党和组织，对传播马克思主义、推动国际共产主义运动和亚非拉人民民族解放运动产生了重大影响。[①]

（二）国内革命形势高涨与马克思主义传播格局初步形成

中国近代史是一部中国人民的苦难史，也是一部中国人民自强不息、探索民族解放道路的奋斗史。19 世纪中叶，西方资本主义国家先后步入现代化行列，中国仍然停留在落后的农业文明和封建时代。西方资本主义国家以战争叩开中国的大门，中国人民饱受欺凌。为了改变落后的现状，为了摆脱外来殖民侵略，为了解救人民于水火，中国一批批仁人志士坚持不懈地探索救亡图存的道路。辛亥革命后，中国结束了长达两千多年的封建帝制，社会面貌为之一新，解放思想、除旧布新成为社会主旋律。但是，辛亥革命并没有像西方资产阶级革命一样建立稳固的政权、重塑社会结构，中国仍面临反帝反封建的历史任务，马克思主义的出现为中国人民提供了一条民族解放、民主革命的新道路。

辛亥革命前，梁启超、孙中山、朱执信、廖仲恺、胡汉民等人对马克思主义都做了不同程度的介绍。虽然他们都不是马克思主义者，政党信念也不相同，但他们都对马克思主义的早期介绍传播起到了重要作用。1915 年，由陈独秀、李大钊、鲁迅、胡适、蔡元培、钱玄同等先进知识分子发起的新文化运动，吹响了与封建主义决裂的号角。声势浩大的新文化运动为新思想的传播清除了路障，为马克思主义的传播创造了有利的社会思想条件。

1917 年，俄国十月革命的胜利震动世界，也为无数探索民族解

---

① 胡为雄：《马克思主义哲学在中国传播与发展的百年历史》（上），百花洲文艺出版社 2015 年版，第 38 页。

放道路的进步人士指明了前进方向。俄国十月革命胜利后的第三天，上海《民国日报》刊登了《突如其来之俄国大政变》一文，报道了俄国十月革命胜利的消息，并列举了列宁的基本主张。此后，一大批知识分子前往俄国创办的东方劳动者共产主义大学、莫斯科中山大学等共产主义学校学习，回国后成为马克思主义传播的重要主体。

1919 年 5 月 4 日，由于中国在巴黎和会上的外交失败，一场以青年学生为主体、广大群众共同参与的"外争主权，内除国贼"的爱国运动在北京拉开序幕。随后，天津、上海、广州、南京等全国各地学生和群众纷纷支持，发展为一场声势浩大的全国反帝反封建运动。至此，中国近代以来的社会矛盾彻底爆发，一场社会革命运动势在必行，中国新民主主义革命进程开启，马克思主义的传播也出现了绝佳的历史契机。在此过程中，马克思主义传播从少数知识分子开始扩展到青年学生，进而向广大群众传播。

五四运动前后，马克思主义在中国的传播形成了北京和上海两个主要传播中心，即"南陈北李，两颗星辰"。在北京地区形成以李大钊为核心人物、《新青年》为主要平台、北京大学为主要阵地的马克思主义传播力量。1919 年，李大钊在由上海迁至北京的《新青年》上发表《我的马克思主义观》一文，系统介绍了唯物史观关于生产力与生产关系、经济基础与上层建筑的理论。随后，他又陆续发表《马克思的历史哲学与理恺尔的历史哲学》《唯物史观在现代史学上的价值》《唯物史观在现代社会学上的价值》等文章，成为中国第一个马克思主义者。1920 年年初，在李大钊的主持下，北京大学成立了马克思学说研究会，形成了专门的马克思主义翻译、介绍和研究团体。在上海地区，陈独秀、李达、李汉俊、戴季陶等人成为马克思主义传播的主要力量，依托于《民国日报》副刊《觉悟》《星期评论》，以及秘密刊物《共产党》月刊等一批刊物宣传马克思主义。与此同时，一批马克思主义理论著作被翻译出版，包括1920年陈望道翻译的《共产党宣言》在上海出版，李达翻译出版的考茨基《马克思主义经济学说》等。

除了北京和上海两大主要传播阵地外，广州、武汉等城市也不同程度地形成了马克思主义的传播格局。马克思主义早期传播的代表人物陈独秀曾在广州以演讲、发表文章等形式公开宣传马克思主义。1921年1月，陈独秀在广州公立法政学校就社会主义相关内容进行演讲；1923年夏，陈独秀在广东高等师范学校进行四次演讲，再次涉及马克思主义的历史观和社会主义观。广东早期的马克思主义传播报刊和书籍等资料很多都来自北京和上海，从这个层面来说，广东马克思主义传播一定程度上承接了来自北京、上海的辐射作用。

（三）马克思主义在广东传播的有利条件

广东的马克思主义早期传播虽没有北京、上海那样浩大的声势，但仍然是全国较早进行马克思主义传播的先锋阵地，很快形成了比较成熟的马克思主义传播态势。广东早期马克思主义传播以杨匏安为代表，在全国产生重要影响，因此也有"南杨北李"或"南杨北李中间陈"的说法。广东之所以能成为马克思主义传播较早的地区，与其独特的社会历史条件是分不开的。广东因其特殊的地理位置，在历史发展过程中既是东西方交流的前沿地带，资本主义经济萌芽发展较早，也是国内社会革命的重地，一系列社会变革让广东走在历史潮流前端，开风气之先，为马克思主义传播提供有利的历史、政治、经济、文化土壤。

1. 近代以来屡遭帝国主义侵略，激起人民普遍的民族独立和反抗意识

从 19 世纪上半叶开始，为了扩大世界市场，转移国内剩余生产力和社会矛盾，扩张资本积累，英国等资本主义国家看中了中国广袤的土地和庞大的市场。为了打开中国大门，西方列强不惜以战争的方式强取豪夺。位于沿海地区的广东是西方各国势力进入中国的南大门，帝国主义纷纷将矛头对准广东。1839 年的"虎门销烟"显示了广东人民反抗外国侵害的决心，英国随后挑起的鸦片战争开启了中国的近代史，而鸦片战争的主要战场在广东，广东人民遭受了帝国主义侵略的直接冲击。关天培等清军将领在虎门之战与英军肉搏，广州抗英战役中清军官兵死伤惨重。广东人民在帝国主义侵略中积极反抗，英勇奋战，开展虎门保卫战，并自发组织了中国近代史上第一次大规模群众反侵略斗争——三元里抗英斗争，乡民奋起反抗御敌，使英国侵略军仓皇逃窜。1842 年 12 月，广州人民不堪英商霸道行径，火烧英商洋馆。随后在第二次鸦片战争中，广东人民再次进行激烈反抗斗争，"不告于绅，不秉于官，自捐自战，誓将与之决生死"①。为了回击英国的侵略行为，广州人民于 1856 年 10 月一把火将对外贸易的商行十三行烧为废墟，迫使侵略者无处栖身，只得退回船上。

西方帝国主义以坚船利炮轰开中国国门，与清政府签订了《虎门条约》《望厦条约》《黄埔条约》等一系列不平等条约，广州等地被迫成为通商口岸，西方各国各自划定势力范围享有特权剥削广东人民，广东与西方经贸摩擦不断，广东人民的反抗斗争也纷至沓来。1846 年，英国曲解《南京条约》，企图进入广州城，广州人民

---

① 蒋祖缘：《简明广东史》，广东人民出版社 1997 年版，第 438 页。

激烈反抗，火烧投降派官员的官邸，最终迫使英国人放弃入城要求。1865 年，潮州人民强烈反抗英国人入城，最终由于清政府干预而失败。为了反抗美国掠夺铁路建筑权，1904 年广东绅、商、学各界人士联合要求废除清政府与美国公司签订的粤汉铁路建设合约，最终在广东人民的抗争下收回路权。同年，为了反对美国歧视华人的《限制来美华工条约》，广东七十二商行、八大善堂成立拒约会，抵制美货。

广东人民长期遭受来自帝国主义的侵害，饱受殖民主义和战争之苦，具有强烈的民族觉醒意识和反抗意识。同时值得注意的是，在英法等帝国主义侵略中，广东人民不仅遭受了帝国主义的暴虐行径，还目睹了清政府的软弱绥靖政策，不平等条约的签订不仅损害了中国的主权，也进一步损害了清政府在广东人民心中的权威和形象。马克思主义的传播符合广东人民反抗帝国主义、追求民族独立、建立民主政府的愿望。

2. 历经多次重大社会变革，形成革命传统

广东是中国近代以来社会革命的重要阵地，在太平天国运动、洋务运动、戊戌维新运动、辛亥革命等运动中，广东都发挥了重要作用。这些革命运动包括农民运动、地主阶级的洋务自强运动、资产阶级改良运动、资产阶级民主革命运动，是中国不同阶级、不同社会力量寻求社会变革的尝试。辛亥革命虽是在武昌取得决定性胜利，但在此之前发生的多次武装起义中，有 60% 发生在广东。1895年，孙中山、郑士良等人在广州成立兴中会广州分会，以农学会为掩护策划广州起义。辛亥革命后，胡汉民等革命党人在广州组成广东军政府。军政府的组成人员大多为同盟会会员，且有一部分人曾留学海外，思想进步。因此，在他们的组织下，广东开展了行政、经济、军事、教育等一系列革新措施，创造了新的革命政府和社会

环境。辛亥革命失败后的"二次革命"中，广东也发挥了极为重要的作用。1917 年 9 月，为了维护《中华民国临时约法》，反对北洋军阀，孙中山在广州成立中华民国军政府。1921 年 4 月，中华民国非常国会通过《中华民国政府组织大纲》，取消中华民国军政府，成立正式政府，孙中山任非常大总统。由于陈炯明部兵变，1921 年 8 月，中华民国政府解散。1923 年 3 月，孙中山再次在广州组成革命政权机关——中华民国陆海军大元帅大本营，又称广州大元帅府。1925 年 7 月，大元帅府改组为中华民国国民政府。

孙中山等人的革命活动及其在广州建立的革命政权在广东产生了深远的历史意义。这些革命运动虽然最终失败或果实旁落，没有彻底改变中国半殖民地半封建社会的性质，但是都不同程度地推动了社会变革思想及运动的发展。处于社会革命中心地带的广东，历经革命的洗礼，积极探索去旧立新、创建新社会的革命道路，成为民主革命的策源地，具有较好的社会革命传统。五四运动在广东的发展进一步将社会矛盾推到顶端，形成激情澎湃的革命氛围。马克思主义是关于无产阶级进行革命、建立革命政权的指导理论，符合广东革命形势的发展和要求。随着广东较早成立中国共产党组织，马克思主义传播找到了革命政党的组织依托，社会革命与马克思主义传播在中共广东党组织的领导下深入结合、共同推进。

3. 资本主义萌芽较早、发展较快，奠定了较为成熟的阶级基础

西方资本主义国家敲开中国大门后，首先在广州等通商口岸进行经商贸易，并擅自开设船舶等企业进行生产。1845 年，英国人不顾中国主权，在广州设立船坞公司。此后，外国人在广州、香港等地相继开设多家船坞公司，招纳中国工人。至 19 世纪 70 年代，仅在广州黄埔地区就有外商船舶修造工人约二千人。此外，香港、广

州等地的航运业也在外资推动下规模化发展，并产生了中国第一代海员工人。至 1920 年，仅香港地区的海员就多达 2.5 万人，加上失业或半失业状态的海员总共近 4 万人。[①] 随着外商经营规模的不断扩大，外资企业逐步向金融、加工业、轻工业、交通运输、矿产开采等各个行业扩展。

广东是全国率先开展洋务运动的省份之一，并在洋务运动过程中创建了一批官僚资本企业。1873 年，两广总督瑞麟在广州创办机器局，后又创办军火局。1886 年，两广总督张之洞将机器局和军火局合并为制造东局，另又创办制造西局。1887 年，张之洞在广州创办广东钱局，到 20 世纪 20 年代，该厂工人规模达到一千余人。洋务运动前期主要是官办军事工业，后期逐渐发展为官督商办和官商合办的民用企业，采用西方进步技术和设备进行生产，为广东近代工业的发展奠定了基础。

广东华侨众多，对外经济联系紧密，资本主义经济萌芽较早、发展较快。1872 年，华侨商人陈启沅在其家乡南海县西樵乡简村创办继昌隆缫丝厂，它是中国最早的一批民族资本主义工厂之一，使用先进机器设备生产，招收工人近七百人，规模不断扩大。随后几年，南海、顺德等地相继建立多家相关企业。到 1910 年，全省的机器缫丝厂有一百多家，招收工人十多万人。[②] 除此之外，英国等资本主义国家商人来华经商，广东是首选地之一，许多外商在广州等地开设企业。19 世纪中叶，外国资本家开始在香港、广州、海口、汕头等沿海地区开设航运企业。

---

①　陈弘君：《中共广东历史摘要探究》，广东人民出版社 2005 年版，第 57—58 页。

②　孙毓棠编：《中国近代工业史资料》第一辑（下册），科学出版社 1957 年版，第 957 页。

在官僚资本、民族资本、外国资本的共同推动下，广东的缫丝厂、机器厂、船厂、电厂、航运业等各种企业不断发展壮大，广东资本主义经济快速发展。资本主义经济和近代工业的发展直接促使工人阶级队伍不断壮大，并形成初步的工人团体。据统计，1895年前，全国近代工业工人为70060人，广东占10300人。到1912年，全国共有363家使用机器的工厂，广东占136家。[①] 至1921年，广东、香港、澳门的工人规模超过50万人，其中近代工业工人超过30万人。[②] 一些行业工人自发成立行业工会，如理发工会、茶居工会等。据统计，中国共产党成立前，广州的工会多达62个。[③]

工人阶级和工会的成型为广东工人阶级反抗压迫和剥削提供了阶级基础。1844年，香港工人就曾因香港当局收"人头税"而举行罢工反抗运动，一天之中就有三千多人回到广州，并持续罢工斗争3个月。其后，香港、广东工人多次反抗英、法、美等外国侵略与压迫，影响巨大。1912年，顺德各缫丝厂五千多名工人因反对资本家的严苛剥削而举行大罢工；1918年，广州石井兵工厂工人为抗议工厂拖延工资发放而举行罢工，迫使资本家及时发放工资。[④] 资本主义经济的发展为马克思主义传播创造了客观基础，工人阶级队伍的壮大成为传播的重要载体，使得广东马克思主义传播从早期起在很大程度上跟工人阶级运动结合在一起。

4. 社会风气开明，造就敢为天下先的思想文化氛围

由于地理位置等因素，广东是中国被迫开放的主要出入口，也是

---

① 成龙、郭丽兰、张伟东：《马克思主义中国化在广东——历史·理论·实践》，北京大学出版社2012年版，第69页。

② 禤倩红、卢权：《党成立前的省港工人阶级》，《学术研究》1984年第3期，第67页。

③ 《邓中夏文集》，人民出版社1983年版，第432页。

④ 陈弘君：《中共广东历史摘要探究》，广东人民出版社2005年版，第65—66页。

东西方文化碰撞和交汇的重要地带。因此，广东也是睁眼看世界比较早的省份，人们跟外界联系较多，思想较开放，比较容易接受新鲜事物和进步思想，各种理论思潮在这里交织，形成比较开放且包容的思想文化氛围，为马克思主义在广东的传播创造了有利的社会环境。

洋务运动期间，广东通过各种途径积极加强与西方的交往。1864年，两广总督毛鸿宾建立广州同文馆，学习西方文化，开展洋务教育，培养翻译人才。1880年，两广总督张树声在广州创办广东实学馆（也称西学馆），学习西方知识技艺。后张之洞将其改为广东博学馆、广东水陆师学堂，聘请英、德等国人员教习水师、陆师科目。与此同时，洋务运动还通过派遣留学生的方式加强洋务人才的培养，广东在派遣留学生方面比全国其他地方更加积极。据统计，1872—1875年，由清政府派往美国留学的120人中，有84人是广东籍，仅一省就占据全国三分之二，足见广东社会风气之开明。① 洋务运动成为官方主导、中国人积极主动建立与西方联系、向西方学习先进技术文化的时代性举措，天朝上国终于开始放低姿态寻求与世界接轨。

近代以来，广东产生了郑观应、康有为、梁启超、孙中山、廖仲恺、何香凝、朱执信等一批在全国都具有重要影响力的思想家、革命家。郑观应的《盛世危言》于1894年出版，版本多达二十多种，他在书中指出了中国社会的落后，提出向西方学习，促进中国从传统社会向现代社会转变的警世之言。1883年，康有为在广东南海创建不裹足会，反对妇女缠足陋习。受此影响，广州、上海、北京等地纷纷效仿成立不缠足会，梁启超等人在上海建立起全国性的

---

① 成龙、郭丽兰、张伟东：《马克思主义中国化在广东——历史·理论·实践》，北京大学出版社2012年版，第70页。

不缠足会。1891 年，康有为在广州设立万木草堂，开授孔学、理学、史学及西学等各类课程，学生多至千人，为变法维新培养了一批人才。这些忧国忧民、以天下为己任的思想家、革命家将理论与实践相结合，敢为天下先，成为社会革新的标杆和民族脊梁，立于时代进步的前沿，积极探索强国之路，对广东的社会风气起着非常重要的引领作用。

与此同时，由于外出工作、留学的风气颇为盛行，广东较早接触到马克思主义。广东不少青年前往日本、西欧等地留学，十月革命后，俄国也成为许多青年留学的重要目的地。广东马克思主义早期传播的重要人物杨匏安、彭湃等人就曾留学日本，并在日本接触到马克思主义，回国后成为马克思主义在广东传播的重要先驱。中共广东党组织成立后，为党员和先进分子学习马克思主义提供了更加有利的组织条件。

除此之外，马克思主义与中国传统文化中的大同思想、民本思想等不谋而合，马克思主义在中国的传播并没有出现明显的水土不服。岭南文化以开放、进取、务实著称，诚于信、敏于行，具有很强的包容和塑造能力。因此，在传播过程中马克思主义不仅能自然而然地落地生根、开花结果，而且能够在本土文化中不断融合和发展，形成马克思主义的中国化形态。

二、马克思主义在广东的阶段性传播

（一）五四运动开启马克思主义在广东传播新局面

新文化运动和五四运动在思想、政治、文学、观念等各方面对当时的中国产生了巨大的冲击，这种冲击在实践和理论方面都有鲜明的体现：不仅中国社会革命形势进入空前的活跃时期，中国的思想文化也进入一个百家争鸣的时期，各种社会思潮纷繁复杂。在各种社会思潮中，民主和科学在宏观上体现了整个时代的潮流和趋势，成为中国破除封建主义、帝国主义桎梏的历史性力量。马克思主义就是在这样一种社会环境中、在民主和科学的思潮中传入中国，并随即被广泛传播。在马克思主义早期传播过程中，出现了一批有理想、有追求的知识分子，他们将马克思主义介绍给大众，并在此过程中形成志同道合的组织队伍，开创出一片马克思主义的空间。

1. 广东马克思主义传播的先驱

19 世纪末，广东一些开明的知识分子和革命先驱就已经注意到了马克思主义。梁启超、孙中山、朱执信等革命党人对马克思主义就曾有过介绍，杨匏安、陈独秀、谭平山等早期共产党人的理论介绍和革命活动为广东马克思主义传播打开了局面。戊戌变法后，流亡日本的梁启超在日本创办《新民丛报》，报名立意为"欲维新吾国，当先维新吾民"，向民众介绍新思想、新学说。梁启超曾在丛报上发表《进化论革命者颉德之学说》一文，介绍了进化论和社会学思想，对马克思及其思想做了简要的介绍，并称马克思为"社会主义之泰斗"。在他之后，马克思主义理论逐渐被越来越多的知识分子所了解和接受，并在广东广为传播。

（1）国民党人对马克思主义的介绍

国民党虽与共产党政见不一，但孙中山、朱执信、林修梅等早期开明的国民党人都在不同程度上介绍过马克思主义。孙中山创立三民主义，并将其作为国民党的民主革命纲领。民族主义、民权主义、民生主义与马克思主义在某种程度上是相契合的。1905 年，孙中山等人在日本东京创建中国同盟会，并创办《民报》作为同盟会的机关刊物。孙中山在《民报》发刊词中称"民生主义就是社会主义，又名共产主义，即是大同主义"。

中国同盟会的重要成员朱执信曾在《民报》上发表《德意志社会革命家小传》一文，第一次比较详细地介绍了马克思和恩格斯其人，并介绍了《共产党宣言》和剩余价值学说的主要观点。朱执信高度赞扬了《共产党宣言》，称"马尔克（马克思）之事功，此役为最"。毛泽东曾称赞朱执信为"马克思主义在中国的传播的拓荒者"。

林修梅曾写《社会主义之我见》一文论道："现在社会上有一种最大的毒害，就是私产制度。我们想把这种毒害，设法扫除，只有社会主义是它的对症妙药。"他还在文中将社会主义区分为共产主义与无政府主义两个派别，并称"我们相信马克斯派的共产主义在中国今日社会情形最为合适"。①

（2）杨匏安对马克思主义的系统性传播

虽然国民党以及社会进步人士曾对马克思主义、社会主义有过介绍，但是最早在广东系统性介绍马克思主义理论的要数杨匏安。

杨匏安原名锦涛，1896 年出生于广东省香山县南屏镇北山村（今属珠海市），离孙中山的故乡翠亨村仅十余里路。1911 年，15 岁的杨匏安考入广东高等学堂附中读书，正值辛亥革命爆发，广州黄花岗起义更是在全国引起巨大震动，统治了中国几千年的封建君主专制被推翻。但随即，政权落入袁世凯手中，国内陷入军阀派系乱战之中。杨匏安青少年时期经历了中国社会的巨大革命，广东的革命氛围尤其浓厚，然而革命虽然破除了封建专制，却没有建立稳

---

① 中共广州市委党史研究室：《广州党史资料》第二辑，广州出版社 2016 年版，第 40—41 页。

定的新生政权，并没有彻底让中国走向现代化道路。1915年，杨匏安跟随叔父杨章甫东渡日本。当时日本的社会主义思想和运动十分活跃，许多知识分子纷纷赴日本留学学习新思想、新文化，无论是维新派的梁启超，还是国民党的孙中山、朱执信、廖仲恺等，或是早期共产主义者李大钊、陈独秀、李达等都曾赴日本留学，他们的思想也都不同程度地受到马克思主义的影响。由于地理位置上的临近，中国早期关于马克思主义学说的传播主要源于日本，对于广东的马克思主义传播来说也是如此。在日本的杨匏安通过半工半读的方式，接触到马克思主义学说，为新世界观的形成打下了思想基础。

1916年，杨匏安回国。俄国十月革命后，杨匏安在《广东中华新报》发表了《李宁（即列宁）胜利之原因》的短评，赞赏俄国布尔什维克"主张之共产主义，最得平民劳动者之欢心"。杨匏安于1918年举家迁往广州，在广州时敏中学谋到一份教职，并兼任《广东中华新报》记者。《广东中华新报》原是广东政学系政客办的报刊，还曾以对立的态度报道过十月革命和五四运动。但是，杨匏安却借助《广东中华新报》，使之成为宣传介绍马克思主义的主要阵地。他先后为该报撰写了五十余篇总计近十万字的文章，介绍西方心理学、美学、哲学和社会主义等各种思潮。1919年7—12月，杨匏安集中在《广东中华新报》的《世界学说》栏目发表了《社会主义》《共产主义》《马克斯主义（一称《科学的社会主义》)》等41篇文章，分别介绍西方各种哲学和社会主义学说，内容涉及唯心论、唯物论、实证论、一元论、实用主义、社会主义、共产主义、马克思主义、国家社会主义、改良社会主义等诸多方面。杨匏安在《共产主义》一文中将共产主义定义为"于经济上反对私有财产制，而主张财产共有，于社会上反对个人的特权，而主张权利平等"①。其中《社会主义》连载 7 天，《马克斯主义（一称《科学的社会主义》）》连载 19 天。杨匏安将社会主义区分为"纯正社会主义、国家社会主义、讲坛社会主义、基督教社会主义、集产主义、无政府主义、社会民主主义、国际社会主义"② 等不同派别，并系统地介绍了马克思主义的唯物史观、阶级斗争论和剩余价值学说等基本观点，成为华南地区最早系统性介绍马克思主义的先驱。在《马克斯主义（一称《科学的社会主义》）》一文的开篇，杨匏安曾高度赞扬马克思主义："自马克斯氏出，从来之社会主义，于理论上及实际上，皆顿失其光辉，所著《资本论》一书，劳动者奉为经典。"③

杨匏安对马克思主义、社会主义的介绍对于广东人民认识和了解马克思主义产生了重大影响，也奠定了杨匏安华南地区马克思主义传播先驱的地位。《马克斯主义（一称《科学的社会主义》）》与李大钊发表在《新青年》上的《我的马克思主义观》一文几乎同时问世。杨匏安对马克思主义的介绍不仅为广东地区的新文化运动注入了崭新的思想，也为后来中共广东党组织的成立奠定了一定的理论和思想基础。

1921 年，杨匏安加入中国共产党，成为广东最早的一批共产党员之一，积极投身革命斗争，继续面向群众宣传马克思主义。1922 年 4 月，杨匏安在广东社会主义青年团机关刊物发表题为《马克思主义浅说》的长文，用更加通俗易懂的文字、更加鲜明的观点再次

---

① 中共广州市委党史研究室：《广州党史资料》第二辑，广州出版社 2016 年版，第 3—5 页。

② 《杨匏安文集》，中央文献出版社 1996 年版，第 158—159 页。

③ 《杨匏安文集》，中央文献出版社 1996 年版，第 168 页。

介绍马克思主义的三个部分。1923 年担任粤汉铁路广州分局的编辑主任期间，杨匏安主办《铁路公报》等刊物，积极深入工人群众，向工人阶级宣传马克思主义的基本知识，启发工人的阶级觉悟。杨匏安的马克思主义传播从书斋走向革命群体，理论联系实际，更多地结合广东革命的现状、革命群体的特征来展开，加强了马克思主义在广东的生长。

（3）陈独秀推动马克思主义与无政府主义的论战

作为中国共产党的创始人和领导者之一，陈独秀的主要活动区域虽然是在上海和北京，但他对广东地区的马克思主义早期传播和中共广东党组织的成立都产生了非常重要的影响。

新文化运动和五四运动催生了保守主义、自由主义、激进主义等各种社会思潮，这些社会思潮对中国传统文化、西方价值观念、社会发展方向等各个方面的观点不尽相同又相互交织。因此，新文化运动并不是一个单维度的思想潮流，而是以各种思潮相互交错、相互竞争的方式展开的一场社会思想启蒙。广东马克思主义早期传播面临的一个重要任务就是划清其与无政府主义等思潮的界限，在思想理论争锋中传播真正的马克思主义。

事实上，无政府主义在广州的显性传播要早于马克思主义，甚至可以说，无政府主义在某种程度上为马克思主义的传播创造了部分条件。1912 年，无政府主义的代表性人物刘师复在广州成立了中国第一个无政府主义组织"晦鸣学社"，并出版《晦鸣录》等刊物宣传无政府主义。无政府主义在广东粗具规模，其影响甚至扩散到青年学生和理发工会、茶居工会等手工业团体之中。刘师复去世后，区声白等人继承了他的衣钵，创办《民声》《工余》等无政府主义杂志。无政府主义主张反对强权，强调人民群众的地位，追求每个人的平等和自由，与改良主义、旧民主主义彻底决裂，这种立场在某种程度上与马克思主义是相一致的。因此，当时无政府主义和马克思主义在很多场合是相互关联、暧昧不明的，如1920年年底在广州酝酿成立的共产党组织，是由两位俄国共产主义者和7位无政府主义者共同组成的。但是无政府主义毕竟在一系列主张上与马克思主义有着根本性的区别，这使它逐渐成为马克思主义传播进程中的一大障碍，也注定它最终与主张无产阶级专政的马克思主义分道扬镳。

1921年1月16日，广东省教育委员会委员长陈独秀在广东省公立法政学校做了题为"社会主义批评"的演讲，论述无产阶级专政的必然性，批判无政府主义是"走不通的路"，并于次日刊登在《广东群报》上。听了陈独秀演讲的区声白随后在1月22日的《广东群报》上发表回应文章《致陈独秀先生书》，回应陈独秀的批判，阐述无政府主义的可行性。一场马克思主义与无政府主义的论战就此展开，双方就阶级斗争方式和革命后的社会组织形式等问题往来答复三个回合。无政府主义者号召摧毁一切政府和权威，强调个人的绝对自由，并声称要"自创一个无牧师、无皇帝、无总统、无法官、无狱吏、无警察管辖和无寄生虫之社会"[①]。马克思主义虽反对强权，但主张无产阶级革命后必须先建立无产阶级专政的国家政权；在个人自由问题上，马克思主义者反对无政府主义者主张的绝对个人自由。后来陈独秀以"讨论无政府主义"为总标题将其与区声白论战往来3次共6封书信刊登在《新青年》的第9卷第4号上，这使得这场发生在广东的论战的影响扩展到全国范围，这也标志着马克思主义与无政府主义开始走向分裂。

---

① 中国第二历史档案馆编：《中国无政府主义和中国社会党》，江苏人民出版社1981年版，第30页。

这场论战及其引起的扩大化争论最终以马克思主义的胜出而告终，它不仅划清了马克思主义与无政府主义的界限，更加清晰地向社会阐述了马克思主义的观点和精神，同时也促使一部分无政府主义者转向马克思主义，吸收了一批有识之士，扩大了马克思主义的队伍和影响。

（4）谭平山对广东马克思主义早期传播的领导组织

谭平山早年曾追随孙中山加入中国同盟会，参加反对清政府的革命活动。1917年，谭平山考入北京大学哲学系，在北京学习的谭平山参加了马克思学说研究会，并与陈独秀、李大钊等马克思主义领袖有了交集，思想上逐渐转向马克思主义。1920年7月，谭平山毕业返回广东，开启了他在广东马克思主义传播史上的重要历程。

谭平山是中共广东党组织机关报《广东群报》的创办者之一，也是中共广东党组织和广东社会主义青年团的创建者之一，还是广东早期工人运动组织——中国劳动组合书记部南方分部的创建者之一，在第一次国共合作过程中担任中央委员，推动双方合作。由此可见，在整个广东马克思主义早期传播过程中，谭平山在党组织创建、报刊建设、工人运动等各个方面都发挥了不可替代的领导作用。在谭平山的推动下，广东马克思主义传播从零星的个人介绍宣传转向有组织、有计划、结合社会实践的传播路径，为以后的马克思主义传播奠定了坚实的基础。在广东马克思主义早期传播过程中，杨匏安在马克思主义思想理论上有重大贡献，而谭平山在马克思主义团体组织建设上有重大贡献。著名文字专家杜松寿曾在其《缅怀先烈李大钊同志》的文章里说道："当我知道中国共产党的时候，我同时听到中共建党初期三个党的领袖：北方（北京）是李大钊，华中（上海）是陈独秀，南方（广东）是谭平山。"① 可见谭平山在当时全国马克思主义传播和党组织建设中的显著地位。

2. 马克思主义传播的组织条件

随着马克思主义传播范围的不断扩展，马克思主义队伍不断壮大，成立党组织成为急迫需求。中共广东党组织、广东社会主义青年团等马克思主义组织的成立为马克思主义进一步传播奠定了坚实的组织条件。除了作为马克思主义传播中心的广州，广东各地也纷纷成立党组织，开展马克思主义理论传播和革命活动。

（1）广东社会主义青年团

在广东社会主义青年团成立前后，广东一些地区的进步青年已经开始自发成立马克思主义革命团体。在西江地区，1922年1月，新会的37名青年发起成立新会协作主义同志研究会，以宣传马克思主义、实行社会革命为宗旨。研究会还创办了《半月刊》以做宣传，使之成为广东五邑地区最早系统传播马克思主义的阵地。在南路地区，1922年8月，黄学增领导遂溪青年成立了广东南路第一个具有共产主义理想的革命组织——雷州青年同志社，在青年中间宣传马克思主义，倡导革命。

1920年8月，中国社会主义青年团在上海成立。同年11月，谭平山、陈公博、谭植棠等人在广州响应，宣布成立广州社会主义青年团，谭平山为主要负责人。成立之初的社会主义青年团团员思想不统一，既有马克思主义者，也有无政府主义等其他理论的信奉者，导致内部成员理论信仰和目标均不一致，团组织活动的开展十分困难。广州社会主义青年团成立几个月就基本陷于停顿状态，且广州面临的困境不是个例，其他省份和地区的社会主义青年团也同

---

① 许德珩等：《回忆李大钊》，人民出版社1980年版，第104页。

样存在这个问题。1921 年 10 月，中国社会主义青年团进行改组，鲜明地提出青年团将以马克思主义为中心思想，以此来纯化社会主义青年团的思想信仰。在此之后，谭平山也开始在广州社会主义青年团基础上着手广东社会主义青年团的筹建和改组工作。

1922 年 3 月 14 日，马克思逝世 39 周年之际，广东社会主义青年团在广州东园召开成立大会，时有团员四百多人。谭平山明确宣称："本团的组织，纯以马克思主义做中心思想，因为我们确信马克思主义有改造社会的能力。"随后，广东多地相继成立社会主义青年团支部。1922 年年初，鲁易、罗汉、李实、徐成章、徐天柄等人在海口成立琼崖社会主义青年团支部，并创办《琼岛日报》宣传马列主义和中共政治主张。社会主义青年团的成立促进了马克思主义在进步青年中间的传播，为马克思主义传播提供了团体组织条件。

（2）中共广东党组织

在社会主义青年团筹备成立之时，谭平山等人已经着手准备成立广东共产党组织。广东的党组织成立之前，陈独秀、谭平山等人进行了一系列马克思主义宣传活动，开办机器工人补习学校，开办书社，大力宣传马克思主义。为培养从事基层宣传工作的干部，陈独秀以广东省教育委员会的名义创办了宣讲员养成所、注音字母教导团等培训班，谭平山等人任教员，向学员宣传进步思想，传播马克思主义。宣讲员养成所更是将其宗旨确立为"宣传和普及马克思主义，造就将来开展群众工作的干部"，学习内容包括国语常识、社会科学、共产主义知识、三民主义等课程，为广东共产党组织的成立培养了一批干部。

1921 年 3 月，陈独秀、谭平山、陈公博、谭植棠等共产党员与俄国共产主义者米诺尔、别斯林共 9 人正式成立广州共产主义小组，陈独秀任书记，并将《广东群报》作为机关报。广州共产主义小组是当时全国 6 个地方党组织之一，以共产主义小组为中心还成立了马克思主义研究会，谭平山任会长，成员达八十多人。1921 年 7 月，中国共产党第一次全国代表大会在上海召开，陈公博作为代表参加了大会。随后，中共广东支部于 1921 年 8 月正式成立，谭平山任书记。至 1922 年 6 月，中共广东党组织有党员 32 人。

中共广东党组织的成立和发展为马克思主义的宣传工作提供了十分有力的组织保障。1923 年 10 月，中共颁发《教育宣传委员会组织法》，规定教育宣传委员会由中国共产党及中国社会主义青年团两中央协定委派委员组织，为马克思主义宣传工作制定了基本规范。马克思主义的传播以共产党组织和社会主义青年团为中心，开始逐渐向外辐射和扩散。1923 年 6 月 17 日，中共广东区委和中国社会主义青年团广东区委在广州领导成立广东新学生社，在学生中宣传革命思想，随后在汕头、大埔、新会、高明、鹤山、花县等地建立分社。1924 年 11 月，广东新学生社改名为"新学生社"，在省内外都设立分社，力求团结全国学生。至 1926 年春，新学生社社员达二千多人。作为中国社会主义青年团广东区委的外围组织，新学生社及其创办的《新学生》半月刊利用学生活动的优势，积极向学生宣传中共的政治主张和马克思主义思想，扩大了马克思主义在学生中的传播。

广东是全国较早建立社会主义青年团和共产党组织的省份，与北京、上海构成当时党组织活动和马克思主义传播的金三角，李大钊、陈独秀、谭平山分别是三地共产党组织的领袖人物。马克思主义革命团体和组织的成立，形成党外和党内两条基本的活动路线，为传播马克思主义提供了十分有力的组织支撑，此后的马克思主义传播不再仅仅是知识分子自发性地传播，而是有组织、有目标地传播，传播内容上也更多地与中共的政治主张紧密联系，跟广东革命活动紧密联系。

（3）工人运动的组织

广东的马克思主义传播初具规模，尤其是中共广东党组织成立之后，进步知识分子开始有意识、有组织地向工农群体宣传马克思主义，将马克思主义理论传播与广东工农实践结合起来，相互促进。

五四运动后，工人阶级开始登上政治舞台。据不完全统计，1920年广州、香港两地的工人罢工运动就多达17次，反抗资本家的剥削和压迫。以谭平山、杨匏安、阮啸仙等人为代表的广东早期马克思主义者看到了工人阶级的力量，他们积极投身到工人运动中，向工人阶级宣传马克思主义和中共的主张。广州共产主义小组成立后，在建筑、理发等各行各业工人中组建工会，在工人中宣传阶级剥削、阶级斗争等马克思主义理论，领导工人与资本家做斗争，争取工人权益。①

1921年8月，中国共产党在上海成立中国劳动组合书记部，统一领导全国工人运动。随后，中共广东党组织在广州成立中国劳动组合书记部南方分部，后改为广东分部，主要工作由冯菊坡、刘尔崧等人负责，组织领导广东的工人运动。中国劳动组合书记部广东分部的冯菊坡、阮啸仙、刘尔崧、周其鉴等人联合广东总工会、盐业工会、轮船工会、革履工会、机织工会等工人团体组织成立爱群通讯社，并出版工人内部刊物《星期报》，在工人中宣传马克思主义。1922年5月1日，第一次全国劳动大会在广州召开，会上张国

---

① 中共广州市委党史研究室：《广州党史资料》第二辑，广州出版社2016年版，第54—55页。

焘、陈独秀分别发表了"无产阶级革命之必要""劳动节的来由及意义"的演讲，会后十多万群众举行大游行，声势浩大，产生了广泛影响。

1923 年 2 月，中共广东党组织成立广东工会联合会，进一步争取联合其他工会团体进行统一活动。1924 年 5 月，广州工人代表会成立，下辖二百多个工会组织。1925 年 5 月，第二次全国劳动大会在广州召开，这次大会标志着中华全国总工会的成立，会上通过了《工人阶级与政治斗争的决议案》。中华全国总工会创办机关刊物《工人之路》，创刊号刊登了邓中夏《中国劳动运动的继往开来》《工人阶级与革命政府》等文章。同年 6 月，著名的省港大罢工爆发，斗争时间长达 16 个月，二十多万工人参与了罢工，广东因此成为全国工人运动的中心地带。中共广东党组织组成专门小组，在组织领导工人团体运动中发挥了十分重要的作用，也不断扩大了马克思主义的受众，将马克思主义转化为社会革命力量。

（4）农民运动的组织

在向农民宣传马克思主义方面，彭湃在全国范围内都是一个先驱性人物。彭湃早年曾留学日本，回国后在其家乡广东海丰创办社会主义研究社和劳动者同情会，研究社成员七十多人。彭湃在海丰的马克思主义传播，提高了当地农民的思想觉悟，为其后来开展农民运动奠定了思想基础。

1922 年 7 月，彭湃与另外 5 个农民在得趣书室组成全国第一个农民协会——六人农会。在此基础上，随后不到半年时间，海丰县总农会成立，初始农会会员多达二千七百余户。彭湃任会长，并为总农会制定了会旗、章程，农民运动在海陆丰等地迅速扩展，很快掀起农民运动的高潮。1923 年 7 月，广东省农会成立，全省农会会员多达十三万余人。1927 年 11 月，中国第一个红色政权——海陆丰苏维埃政府建立，广东大地插起一面红色旗帜，马克思主义以及中共的政治主张也在农民中建立起鲜明的印象。

马克思主义在工农群体中的传播脱离了书斋式的宣传方式，从工农群体特定的阶级地位出发，结合工农的社会革命要求，将马克思主义的传播融入工农运动过程中，成为引导工农运动的引子。知识分子与工农群体相结合、马克思主义理论与广东地方革命需求相结合，使马克思主义的传播更加接地气、更容易被广大工农群体接受。

3. 传播马克思主义的报刊书社

中国共产党成立后，十分重视报刊书社等出版宣传工作，并对出版内容做了规定，党的一大决议指出："一切书籍、日报、标语和传单的出版工作，均应受中央执行委员会或临时中央执行委员会的监督。每个地方组织均有权出版地方通报、日报、周刊、传单和通告。不论中央或地方出版的一切出版物，其出版工作均应受党员的领导。任何出版物，无论是中央的或地方的，均不得刊登违背党的原则、政策和决议的文章。"广东马克思主义早期传播过程中创立了一批进步报刊，各类马克思主义组织成立后又推动了报刊的创办和进步书社的建立，形成了马克思主义的宣传阵地。这些报刊书社立足于当时社会革命需要，将马克思主义与不同社会群体的境遇和要求相结合，有针对性地介绍和宣传马克思主义。

（1）《广东群报》

在中共广东党组织和党报创立以前，马克思主义许多理论的宣传只能借助于当时比较进步的报刊，如杨匏安发表其马克思主义文章的《广东中华新报》。1920 年 10 月，广州的无政府主义者创办《劳动者》周刊，由于早期无政府主义与马克思主义的密切关系，这本杂志也时常发表一些马克思主义相关文章，为早期马克思主义传播提供了一个窗口。

广东马克思主义早期传播最早、最系统的宣传阵地是《广东群报》。1920年夏，谭平山、陈公博、谭植棠等三位广东籍学生从北京大学毕业回到广州，在北京深受新文化运动影响的他们深感社会基柱已经锈蚀，必须重新改造社会。而当务之急是"介绍各种未曾输入广东的学说"，促进广东新文化的传播，三人一拍即合决定在广州创办一家以宣传新文化为宗旨的报纸。按照陈公博的说法，当时广州虽有十多家报纸，但多为"第四等文字"，即比第三等还低下的文字。① 因此，1920年10月20日，在陈独秀的大力支持下，《广东群报》正式创刊，报上发表的《筹办群报缘起》阐明了办报的基本原则是"不谈现在无聊政治，专为宣传新文化的机关；不受任何政党援助，保持自动出版物的精神"，并且标明该报主要目的在于宣传新文化，致力于改造社会，即"担负新文化运动的宣传机关，去摧促新社会早日实现那个责任"。② 陈独秀还在创刊号上发表《敬告广州青年》一文，希望广大青年切切实实研究社会实际问题的解决方法，少些空谈阔论。③

《广东群报》创刊之初是一份相对独立的激进民主主义报纸，以阐发人类的"群性"为己任，提出要"发展群的本能、铲除群的障碍，巩固群的堡垒，增进群的乐利"，以此来革除中国社会存在的自私、不团结、缺乏群体观念等弊病。但是该报理论倾向很快就

---

① 中共广东省委党史研究委员会办公室、广东省档案馆编：《"一大"前后的广东党组织》（内部刊物），广东省档案馆1981年编印，第86页。

② 中共广东省委党史研究委员会办公室、广东省档案馆编：《"一大"前后的广东党组织》（内部刊物），广东省档案馆1981年编印，第17—19页。

③ 任建树等编：《陈独秀著作选》第2卷，上海人民出版社1993年版，第186—187页。

转向了马克思主义，尤其是在 1920 年年底陈独秀来到广州后。在陈独秀的影响和指导下，《广东群报》将传播马克思主义作为其主要任务。1921 年中共广东党组织成立后，《广东群报》更是成为广东党组织的机关报，旗帜鲜明地宣传马克思主义思想。1921 年元旦，谭植棠在《最危险的——续出的顽固党》一文中呼吁青年朋友要信仰社会主义，实行社会革命。

《广东群报》设立了《要闻》《中外电讯》《时评》《马克思研究》《工人消息》等专栏，发表大量阐发马克思主义相关理论及介绍俄国社会主义情况的文章。《广东群报》上关于马克思主义的内容非常丰富，有《马克斯的一生及其事业》《列宁传》等介绍马克思和列宁生平事迹的文章；陈独秀的《马克思的两大精神》《社会主义批评》等阐述马克思主义精神的演讲文章，以及陈独秀与无政府主义者区声白之间的论战文章；列宁的《俄罗斯的新问题》、瞿秋白的《共产主义之人间化》、冯菊坡的《俄罗斯的新经济政策》等介绍俄国社会主义经验的文章；周佛海（无懈）的《俄国共产政府成立三周年纪念》《我们为什么主张共产主义》、陈公博的《中国历史上的社会革命》、施存统的《我们要怎么样干社会革命?》、谭平山的《万国庆祝声中我们中国劳动界的鏖战声》等阐述阶级斗争和宣扬无产阶级专政的文章。这些文章在不同层面上介绍了马克思主义学说，宣传了俄国社会主义的进展，并为中国社会主义革命奠定思想上的准备，在很大程度上提升了马克思主义在广东的影响力。

除此之外，《广东群报》还积极转载《共产党》月刊、《觉悟》等国内其他进步刊物发表的马克思主义文章，刊登"新青年丛书"以及人民出版社的书目信息，其中包括大量马克思主义理论书籍，与北京、上海等地的马克思主义传播交相呼应，共同推进马克思主义在全国的影响。《新青年》曾在其广告中高度赞扬《广东群报》，称其是中国南部文化运动的总枢纽，是介绍世界劳动消息的总机关，是广州资本制度下奋斗的一个孤独子，是广东十年来恶浊沉霾空气里面的一线曙光。至 1922 年夏，主办人之一陈公博脱离共产党，《广东群报》被迫停刊。《广东群报》持续近两年时间，作为广东早期马克思主义宣传的重要阵地，极大促进了马克思主义在广东的传播进程。

（2）共产党人领导成立的其他报刊书社

除《广东群报》外，一批由共产党人、进步知识分子创办的进步报刊书社也进一步扩大了马克思主义的传播阵地。1921 年 2 月 13 日，沈玄庐、陈独秀、谭平山、陈公博等人在广州创办《劳动与妇女》，宣传劳动解放和妇女解放，批驳对社会主义攻击的言论。1921 年 4 月，琼籍旅沪旅穗学生徐成章等人创办《琼崖旬报》，第三期起在海口出版，宣传新思想，传播马克思主义。1921 年 9 月，彭湃指导创办了海丰县学生联合会机关刊物《新海丰》。彭湃在创刊号上发表文章《告同胞》，批驳了当时社会流行的关于共产主义"共产共妻"的错误说法。1922 年 2 月 26 日，中国社会主义青年团广东区委机关报《青年周刊》创刊，以"宣传马克思主义，彻底改造旧社会制度为宗旨"[①]，成为青年团宣传马克思主义的重要阵地，为广东党组织的成立创造了条件。1922 年春，彭湃与杨嗣震、李春涛等人秘密组织了赤心小组，并出版《赤心周刊》，彭湃在周刊上发表了《谁应当出来提倡社会主义?》《告农民的话》等文章。

（3）《新青年》南迁

由于上海政治环境恶化，中国共产党公开出版发行机构青年社

---

① 中共中央马列著作编译局编：《五四时期期刊介绍》第二集（上册），生活·读书·新知三联书店 1959 年版，第 51 页。

在陈独秀的组织下于 1921 年 4 月从上海迁至广州，继续出版"新青年丛书"，包括《社会主义史》《哲学问题》《工团主义》《阶级斗争》等各类书籍。当时在中国马克思主义传播过程中具有非常重要影响力的《新青年》杂志也随之迁往广州，于 4 月在广州出版第 8 卷第 6 号。1922 年 7 月，《新青年》出版第 9 卷第 6 号，其内容包括《马克思学说》（陈独秀）、《马克思学说之两节》（赭译）、《评第四国际》（李达）、《读新凯先生"共产主义与基尔特社会主义"》（存统）、《再论共产主义与基尔特社会主义》（新凯）、《平民政治与工人政治》（李守常）、《俄国的新经济政策》（雁冰）、《马克思主义上所谓"过渡期"》（光亮）、《中国社会主义青年团第一次全国大会纪略》（记者）等多篇马克思主义文章。此后，《新青年》杂志停刊。到 1923 年 6 月中国共产党第三次全国代表大会在广州召开，《新青年》随后以季刊的形式复刊，成为中共中央理论性的机关刊物，瞿秋白任主编，他曾翻译《国际歌》歌词并发表在《新青年》季刊上。从 1925 年 4 月开始改为不定期出版，到 1926 年 7 月停刊前《新青年》一直在广州出版，这极大地推动了广东马克思主义的传播。[①] 1921 年 9 月至 1922 年 11 月间，李达在上海主持创办人民出版社，出版了"马克思全书""列宁全书""康民尼斯特丛书"等三套丛书，包括《李卜克内西纪念》《俄国共产党党纲》《讨论进行计划书》等各类马克思主义著作，这些书目信息还曾刊登在《新青年》杂志上。由于是秘密出版，许多书的封面都印着"广州人民出版社"，社址填写为广州兴昌马路。

（4）平民书社和国光书店

1923 年年底，中共广东党组织在广州成立平民书社，专门负责

---

① 中共广东省委党史研究室：《广东党史资料》第十八辑，广东人民出版社 1991 年版，第 284 页。

出版中共中央机关刊物杂志及宣传介绍马克思主义和中共政治主张的图书，如《共产党宣言》《陈独秀先生讲演录》《新社会观》等。1924年，在周恩来的指示下，在平民书社的基础之上成立了由中共广东区委宣传部直接掌握的出版机构——国光书店，出版了一系列宣传马克思主义和中共政策的图书，品种十分丰富，其中包括《中国民族运动与劳动阶级》（赫莱尔著，东篱译）、《共产党宣言》（陈望道译）、《马克思主义浅说》（中国青年社编）、《马克思学说》（陈独秀著）、《唯物史观浅释》（刘宜之著）、《资本制度浅说》（［日］山川均著，施存统译）、《社会进化简史》（张伯简编）、《帝国主义侵略中国史》（于树德著）、《帝国主义浅说》（列宁著，李春蕃译）、《省港罢工概观》（邓中夏著）、《湖南农民运动考察报告》（毛泽东著）等。

这些由党组织或共产党人领导创办的刊物书社，在介绍马克思主义和社会主义理论、宣传革命思想方面发挥了重要作用，进一步推动了新文化运动和马克思主义传播，属于中共广东党组织的马克思主义舆论宣传阵地初步构建起来。

（二）国民革命时期马克思主义在广东的传播

1923年6月，中国共产党第三次全国代表大会在广州举行，确立了与孙中山领导的国民党进行合作的策略方针，并决定共产党员可以个人身份加入国民党。1924年1月，中国国民党第一次全国代表大会在广州召开，大会通过了新的党章，改组国民党，选举了有中共党员参加的国民党中央领导机构，形成了联俄、联共、扶助农工的基本政策，标志着国共合作正式形成。李大钊、谭平山、于树德、毛泽东、林祖涵、瞿秋白、张国焘、于方舟、韩麟符、沈定一等共产党员当选为国民党中央执行委员或候补执行委员。国共合作为中国共产党发展自身党组织、传播马克思主义和中共主张创造了相对宽松有利的社会环境。与此同时，国民党右派始终对共产党抱有敌意，并不断地攻击中共，试图破坏革命统一战线。因此，马克思主义传播面临的一个重要任务就是反击驳斥国民党右派的攻击，维护革命统一战线，阐述马克思主义和中国共产党主张。广东作为国共合作下国民革命的中心地区，革命形势日益高涨，中共主导下的马克思主义传播体系也日渐成熟。中国共产党广东党组织抓住国民革命的大好形势，国共合作创办农民运动讲习所，促进革命报刊的发展，推动马克思主义在黄埔军校中的宣传，在与国民党的合作中坚守并不断开拓马克思主义阵地。

1. 创办农民运动讲习所

国共实现合作后，根据中国国民党第一次全国代表大会精神，国民党中央党部设立农民部，开展农民运动，共产党人林伯渠为首任部长，彭湃、罗绮园先后任秘书，周其鉴、黄学增等一批共产党员担任农民运动特派员。为了推动农村革命发展，经共产党人提议，国民党中央执行委员会决定于1924年7月开始在广州开办农民运动讲习所，培养农民运动的骨干力量。广州农民运动讲习所由国民党组织，其全称是"中国国民党中央执行委员会农民运动讲习所"，但历届主办人主要是由中共党员担任，第一届至第六届主办人分别是彭湃、罗绮园、阮啸仙、谭植棠、彭湃、毛泽东。毛泽东主办下的第六届广州农讲所录取学员多达327名，来自全国二十多个省区，规模和影响为历届农讲所之最。

广州农讲所的主要目标是培养农村革命人才，提高农民的革命觉悟，学习的课程内容主要有农民运动理论及方法和国民革命基础理论。国民革命基础理论包括三民主义、革命形势与马列主义。越到后几届，课程建设中的马克思主义越浓厚。第六届广州农讲所开设"中国农民问题""农村教育""帝国主义""社会问题与社会主义""中国民族革命运动史""中国职工运动""中国史概要""中国国民党史""三民主义""中国政治状况""中国财政经济状况""苏俄状况""各国革命史"等课程，充分运用马克思主义的观点和方法分析农民革命问题。[①] 农讲所还曾邀请周恩来、恽代英、萧楚女、阮啸仙、谭平山、李立三、林伯渠、周其鉴、邓中夏、张秋人、张太雷等一批中共党员担任教员，充分通过广州农讲所这个国共合作的平台传播共产党人的理论和思想。

广州农讲所共培养学员 772 名，学员籍贯多为广东籍。这些学员毕业后返回各地从事农村革命活动，有力地推动了当地的农民运动。广东各地在这一时期创建了大批农会，并于 1925 年 5 月成立广东省农民协会。同时，由于他们在广州农讲所受中共党员的影响，接触学习了马克思主义，许多人回乡后成为农村地区马克思主义传播的种子。许多学员回乡后，积极效仿广州农讲所的模式，开办农民运动讲习所。一时间，广东省农民训练所、普宁农民自卫军训练班、汕头农工运动讲习所、广东北江农军学校、雷州农民宣传讲习所、琼崖农民自卫队训练所等一批地方农民运动讲习所纷纷成立。据统计，1926 年广东各地农民干部培训学校多达 18 所，全国其他省份也开始陆续创办农民运动讲习所。这极大地促进了全国各地农民革命的热情，同时通过这种模式也向农村地区输送了马克思主义思想，发展壮大了共产党组织。

在农民运动讲习所开办的同时，共产党人和进步人士还创办了专门报刊来阐述相关问题。毛泽东在主持第六届广州农讲所时，主

---

① 王首道：《革命的摇篮——回忆毛主席在广州主办农民运动讲习所》，《历史研究》1977 年第 4 期，第 60—71 页。

编《农民问题丛书》，刊登各类关于农民问题的文献材料，成为农民学习的重要读本。1926 年 1 月和 8 月，国民党中央农民部先后指导创办了《中国农民》和《农民运动》，发表了一系列关于中国农民革命问题的文章和报道。毛泽东曾在《中国农民》第一期和第二期发表《中国农民中各阶级的分析及其对于革命的态度》《中国社会各阶级的分析》两篇文章，以阶级观点来分析中国农民革命问题。1926 年 1 月，广东省农民协会创办《犁头》周刊，该周刊成为全省农民革命运动的喉舌。

2. 黄埔军校中的马克思主义传播

1924 年 5 月，在苏联专家和中国共产党的帮助下，孙中山以"建立革命军，挽救中国的危亡"为宗旨在广州创建中国国民党陆军军官学校，又称黄埔军校。在此之前，孙中山曾派遣以蒋介石为团长的"孙逸仙博士代表团"赴苏联考察，了解学习苏联的建军制度。蒋介石等人对苏联红军的党代表制度高度评价，认为苏联红军将军事指挥和行政事务分开、重视政治教育保证党对军队的领导这一经验十分有效。黄埔军校效仿苏联的方法，不仅仅培养军事人才，还十分重视政治教育。

黄埔军校设立政治部，专门负责学生的思想政治教育工作。周恩来、熊雄曾担任第一期第三、第四任政治部主任，大力开展思想政治工作。军校课程设置了大量政治理论课，至 1926 年，这些课程多达 26 门，除了"三民主义""国民革命概论""总理学说"等内容外，还设置了"社会主义原理""社会主义史""帝国主义""社会主义""社会进化史""社会学科概论""社会问题"等与马克思主义和社会主义相关的课程。黄埔军校对于各种思想是比较包容的，这为马克思主义在黄埔军校的传播提供了比较宽松的条件。1925 年 10 月发布的《校党代表训令》更是规定："本校学生为负担本党军事工作之中坚，除切实接受党的训练，努力研究本党主义，凡本党之一切出版物皆须细心阅读外，更需注意世界潮流，所以，关于社会主义、共产主义、马克思主义等书籍，以及表示同情于本党或赞成本党政策而极力援助本党之一切出版物，除责成政治部随时购置外，本校学生皆可购阅。"①

黄埔军校中的马克思主义传播还得益于当时一大批共产党员的活动。"军校的第一期学员大部分是中国共产党从各省秘密活动来的'左倾'青年，其中党团员五六十人，占学生的十分之一。"② 黄埔军校各期学员中有一部分是中共党员，如聂荣臻、陈毅、陈赓、蒋先云、李之龙等人都在入校前就已经加入了中国共产党。黄埔军校成立后，中共广东区委就在该校建立了中共黄埔特别支部，组织和吸收共产党员、共青团员。1924 年年底，共产党人李侠公、周逸群等人组织成立了火星社，吸收社员近一百人，除共产党员外，还吸收了一批赞同马克思主义的学生。1925 年 2 月，中共黄埔特别支部组织以黄埔军校青年军人为基础，联络粤军讲武学校、滇军干部学校、桂军军官学校等军官学校的青年军人成立了中国青年军人联合会，并创办机关刊物《中国军人》。中国青年军人联合会成立之初以反帝反买办为基本立场，但后来逐渐被中共所掌握，成为以共产党员为核心的革命团体。《中国军人》曾刊载列宁语录、马克思像，介绍《向导》《中国青年》《新青年》《前锋》等多种进步刊物，在黄埔军校内积极推动马克思主义的传播，并与军校内的"孙文主义"进行斗争，扩大马克思主义的影响。直至1926 年 4—6 月，中国青年军人联合会和《中国军人》相继被迫

---

① 中国第二历史档案馆：《黄埔军校史稿》第 7 册，档案出版社 1989 年版，第 254 页。
② 广州革命历史博物馆编：《黄埔军校史料》，广东人民出版社 1985 年版，第 79 页。

解散。

黄埔军校被称为中国"近代军事将帅的摇篮",为国共两党培养了众多杰出的军事人才。军校中的马克思主义传播为中共方面缔造了一支信仰共产主义的革命军队,林彪、左权、王尔琢、徐向前、叶剑英、周士第等人都是在黄埔军校学习期间或毕业后加入中国共产党的,他们为日后中国革命事业做出了巨大贡献。

3. 革命报刊书社迅速发展

国民大革命时期,由于社会革命热情和形势的高涨,各类革命刊物大量涌现。在中共广东党组织的领导和支持下,一大批优秀的马克思主义宣传刊物纷纷成立,从而大幅度提升了各地区的马克思主义传播力度,这些书刊社也往往成为各地党组织联络的地点。

1926年2月7日,中共广东区委在广州创办区委机关报《人民周刊》,时任广东区委宣传部部长的张太雷为主编。周刊以"反对帝国主义及一切依附帝国主义,或帝国主义赖以生存的军阀、官僚、买办阶级、地主"为宗旨,力求在理论和政策上指导反帝国主义运动、唤起民众参加革命运动、巩固广东革命基础。张太雷作为周刊主编也担任主笔的角色,以"木""大""雷""太""春""大雷"等为笔名在周刊上发表《巴黎公社纪念日》《广东革命的危机仍在呵》《广东各界援助罢工周》等七十余篇文章,宣传马列主义和中共路线方针政策的内容,指导人民群众进行革命斗争。① 除了张太雷、陈延年、周恩来、任卓宣、邓中夏、罗绮园、陈独秀、张国焘、彭湃、恽代英、彭述之、冯菊坡等一批党中央和广东地方党组织的领袖都曾在周刊发表革命文章。《人民周刊》除了宣传革命

---

① 李秀珍:《张太雷创办〈人民周刊〉的功绩》,《广东党史》1998年第4期,第22—23页。

理论外，还成为中共广东党组织与国民党右派进行斗争的重要舆论阵地，《给国民党中央、国民政府、国民革命军及广东人民的一封公开信》（张太雷）、《对于国民党中央会议的希望》（陈独秀）、《国民政府下的"五一节"》等一系列文章宣示了中共的立场，反击了国民党右派的分裂倾向。

除了中共广东区委机关报外，广东地方性革命刊物也逐渐发展起来，这一时期粤东地区各类马克思主义宣传刊物、书店的成立和发展尤其迅速。1924 年 5 月，中共秘密党员杨嗣震在揭阳县榕城创办《揭中校刊》，以"创造科学思想"和"改造社会运动"为主旨，号召工人团体起来革命。1925 年 5 月，中共汕头特别支部创办汕头书店，除销售三民主义和国民革命类的书籍外，还销售《共产党宣言》《共产主义 ABC》《唯物史观》《列宁之一生及其事业》等马列主义著作，以及《向导》《中国青年》《少年先锋》等中共党刊和进步刊物。1925 年 6 月，中共汕头特别支部贯彻国共合作统一战线的政策，成立国民外交后援会，领导汕头各界的革命运动。后援会先后出版《死战》三日刊和《革命周报》，除刊登省内外新闻时事外，还刊载马列主义著作及革命领导人的讲话。

1924 年春，杨善集与徐成章等琼崖出岛学习的青年知识分子在广州组成琼崖革命同志会和新琼崖评论社，并创办会刊《新琼崖评论》，针对琼崖地区的社会状况分析革命问题，有针对性地向琼崖人民传播革命思想。杨善集等共产党人发表了大量马克思主义相关文章，运用马克思主义立场观点分析琼崖革命、中国革命存在的问题。《新琼崖评论》虽然在广州创办，但是其创办后很快就通过各种渠道传播到海南岛上，甚至在全国产生了很大影响，北京、上海等地都相继成立了以琼籍青年为主的琼崖革命团体。1925 年，全国性琼崖革命团体——琼崖革命同志大同盟在广州成立，并出版《琼崖革命同志大同盟盟刊》和《革命潮》等刊物，替代《新琼崖评论》继续宣传新民主主义思想和马列主义思想。

除中共领导或中共党员参与组织的各类刊物外，中共知识分子还充分利用一些民报或国民党主导及国共合办的刊物宣传马克思主义思想。《四邑平报》原是由江门华侨创办的，1925 年，由于叶继壮等共产党员加入报刊的主要工作中，《四邑平报》由一份民报日渐转变为一份传播革命思想、宣传马克思主义的报纸。1925 年 12 月，国民党中央宣传部机关刊物《政治周报》在广州创刊，成为国共合作的重要舆论阵地，时任国民党中央宣传部代理部长的毛泽东担任周报主编，沈雁冰、张秋人等共产党人也曾担任主编、副主编。毛泽东以"子任"等笔名在《政治周报》上发表《革命派党员群起反对北京右派会议》《国民党右派分离的原因及其对革命前途的影响》等大量反击国民党右派反动分裂主义的文章，宣扬大革命。毛泽东还于 1925 年 12 月 1 日在国民革命军第二司令部主办的《革命》半月刊上发表《中国社会各阶级的分析》一文，用马克思主义观点分析中国社会的阶级状况。1926 年年初，周恩来担任东江各属行政委员期间，在汕头指导筹办了《岭东民国日报》。该报虽是潮梅地区的国民党机关报，但实际受中共汕头地委领导，在宣传国民革命和新三民主义外，还刊登《马克思》《通俗资本论》《列宁传》《帝国主义浅说》以及《列宁主义与托洛茨基主义》等文章，大力宣传马列主义和中共政治主张。[1] 周恩来为该报副刊题写"革命"为刊名，每周一期固定刊载马克思的《一八四八年六月巴黎无产阶级之失败》、列宁的《国家与革命》等马列主义文章。

---

① 中共广东省委党史研究室：《广东党史资料》第十八辑，广东人民出版社 1991 年版，第 296 页。

国民大革命时期由于国共合作形成统一战线且革命势头高涨，中共广东党组织迅速抓住这一契机，利用民众、国民党、国共合作等各种平台和资源，在宣传国民革命、新民主主义的同时，向全省各地区各群体铺开马克思主义传播组织和渠道，将马克思主义从广州地区延伸至各地市，形成全省网络格局。虽然许多刊物和书店在四一五反革命政变前后遭到镇压被迫关闭，但其在各地留下的马克思主义火种却没有熄灭。

4. 马克思主义培训的初步探索

国民大革命时期是中共广东党组织发展的一个高峰期，至 1927 年 4 月，中共广东党组织的党员人数多达九千余人，位列全国之首，这为广东的马克思主义传播进一步创造了强大的队伍支撑。但随着党员人数增多，党员同志的理论水平、革命认知参差不齐的状况也愈加明显。因此，在大革命时期，党组织就开始探索对党员及革命骨干进行专门的培训，学习马克思主义基本理论和中共方针政策，提升队伍的马克思主义理论水平和革命觉悟。

1924 年 9 月由孙中山组建的广东大学（今中山大学）是华南学生运动的中心，也是进步知识分子活动的中心。中共广东大学党组织曾在广东大学组织干部特别培训班，进行粤区干部培训。北伐战争时期，周恩来主持的军队政治干部培训班也在广东大学进行。

1926 年年初，共青团广东区委书记杨善集主持举办了为期三个月的青年骨干培训班，学习马列主义和团的基本知识，团区委规定把《马克思主义浅说》《共产主义 ABC》《新社会观》《唯物史观浅释》等革命著作作为必读文本。

大革命期间，为了进一步吸收马克思主义同路者，更好地建设党组织，有组织成体系的马克思主义专门化培训成为必要。中共广东党组织在这方面做了初步的尝试和探索，在提升队伍整体马克思主义素养方面产生了一定的成效，也为日后有组织大规模的马克思主义培训工作积累了宝贵经验。

（三）土地革命战争时期马克思主义在广东的传播

1927 年 4 月 12 日，以蒋介石为首的国民党右派发动反革命政变，对共产党员和国民党左派实施大规模残酷镇压。至此，第一次国共合作破裂，独揽国民党党政军大权的蒋介石对中共实施高压剿杀政策。中共广东党组织在大革命时期建立的许多团体组织被查封，中共广东区委、中华全国总工会广州办事处、省港罢工委员会、广东省农民协会等革命组织遭查封，广东妇女解放协会等团体被迫解散，《工人之路》等许多党刊党报及进步报刊被撤销，国民党大肆逮捕屠杀共产党员和革命群众，对马克思主义传播造成严重的外部威胁。

1927 年 12 月，中共广东省委领导发动了著名的广州起义，但最终失败。而后在李立三冒险主义路线的影响下，1928 年全省发动夏收总暴动，最终也以失败告终。1931 年，王明等人的"左"倾冒险主义再次将党组织推入危险境地，中共广东党组织面临的形势急转直下，党组织和党员队伍遭到很大破坏。党组织遭受破坏直接影响了马克思主义的传播进程，由于外部环境恶化，党组织建设受挫，许多原先建立的传播渠道被迫关闭，这一时期的广东马克思主义传播遭受巨大挫折，甚至在一定程度上被中断。在艰难的环境下，中共广东党组织尝试在各地开拓新的宣传阵地，坚持开辟农村革命根据地，开展军事政治培训，推动左翼文化运动，创建党的外围组织，马克思主义传播由中心转向外围、由城市转向农村革命根据地。

1. 创办军事政治培训学校

为了避开国民党集中镇压的锋芒，同时也为了保存党组织的实力，中共广东党组织的许多活动都转移到广州以外的地区进行，包括马克思主义的宣传工作。为了提高革命队伍的斗争能力，保存和壮大组织队伍，各地党组织创办军事政治培训学校，在进行军事技能培训的同时，学习马列主义和党的路线方针政策。

1927 年 11 月，迫于广东内地的白色镇压，为充分利用临近香港的优势，及时组织党员同志学习中共相关政策方针，中共广东省委从广州抽调党员到香港进行培训，每期 10 天。1929 年年初至 3 月，广东省委再次在香港连续举办了 5 期培训班，学习中共六大以及省委第二次扩大会议文件，总结工作经验方法。与此同时，为了组织武装斗争，各地党组织积极建立农村根据地，并以根据地为基础进行马克思主义的宣传，巩固和提升革命队伍的思想基础。1928 年 1 月，中共东江特委在海丰县创办东江党校，选派部分党员和群众中的先进分子脱产学习，学习课程包括"列宁主义""苏维埃建设""第三国际与世界革命""中国共产党史""农民与土地革命"，既注重马克思主义基本理论学习，又结合实际学习革命斗争的经验和方法。

除此之外，各地陆续建立了一批培养军事政治干部的学校。1929 年年底，为纪念 8 月份被国民党杀害的广东著名革命先驱彭湃和杨殷，中共东江特委将设在丰顺县八乡山的军事政治学校更名为彭杨军政学校第四分校，以此纪念彭、杨两位烈士。1930 年，学校随中共东江特委转移到大南山，并将潮（阳）普（宁）惠（来）县苏维埃政府创办的红六军第十六师军事政治学校并在一起。彭杨军政学校第四分校将军事训练和政治理论学习结合起来，为东江革命地区革命队伍的培养和发展做出了重要贡献。

值得一提的是，土地革命战争时期的琼崖革命根据地在军事政治培训方面积累了非常多的经验。1928年，中共琼崖特委在冯白驹的领导下，创建了母瑞山红军军事政治干部学校，对红军基层干部进行军事和政治培训，并且出版了《政治大纲》作为教材。1931年6月，琼崖苏维埃政府在乐会县创建琼崖高级列宁学校，从各地青年工人农民中招收了一百多名学员。学校在其招生公告里曾写明将列宁主义作为办学的基本立场：琼崖苏维埃政府为培养革命的干部，为反对国民党的反动教育，为肃清一切反革命派的改良主义欺骗，特创设本校，以列宁主义的精神去根本解决青年群众的教育问题，为琼崖苏维埃区域教育的最高学府。琼崖高级列宁学校开设唯物史观、马克思列宁主义、社会进化论、数学、音乐、军训、训练工作等各类课程，帮助学员了解马列主义基本理论以及中共的方针政策。琼崖高级列宁学校只办了半年时间就因国民党的大举进攻而遭到破坏，但它作为土地革命战争时期琼崖苏维埃的最高学府，为琼崖地区革命活动培养了一批具有马克思主义立场的党政干部和军事干部，也为党员干部教育进行了有益的尝试。

土地革命战争期间，中共广东省委及各地党组织在遭受严重冲击之时，仍坚持对党内干部进行培训，吸收扩充革命队伍。其贯彻的内容包括军事和政治两个方面，对于艰难时期巩固党员队伍思想基础、保持党员与中国共产党路线的一致性起到了非常重要的作用。

2. 中共广东省委领导管理党刊党报

为了更好地开展马克思主义和党的路线方针的宣传，中共广东省委于1929年组建了党报委员会，毅宇任书记。党报委员会专门负责全省党报工作，并要求各地党组织全力支持省委刊物工作，积极给省委刊物投稿。广东省委还设立了发行部，除了发行省委出版的党刊党报外，还发行《红旗》《布尔什维克》《劳动周报》等中央全国性报刊，在广东省形成由省委统一领导组织的党刊党报宣传系统，加强马克思主义传播的正规军建设。

土地革命时期，中共广东省委领导主办的刊物种类十分丰富，既包括《省委通讯》（1927 年 9 月）、《红旗周刊》（1927 年 10 月）、《党内生活》（1928 年 5 月）、《教育杂志》（1929 年 1 月）、《学习半月刊》（1929 年 7 月）、《五月红》（1930 年 5 月）、《两广实话》（1931 年 9 月）、《大路》（1936 年 11 月）等党内刊物、省委机关刊物，也包括《针锋》（1928 年 10 月）、《香港小日报》（1929 年夏）、《香港周报》（1929 年 10 月）、《南方红旗》（1930 年 6 月）、《两广红旗》（1932 年 7 月）等省委在香港公开出版发行的报刊，还有琼崖特委机关报《琼崖红旗》（1930 年 7 月），中国社会主义青年团闽粤赣苏区省委机关报《列宁青年》（1931 年 9 月）、中共闽粤边区特委机关报《战斗》（1935 年 10 月）等地方性报刊，省委出版的《红旗特刊》（1928 年 7 月）、由广东省委指示以广东济难会名义创办的《正义》周刊（1928 年 9 月）则是专门面向群众的通俗性宣传刊物。①

由于革命环境恶劣、条件艰苦，这些报刊大多数出版时间都不太长，但是对马克思主义和中共路线在党内以及群众中的宣传产生了积极效果。1927 年 10 月 30 日创办的《红旗周刊》是出版时间比较长的，它在广州起义后作为广州苏维埃工农民主政府的机关报，成为省委的宣传喉舌和各级党部政治路线的根据。《红旗周刊》一直坚持到 1930 年，著名共产党人恽代英、彭湃等人都曾为该刊撰写

---

① 中共广东省委党史研究室：《广东党史资料》第十八辑，广东人民出版社 1991 年版，第 301—311 页。

过文章，在党内产生了良好的思想宣传效果。

尽管外部环境困难，中共广东党组织仍没有放弃宣传阵地，而是进一步抓牢党内以及群众中的宣传工作。也正是在这个时期，中共广东省委集中统一领导组建党刊党报，将宣传工作作为省委的重要工作之一。这一时期的宣传刊物不再像早期一样是知识分子自发性的行为，也不再是地方党组织各自的探索和尝试，而是省委统一领导、组织、创办、管理，更加规范化，也更加具有系统性和体系性。这些党管刊物的主要内容是宣传党的方针政策、党的政治与组织路线、号召革命、解释社会问题。可以看出，纯马克思主义著作或理论偏少，结合国民革命问题、宣传中共的方针政策路线居多，马克思主义传播内容从理论偏向实际、从经典理论转向广东具体革命实践，进一步推动了马克思主义中国化。

3. 左翼文化运动促进马克思主义传播

由于土地革命战争时期的马克思主义传播基本陷入秘密宣传或中断，中共广东党组织和进步知识分子很难进行公开性大规模的宣传。但这并不能阻断人民群众自发性的马克思主义传播，尤其是在左翼知识分子和团体推动下的传播，这在土地革命战争时期产生了重要的影响。何干之等左翼知识分子的马克思主义宣传、伴随着抗日活动的进步青年运动、中国左翼文化总同盟广州分盟的活动等，在党组织宣传活动陷入困境之时，极大地推动了马克思主义的传播。

在此期间，自发性的或在中共党员领导组织下的抗日救亡运动对于团结抗日力量、宣传中共政治主张产生了重要影响，也为遭受严重损害的广东党组织的恢复和重建奠定了良好的群众和组织基础。1931年九一八事变后，以中山大学为代表的广州各大中学校成立广州市学生抗日运动联合会等革命团体，积极开展抗日救亡运动。1932 年 1 月，中山大学高中部学生发起成立高中部抗日剧社，以戏剧的形式进行抗日救亡宣传，后改名为国立中山大学抗日剧社，联合中山大学各学院力量。李克筠等剧社骨干以抗日剧社为基础，组织新兴读书会，并成立秘密团体——苏维埃之友会，秘密传阅马列著作，宣传中共政治主张。与此同时，广东各地也创建了一些地方性革命团体，如高明县的力社。力社是 1932 年在民主革命人士陈汝棠的支持下，中共党员陈勉恕等人以佛山高明县立第三小学为基础创建的抗日救亡组织。力社采取半耕半读的方式，白天劳作，晚上进行马列主义等理论学习。

左翼知识分子和团体的文化运动也是马克思主义传播的重要力量，何干之是典型之一。何干之原名谭毓均，1930 年夏从日本回国探亲，在他的家乡台山举办台山青年暑期学术研究班，研究班的主要内容就是学习马列主义和革命文艺理论，何干之主讲"现代世界观"课程，介绍辩证唯物论和历史唯物论。1932 年，何干之先后在广州女子师范学校和国民大学任教，在国民大学主讲"社会科学""中国经济"两门课程，在课堂上公开宣传马列主义思想，后由于当局施压被学校解聘。

1933 年 4 月，在中山大学当代课教师的中共党员温盛刚在与上海的中国左翼文化总同盟取得联系后，在广州成立了中国左翼文化总同盟广州分盟（简称广州文总），汇聚了广州的左翼文化团体，何干之任分盟书记。在广州文总之下，组建中国社会科学家联盟广州分盟、中国左翼作家联盟广州分盟、中国戏剧家联盟广州分盟等团体，并各自建立读书会作为外围组织。这些读书会成为吸纳成员、开展活动的基本单位，读书会的内容包括国内外形势和鲁迅等左翼作家著作的学习和讨论，也包括《共产党宣言》《社会主义从空想到科学的发展》等马列著作的传阅和讨论。广州文总通过各种形式宣传抗日救亡、爱国主义和马列主义，为陈济棠军阀政府所不容，被冠以搞共产党活动的罪名而实施镇压，许多进步分子遭杀害而牺牲，其中包括广州文总六烈士温盛刚、谭国标、凌伯骥、赖寅倣、郑挺秀、何仁棠等人。广州文总存在的时间并不长，前后大概一年时间，但其在广州文化界产生的影响非常大，对于马克思主义、中共政治主张的传播产生了积极的影响。

4. 中共广东党组织的恢复与重建

1934 年，由于国民党镇压和中共党内冒险主义路线的双重影响，中共广东各级党组织几乎都遭到了破坏。至 1934 年 9 月，中共广东党组织几乎都被迫停止了活动。广东党组织的恢复和重建是一个十分急迫的任务，一旦失去组织依托，马克思主义的传播将变得更加艰难。而党组织的恢复和重建，又必然在很大程度上依赖于马克思主义的宣传。1935—1936 年，在恢复和重建广东党组织之前，中国青年同盟、突进社、马列主义行动团等一批以马列主义为指导的党的外围组织先组建起来，为党组织的重建创造思想和组织条件。

1935 年 7 月，原中共中央出版部发行科的王均予从上海转移到广州开展工作。王均予以发行科原有读者会为基础，组建秘密组织——中国青年同盟。同盟明确要求成员必须拥护中国共产党，遵守党纪，事实上成为一个秘密的党组织。

突进社是在时任中山大学教师的中共党员何思敬的指导下建立的秘密组织，于 1935 年 10 月正式成立。突进社主要以读书会的形式进行活动，并出版社刊《突进》，团结进步青年，宣传中共的抗日主张。随着张直心等主要成员加入共产党，突进社也随之成为党的外围组织。

1935 年 9 月，中山大学进步学生李群杰、虞焕章（杨康华）等人在广州白云山摩星岭举行秘密会议，成立马列主义行动团，明确以学习和宣传马列主义、中共政治主张为行动团的主要任务。

中国青年同盟、突进社、马列主义行动团作为党的秘密外围组织，在党组织遭受巨大破坏且无法公开进行活动时，聚集了一批党员同志和进步知识分子，在困难时期保持马克思主义的传播不致中断。这些组织存在时间都不长，它们随着新的革命形势和中共广东党组织的重建逐渐被吸收或消解，但其产生的影响是不容忽视的。

随着日本帝国主义侵略的加剧，国内抗日形势日益严峻。在此形势下，1936 年 8 月 25 日，中共中央发表《中国共产党致中国国民党书》，主张国共二次合作，共同抗日。西安事变后，蒋介石被迫同意抗日，第二次国共合作初步形成，国民党暂时放弃了对共产党的大规模镇压，这也为党组织的恢复重建、马克思主义的传播创造了条件。1936 年 9 月，中共南方临时工作委员会在香港成立，随即在南方各地开展党组织重建工作。1937 年 10 月，中共南方临时工作委员会改称中共南方工作委员会（简称南委），曾经一度陷于隐匿中断状态的广东党组织重新建立，推动马克思主义继续传播。

（四）全民族抗日战争时期马克思主义在广东的传播

1937 年 7 月 7 日卢沟桥事变后，日本侵华战争全面爆发，中国人民开始了全面反抗日本帝国主义侵略的保卫战。9 月，在中国共产党的大力推动下，以国共合作为主体的抗日民族统一战线正式形成。中共广东省委坚决贯彻执行党的抗日民族统一战线政策，将抗日救亡运动与马克思主义传播相结合，派出大批党员到各种抗日救亡群众团体中去活动，创办抗战报刊，在各根据地开展军事政治培训，扩大了马克思主义的影响，夯实了革命队伍的马克思主义思想基础。

1. 中共广东党组织积极领导抗日活动

抗日战争全面爆发后，广东人民积极行动起来参与抗日救亡运动。1937 年 7 月 25 日，广州市就爆发了有 15 万人参加的御侮救亡示威大游行。中共广东党组织深入抗战活动，积极争取与国民党合作，领导建立各类抗日团体，促进抗日民族统一战线的建立。在此过程中，广东党组织和广大党员既以身作则在抗日活动中发挥了重要作用，也积极宣传中共的主张，扩大了马克思主义的影响。

一方面，中共广东党组织积极联合国民党的力量创建抗日团体，聚集抗日力量，在社会中产生了很大影响。1937 年 8 月 14 日，中共广东党组织与国民党广东省党部合作建立了第一个统战性群众抗日团体——抗日救亡呼声社，国民党党员谌小岑和共产党党员黄泽成等人共同参与筹划呼声社的创建。8 月 21 日，隶属于该社的《救亡呼声》旬刊创刊发行，成为抗日战争初期广东宣传抗日救亡统一战线的重要报刊之一。11 月 21 日，以国民党党员钟天心和共产党党员叶兆南等为主要负责人的广东抗战教育实践社成立。实践社以"不论过去、不论派别、实现国内各党派各团体各种力量的伟大团结"为宗旨，尽可能地联合社会各种抗战力量。实践社开设各类培训班，先后培训各界抗日救亡骨干二千余人，还创办了《新战线》周刊，宣传抗日民族统一战线。

另一方面，中共广东党组织和党员同志积极深入人民群众中，组织人民群众开展抗日活动。1937 年 12 月 5 日，广东文化界救亡协会（后改名为广东文化界抗敌协会）成立。协会通过戏剧、诗歌、出版、政治工作等各种形式开展抗日宣传，在其推动下，广东戏剧协会、广东文学会、广州新闻界从业人员抗敌协会、社会科学抗敌协会等各类抗敌协会纷纷成立，在广东形成声势浩大的抗日宣传。广东文化界抗敌协会虽由各类文化界人士组成，但实际上是由广东的共产党组织所领导和掌握。

1938年1月1日，广州市学生抗敌救亡会、救亡呼声社、青年群社、平津同学会、留东同学抗敌后援会、青年抗日先锋团等8个团体联合成立了广东青年抗日先锋队，并创办机关报《先锋队报》。先锋队设立临时工作委员会，其下属的秘书处、组织部、训练部、宣传部都有共产党员主导或参与。先锋队内部还秘密设立了党团，由中共广东省委员会青年委员会领导。因此，广东青年抗日先锋队的主要工作是由中共广东党组织领导推动的，在宣传抗日民族统一战线的同时，宣传马克思主义和中共主张，最后于1940年4月被国民党当局取缔。除此之外，1937年12月，广东省妇女抗敌同志会、广州市妇女抗敌同志会、女青年会等妇女团体联合成立广东妇女团体联席会议，出版《妇女大众》刊物，并于1938年2月正式组成广东妇女抗敌协会，伍坤顺等一批女共产党员在协会的创立和活动开展过程中发挥了重要作用。在岭东地区，由中共广东潮汕地方组织直接领导的岭东青年救亡同志总会于1938年1月成立，汇聚岭东各地21个团体共同抗日。

广东抗日救亡运动中成立的这些抗日团体聚集起各界的力量，有力地推进了抗日民族统一战线的形成。中共广东党组织在这个过程中起到非常重要的作用，在宣传抗日活动的同时，共产党组织及党员也加深了与人民团体的联系，宣传了马克思主义和中共主张。

2. 创办抗战报刊和书店

在抗日战争时期，尽管条件艰难，中共广东省委仍尽可能地创建并维持党的舆论阵地。除了《救亡呼声》《新战线》《先锋队报》《妇女大众》等依托各个抗日团体创办起来的报刊外，广东各地还创办了《抗战大学》《抗日新闻》《新华南》《华商报》《前进报》等一大批产生广泛影响的抗战报刊，许多报刊由各地党组织直接领导。这些报刊除了报道各地抗战形势外，还积极宣传中共建立抗日民族统一战线等政治主张，同时也发表充满马克思主义观点的大量文章。

1937 年 11 月，中共广东省委创办机关报《抗战大学》，积极宣传中共的抗日民族统一战线主张，广州沦陷后在香港续办了 3 期。1938 年 1 月，中共在武汉创办《新华日报》，该报成为中共在国统区唯一公开发行的党报，也成为中共重要的舆论阵地。《新华日报》创刊后不久就在广州设立分馆，每天用飞机将该报纸型运往广州印刷发行。1938 年 10 月，广州沦陷，中共广东省委北迁至韶关。1939 年 4 月，邓重行等人在曲江创办省委机关报《新华南》。《新华南》在战争不利的局势下，坚持进行抗日民族统一战线的宣传，反击国民党右派的分裂主义。该报曾刊登毛泽东的《第二次帝国主义战争》，以马克思主义的观点分析国内外局势。《新华南》总共出版了 29 期，行销地不限于广东，还包括广西、江西、福建、香港等地，成为华南地区的重要党刊，最终于 1942 年 2 月被国民党强行关闭。

除了中共广东省委的机关报外，广东各地党组织也积极创办地方性报纸，尤以东江和琼崖根据地为代表。东江革命根据地创办了《大家团结报》《新百姓报》《东江民报》《前进报》《抗日杂志》《政工导报》《锻炼》《岳中导报》《党与党报》《新大众报》《广东党人》等一批对团结根据地抗日力量、宣传马克思主义和中共主张产生重要影响的进步报刊。其中，1942 年 3 月创办的《前进报》在东江纵队成立后，成为其机关报，大力宣传党的方针政策，最大发行量达七千多份，对党内外宣传都起到非常重要的作用。在琼崖抗日根据地，《抗日新闻》《新琼崖报》《新文昌报》《团刊》等刊物则成为琼崖党组织的主要舆论阵地。其中，创刊于 1939 年年初的《抗日新闻》是中共琼崖特委的机关报，承担起党组织主要的宣传工作。除此之外，珠江纵队的《正义报》、韩江纵队的《新潮》报、罗定中心支部的《三罗日报》、梅县中心县委的《民报》、龙川支部的《龙川日报》、新会江南区工委的《新会战报》、南路地区的《南声日报》、阳山的《北江日报》等由广东各地党组织主办或指导的地方抗战报纸，在国民党的封锁下及时宣传中共政治主张和国内外形势。[①]

除了中共广东党组织创办、主导的报刊外，社会爱国民主人士主办的报刊也为中共提供了宣传的途径。1938 年 1 月 1 日，创刊于上海的《救亡日报》由于上海失守而后在广州复刊，社长郭沫若在复刊词中称《救亡日报》是"华南抗战文化堡垒"。在"建立统一战线"的目标下，《救亡日报》取得了国民党广东当局的支持，聚集了一批进步人士，其中有很多共产党员参与了日报的出版发行工作。抗战期间，在香港地区比较著名的报刊要数 1941 年 4 月创办的《华商报》。该报没有明显的政治色彩，也并不特意强调马列主义，而是以爱国主义、民主主义为基本立场。这也符合中共建立抗日民族统一战线的政策，因此也成为中共广东党组织抗战相关宣传的重要平台。

除了积极创办报刊，中共各地方党组织还创办发展了一批进步书店，对于马列主义报刊和书籍的销售流通起到关键性作用。普宁合利书店（1938 年）、海口大众书店（1938 年）、北江文化供应社（1939 年）、潮阳启文书店（1939 年）、普宁集源书店（1940 年）等一批进步书店的开办，为各地共产党人的联络活动和马克思

---

① 中共广东省委党史研究室：《广东党史资料》第三十三辑，广东人民出版社 1999 年版，第 205 页。

主义宣传提供了有利的条件。

3. 举办战时军事政治培训班

抗战时期，中共广东党组织延续了土地革命战争时期的做法，十分重视在革命队伍内部开展思想政治学习培训，通过在各地举办军事政治培训班，提高革命干部队伍的马克思主义觉悟和水平。

1937年12月，中共南方工作委员会宣传部部长饶彰风通过社会关系在香港九龙城的龙津书院举办培训班，集中党员同志晚上到书院进行学习，张文彬、廖承志、潘汉年、乔冠华等都曾做报告。由于安全问题，培训班只开了一个多星期。1938年年初，南委又在广州举办了几期走读培训班。4月，中共广东省委成立后，在省委指导下开办了两期比较正规的训练班，参加培训的共产党员共有七十多人，学习内容包括省委书记张文彬讲的政治形势和党史、石辟澜讲的抗日民族统一战线、陈健讲的马列主义、李大林讲的党的建设等课程。这两期学员后来大部分成为中共广东党组织建设和马克思主义传播的重要骨干。中共广东省委迁至粤北后，还曾在南雄、始兴、曲江以及赣南等地举办过一些培训班。由于环境恶劣，这些培训班的规模和持续时间都不长，但是仍在党组织建设、党内马克思主义思想宣传和巩固上产生了重要作用。

在省委举办培训班的同时，各革命根据地也开展培训，为抗战培养人才。1939年4月，在广东省琼崖抗日游击队独立总队长冯白驹的主持下，琼崖抗日游击队建立了随营军事政治干部培训班，学习内容包括"论持久战""论新阶段""统一战线""中国革命史"等课程。随营军政干部培训班共举办了5期，培训学员约一千二百人，直到1940年夏琼崖特委在美合根据地创办琼崖抗日公学，随营军政干部培训班才退出历史舞台。琼崖抗日公学是琼崖特委根据党中央"开办大规模干部学校"的要求，以延安的中国人民抗日军事政治大学为模型创办的党政军干部培训学校，针对不同学员群体开办工农班、军政班、妇运班、儿童班等。琼崖抗日公学办了两期，培训学员六百多人，为抗日运动培养人才，后因"美合事变"被迫中断。1941年6月，为了进一步培养抗战和革命队伍的需要，琼崖特委在六连岭创办琼崖抗日军事政治干部学校，进行军事训练，学习毛泽东著作及中共路线方针，毕业学员共四百多人。1942年年初，为了加强党对军队的领导，琼崖特委和抗日游击队总队举办随营党支部书记培训班，培训对象为各连队中的骨干，学习内容包括毛泽东的《关于纠正党内的错误思想》、刘少奇的《论共产党员的修养》等。琼崖革命根据地在经历了土地革命战争、抗日战争之后，始终能够保持红旗不倒，这与琼崖党组织始终注重革命队伍的思想学习建设是分不开的。

抗战时期的培训班在广东其他地方也有举办，如东江革命根据地。1939年年初，中共龙川县委书记李健行在龙川师范学校创办龙川青年自我教育班，吸收当地的进步青年参加学习培训，学习内容包括国内外形势、统一战线、大众哲学等科目。培训时间前后大概20天，在当地甚至广东引起了很大反响，被誉为"东江党校"。1944年7月，根据中共中央的指示，东江军政干部学校在大鹏城建立，除了学习地雷、爆破等军事战斗技能外，还学习毛泽东著作和中共中央的相关政治文件。

1942年5月，中共南方工作委员会机关遭到国民党的严重破坏，广东党组织一度陷入巨大的危机之中，各地党组织纷纷转入地下工作。在与日本帝国主义的斗争和抗战后期国民党的疯狂反扑中，中共广东党组织始终坚持党内军事与政治的培训，不断巩固党内同志的思想，也不断吸收新的成员，缔造了一支信仰共产主义的、前赴后继的革命队伍。抗战期间的马克思主义学习培训和宣传有一个重大的转变，那就是毛泽东思想和著作开始成为学习和培训的重要内容，这也意味着马克思主义传播中国化的进一步推进。

4. 团结争取国民党进步人士及海外侨胞

抗日战争时期的马克思主义传播对广东党组织来说是极其艰难的，由于日本帝国主义的侵略、国民党的反扑镇压等因素，针对广大人民群众的公开性马克思主义宣传愈加困难。但是，在这个时期，中共广东党组织在马克思主义传播中拓展了另外的方向和渠道，那就是针对国民党进步人士和广大港澳同胞、海外侨胞的团结争取工作。中共始终坚持抗日民族统一战线，积极领导和组织抗日活动，在国民党左派和人民群众中获得了极大的肯定和同情。从这个方面来说，中共抗战形象的树立也为马克思主义的传播创造了有利条件。

抗战全面爆发后，中共广东党组织十分重视对国民党爱国将领的统战工作。1938 年年初，周恩来任国民政府军委会政治部副部长。同年夏，抗日战争第四战区政治部成立，左恭、石辟澜、孙大光、司马文森、郁风、黄新波等一批共产党员参与其中，在第四战区开展政治宣传和培训工作，对抗日军队的政治面貌、政治纪律等起到非常重要的作用。1939 年 4 月，中共广东党组织动员八百多名进步青年到余汉谋的第十二集团军中帮助开展思想政治工作，其中有 120 名是共产党员。同时在北江地区，中共北江特委派遣党员同志到莫雄部队进行团结争取工作。在南路地区，中共南路特委积极争取张炎部队的支持与合作，开展抗日活动。针对国民党将领及部队的团结争取工作，不但在形成抗日民族统一战线方面取得了重要成果，而且在国民党内部也扩大了中国共产党的影响。

抗战期间，许多港澳同胞、海外侨胞以各种方式积极参与抗日救亡运动。中共广东党组织通过加强与各地商会、同乡会的联系，组织港澳同胞、海外侨胞进行抗日活动。1939年1月，在中共广东党组织的支持下，东江华侨回乡服务团在广东惠阳成立，团结组织回乡参与抗日救亡工作的侨胞。中共琼崖特委在广州湾、香港设立办事处，专门联络港澳同胞和海外侨胞。中共广东党组织的团结组织工作为抗日战争凝聚了各方力量，同时也间接地加强了党组织与港澳同胞、海外侨胞的联系。值得一提的是，在日军侵占香港后，何香凝、柳亚子、邹韬奋、茅盾等一大批知识分子和爱国人士被困香港。在中共中央南方局的指示下，在港党员同志廖承志、张文彬等领导组织了一场大营救，在文化界产生了极大影响。

抗日战争期间，国民党始终没有放弃对中共的成见与敌意。抗战后期为了遏制中共的发展，国民党不顾抗战局势再次将火力对准共产党。中共广东党组织领导的抗日团体纷纷遭受取缔、查封等打击，这对马克思主义传播也造成很大的冲击。中共广东党组织顶住了压力，本着政治上进攻、组织上保守的原则，与国民党右派进行斗争，组织凝聚起各界的抗日力量，为抗日战争的胜利做出了巨大贡献。同时，在这个过程中中国共产党用实际行动赢得了各界的认可与同情，扩大了中共的影响，也在无形中扩大了马克思主义传播的阵营范围。1945年9月16日，侵粤日军代表在广州中山纪念堂签字投降，广东人民最终迎来了抗日战争的胜利。

（五）解放战争时期马克思主义在广东的传播

抗战胜利后，国共双方经过谈判于1945年10月10日签署了《政府与中共代表会谈纪要》（即"双十协定"）。根据协定，东江纵队向北撤退。但是，蒋介石不久便撕毁协定，在美国的支持下发动对解放区的进攻，国内战争全面爆发，中共广东党组织领导广东人民开展解放战争。1946年7月，受中共中央委派，方方到香港筹建中共中央香港分局，着重开展华南地区的宣传、文化、统战工作，大力推动马克思主义传播，为广东全面解放创造思想条件。

1. 全面加强报刊书社等宣传阵地建设

中共广东区委在中共中央的指示下，将宣传工作作为重中之重，为全面解放做舆论和思想建设。为了充分为广东解放创造思想条件，这一时期广东各地的报刊书社迅速发展壮大，各地党组织积极创办机关报，加强党的宣传阵地建设。同时，香港新民主出版社、中国出版社等出版了一批种类丰富的马列主义书籍，为马克思主义的系统性传播提供了非常有利的条件。

在解放战争时期，广东各地纷纷创办报刊，成为党的宣传主渠道。1945 年 11 月 13 日，中共广东区委在香港创办机关报《正报》。这是抗战后中共在香港创办的第一份党报，对于及时宣传国内外形势和中共主张、争取人民群众的支持起到非常重要的作用。

1945 年 8 月 16 日，《晨报》在广州出版，《晨报》虽不是党报，但也受中共广东区委领导，并且由中共党员负责联系；1945 年 8 月，中共琼崖特委在琼崖根据地抗战报纸《抗日新闻》的基础上创办《新民主报》，及时报道宣传解放战争的消息，指导琼崖人民进行斗争；1945 年 11 月，广东人民抗日游击队韩江纵队创办《新潮》；1945 年 12 月，中共广州地下市委以学习知识出版社名义创办《学习知识》半月刊，成为广州地下市委唯一公开发行的刊物；1946 年 3 月，在中共的支持下，中国农工民主党在香港创办机关报《人民报》；1946 年 5 月，中共潮安县工委在共产党员陈维扬的帮助下创办《路报》；1946 年 10 月，注重学术性、人民性的进步报纸《每日论坛报》（中华人民共和国成立后改组为《联合报》，即《广州日报》前身）在广州创刊；1946 年秋，中共揭阳县委创办《正风报》，大量翻印毛泽东和刘少奇等人的著作；1947 年

1月，以港澳同胞和海外侨胞为主要对象的党刊《群众》在香港创刊；1947年10月，中共潮汕地委创办解放战争时期潮汕地区第一份党报《团结报》，后改为《潮汕日报》；1948年2月，中共江北地委、江北支队创办机关报《大众报》；1948年5月，中共琼崖区委宣传部创办《建党》杂志；1948年7月，中共韩江地委创办机关报《自由韩江》；1948年8月，中共九连地委机关报《粤赣报》创刊；1948年9月，中共广州地下党组织在广雅中学建立秘密印刷站，出版《广州文摘》，刊登中共文件和新华社电讯稿；1949年7月，中共江南地委为了加强党内学习，创办《红星报》。这些报刊有的是由省委主办的，许多是各地方党组织主办的，也有一些是爱国民主人士办的进步报纸，其主要内容是在党内外报道解放战争的形势、宣传党的政策路线、发表中共领导人的讲话和著作等。在整个解放战争时期，这些报纸构成中共广东区委在全省范围内争取人民群众支持的重要舆论阵地，为广东全面解放奠定了思想舆论基础，马克思主义及中共的政治主张逐渐占据社会的主流地位。

除此之外，在中共广东党组织的领导下，各地创办了一些出版发行机构，推动党刊和进步报刊的发售以及马克思主义著作的出版发行。1946年1月，中共领导的爱国民主统一战线报刊《华商报》在香港复刊，随后成立《华商报》的图书出版部——新民主出版社。新民主出版社虽不是直接由中共广东党组织成立的出版机构，但是饶彰风等一批共产党员参与了主要工作。该社先后出版了包括毛泽东等中共领袖的著作、中共文件和马列原著等读物二百多种，包括《马恩列斯论经济问题》《论列宁主义》《辩证唯物主义与历史唯物主义》《论人民民主专政》《整风文献》《中国现代革命运动史》等。这些马列主义著作不仅在香港销售并产生了很大影响，还被销往广东甚至其他内地省份，成为马克思主义学习传播的重要读本。在此期间，抗日战争时期创建的原中共中央长江局出版机构中国出版社于 1946 年 9 月在香港复建，为马列主义著作的出版发行再添规模。中国出版社出版了大量政治书籍，其中包括中共领导人的著作如毛泽东的《开展大规模的群众文教运动》《论联合政府》《辩证法唯物论》、刘少奇的《关于修改党章的报告》以及朱德的《论解放区战场》等，还出版了包括《共产党宣言》《左派幼稚病》等著作在内的"马列主义理论丛书"。

这些书籍在各地行销，对于马克思主义的传播起到非常重要的作用。解放战争时期还成立了一些书店作为各地发售报刊与马列主义著作的重要宣传阵地。1945 年 9 月，在汕头成立的华声书店是中共在汕头地区的重要宣传联络阵地，书店积极从香港、广州、上海等地购进马列主义书籍满足人民的需求，在潮汕及周边地区产生了很大影响。1947 年，华声书店还被上海世界知识出版社评为全国 10 家发行量最多的书店之一。此外，1946 年 1 月成立的广州书报供应社在推动广州马列主义传播的同时，还兼做中共地下党组织的秘密联络点和阅览室。

解放战争时期，在中共中央的指示下，中共广东党组织开展了全面的马克思主义宣传阵地建设，包括报刊、出版社、书店等，形成了初步的宣传体系，并取得了非常好的效果。这些宣传阵地积极向广东人民宣传中共主张、宣传马列主义思想，对广东的全面解放产生了不容忽视的思想准备、舆论造势等作用。

2. 开展干部培训为全面解放广东做准备

在全国解放局势大好之时，为了加强中共广东党组织建设，广东各级党组织积极开展干部培训，加强党内同志尤其是领导干部的马克思主义修养，为全面解放广东最后一击做准备，同时也为解放后的广东社会主义建设培养和储备人才。

1948 年年底，香港和广州的中共地下党组织在香港先后举办了 6 期干部培训班，主要目标是培养城市接收干部，注重干部的思想和能力的建设与提升。1949 年年初，中共九连地委和中国人民解放军粤赣湘边纵队东江第二支队创办东江公学，课程主要包括"新民主主义基本政策""论人民民主专政""社会发展史""中国革命问题""革命人生观""中国革命与中国共产党"等内容，提升革命队伍对于中国革命和社会主义的认识。至 1950 年 5 月，东江公学共办了五期，培训干部达五千多名。1949 年 4—12 月，潮汕地委举办了四期干部培训班和一期军政培训班，共培养党政军以及青年干部二千多名。1949 年 7 月，为了接收和培训香港回广州参加城市接管工作的干部，广东党组织在大亚湾专门成立东江教导营，组织干部学习毛泽东著作和党的七届二中全会报告等内容。1949 年夏，粤桂南地委举办了五期干部培训班，共培训各类干部七百多名。1949 年 9 月，中共五岭地委在始兴县培训县区乡干部一百多人。

在解放战争即将取得全面胜利之时，中共广东党组织面临的重要任务是培养大量干部人才，为接管广东做好充足的队伍准备。因此，干部队伍的培养和建设显得尤为重要。干部培训的主要内容分为两部分，一部分是包括毛泽东著作、中共文件等在内的思想政治培训，另一部分是各社会领域建设的实干能力培训。这些培训是十分必要的，为广东全面解放和解放后的社会建设培养了一批具有马克思主义理论素养和共产主义信仰，且具有实干能力的社会建设骨干，为中共顺利接管广东做了充分准备，同时也巩固和提升了干部队伍的马克思主义思想基础和理论水平。

三、马克思主义在广东早期传播的成效

新民主主义革命时期，广东不仅在早期形成了与北京、上海相呼应的南方马克思主义传播阵地和格局，更是及早地将理论上的宣传扩散转化为组织上的创建和发展，成为全国最早建立马克思主义组织的地区之一。在革命过程中，中共广东党组织虽遭遇了几次重大挫折，但它始终以马克思主义作为纽带继续向前发展。广东的马克思主义传播是从理论走向实践的纵深传播，马克思主义与社会革命实践相结合，与工农运动相结合，逐渐从一点理论星火发展为社会革命的思想武器，抵抗住来自国民党的镇压，通过土地革命战争、抗日战争的艰苦斗争，最终实现马克思主义理论和实践传播与发展的巨大成功。新民主主义革命时期的马克思主义传播有其阶段性特征，完成了历史性使命，取得了非常重大的成效。

（一）促进中共广东党组织的创建与壮大

新民主主义革命时期，广东马克思主义传播充分展现了马克思主义传播从自发到自觉的转变。马克思主义早期传播最重要的成果在于形成了以马克思主义为指导思想的政党组织，使理论转变为革命政党力量。同时，马克思主义之所以能以星星之火发展成燎原之势，从理论走向革命实践，其最重要的因素也在于有政党组织的支撑。在中共广东党组织成立后，广东的马克思主义传播在很大程度上是以党组织及广大共产党人的宣传统战活动为主线的，广东马克思主义的传播与广东党组织的发展进程相辅相成。

马克思主义的传播为中共广东党组织的建立奠定了思想基础。在中共广东党组织建立之前，杨匏安、陈独秀、谭平山等人通过各种途径进行马克思主义宣传，为团结志同道合的马克思主义者、建立一支具有共同信仰的组织队伍奠定了基础。广东马克思主义的早期传播通过《广东中华新报》《广东群报》等大众平台展示出来，成为可能指引广东社会革命的众多主义中的一种，为人民群众所了解；通过建立社会主义青年团等以马克思主义为指导的进步团体，理论深入群众，聚集起具有相同志向、相同信仰的马克思主义团体，这是建立党组织的前奏；在与无政府主义者的论战中，马克思主义者更加鲜明地澄清了自己的主张，向社会清晰地传达马克思主义究竟是一个怎样的主义，从而与其他各种主义区别开来；通过深入工农群体之中，以广大人民群众的革命要求而不仅仅是书本上的理论来传播马克思主义，意味着马克思主义从西式的书斋里真正走向了东方的中国大地，马克思主义从一种思想理论变成一种革命武器。

随着马克思主义传播范围和影响的不断扩大，中共广东党组织的建立是水到渠成的事情。陈独秀、谭平山等马克思主义者认为"实在需要建立一个强有力的政党组织，以宣传和组织民众，为振兴中华做出努力"[1]。无论是出于理论的宣传，还是将理论引向实践，都需要一个强有力的政党组织来领导和推动，马克思主义的传播使党组织建立成为必然要求。在建立党组织的过程中，马克思主义与无政府主义的论战进一步纯净了党组织的理论和信念。1920年年底，2名俄国共产主义者和7名无政府主义者曾共同组织成立了一个"共产党"。陈独秀抵达广州后，参与了这个党组织的党纲拟定，但是陈独秀坚持无产阶级专政的主张遭到无政府主义者的反对，因此，无政府主义者很快就全部退党。在此之后，1921年3

---

① 谭天度：《回首往事话当年》，《广州党史资料》1987年第1期，第36页。

月，陈独秀、谭平山等真正的马克思主义者建立起广州共产主义小组，以马克思主义而不是别的什么主义作为组织的唯一指导思想。同年8月，中共广东党支部正式成立，广东的马克思主义传播在广东大地上结出了组织形态的果实，这对于广东马克思主义传播史来说是一个重大的质的飞跃。

马克思主义的传播为中共广东党组织的发展壮大提供了纽带。面对国民党的疯狂镇压、日本帝国主义侵略的恶劣社会环境，马克思主义在广东的传播经历了诸多曲折。早期的马克思主义传播在很大程度上只能秘密进行，广东党组织也始终面临着生存的危机，许多共产党员被杀害，土地革命战争时期广东党组织甚至一度被全面破坏。即便如此，中共广东党组织始终坚持宣传工作，通过个人或团体的秘密联络、报刊宣传、培训学习等各种方式维系马克思主义的传播。正是由于马克思主义所播下的火种，也正是由于不论多艰苦的条件都始终不间断地在党内及广大人民群众中传播马克思主义，中共广东党组织才能挺过敌人的镇压和破坏，始终延续而没有中断，甚至在波折中不断壮大。

马克思主义的传播与中共广东党组织的发展壮大是相辅相成的，马克思主义传播为广东党组织源源不断地吸收新鲜血液，广东党组织为马克思主义的持续性扩大化传播汇聚了磅礴力量，提供了有力的组织支撑，两者共同推进马克思主义理论和实践的发展。

（二）形成马克思主义传播的基本体系

新民主主义革命时期，在艰苦恶劣的社会环境中，广东马克思主义传播在社会革命中探索性地形成了初步的传播体系，为社会主义革命和建设时期的马克思主义传播奠定了基本传播体系和格局。

首先，形成了以中共广东党组织为主导的传播主体。广东早期的马克思主义传播主要依赖于杨匏安、陈独秀、谭平山等知识分子或马克思主义者自发性的传播，传播主体相对松散。中共广东党组织的成立，为马克思主义的传播创造了坚强的组织支撑，自此之后的马克思主义传播逐渐成为一种有意识、有组织的自觉性传播。中共一大就提出"凡有党员五人以上的地方，应成立委员会。如果党员超过十人以上，应该设立宣传委员一人"[①]。这为以党组织为依托向社会进行马克思主义宣传建立了工作机制，也充分体现了中国共产党在立党之初就十分重视宣传工作。中国共产党包括广东党组织在成立发展初期，面临的主要任务就是如何在反对派当局的包围镇压下，在社会革命的形势中，传播自己的理论、汇聚志同道合的同志、逐渐发展壮大马克思主义队伍，团结广大人民群众进行社会革命。中共广东党组织深入广大人民群众之中，组织领导工农革命运动，有着清晰的传播对象和传播目的，构建了系统的传播体系，也形成了强烈的传播主体意识，构建起一支以传播马克思主义为己任的队伍。可以说，中国共产党初期发展史集中体现为马克思主义的宣传史、传播史。中共党组织和中国共产党人在宣传马克思主义方面做出了巨大的努力，这在历史上任何一个革命组织和政党那里都是少见的，这也是中国共产党从一个小小的政党，迅速成长为一个能与国民党对抗、能解放全中国的大党的重要原因。

其次，探索构建宣传和学习两种基本传播途径。在宣传方面，形成以党刊党报、出版社、书店等出版发行机构为主的传播载体。进步报刊是早期广东马克思主义传播的重要途径，通过报刊的形式使马克思主义思想得以广而告之，被广大人民群众所了解，如《广

[①] 中央档案馆编：《中共中央文件选集（1921—1925）》，中共中央党校出版社 1989 年版，第 4 页。

东中华新报》《广东群报》等报刊，对于广东马克思主义早期传播产生了重要影响。中共广东党组织成立后，强化了以党为核心的党刊党报的创办和建设，大大扩展和夯实了马克思主义传播平台，如早期的《青年周刊》、南迁的《新青年》，大革命时期的《人民周刊》，土地革命战争时期的《省委通讯》《红旗周刊》，抗日战争时期的《抗战大学》《新华南》，解放战争时期的《正报》《学习知识》，等等。这些党刊党报不仅是中共广东党组织向人民群众输送马克思主义理论的重要途径，也是中共广东党组织内部学习马克思主义理论和中共政策的主要途径，在不同时期承担起向党内同志输送马列主义和中共路线政策、统一思想的任务。许多党内政策都是以党刊党报的形式传递的，并以此为依托形成了初步的党内学习和教育模式。

报刊虽然有利于马克思主义的大众化传播，传播速度快、范围广，但是其存在的局限性是：由于篇幅有限和作者水平参差不齐，人民群众往往只能见到简单概述性的且带有作者个人主观色彩的马克思主义。随着理论和实践的深入发展，这些局限性逐渐得到了较大程度的克服。广东马克思主义传播的书籍很多是从北京、上海甚至延安等地流传过来的，但是广东党组织也曾指导成立了一批出版社，进行马列主义著作的出版发行，其中比较著名的包括早期的平民书社、国光书店，解放战争时期的新民主出版社、中国出版社等。随着党组织领导的出版社的创立，马克思主义著作以更加翔实、系统、精确的方式呈现出来，这对于进一步推进广东马克思主义的传播起到了非常重要的作用，在某种程度上弥补了报刊传播可能导致的对马克思主义的模糊理解或一知半解。除此之外，各地设立的书店成为马克思主义传播从广州等核心地带辐射广东各地区的重要媒介，形成马克思主义在广东纵深传播的条件，包括大革命时期的汕头书店，抗战时期普宁县的合利书店和集源书店、北江文化供应社、潮阳县的启文书店、海口市的大众书店、昌江县的时代书店等地方书店，解放战争时期的华声书店等。

在学习方面，中共广东党组织结合革命要求，组织创办培训学校。在党组织和社会主义青年团建立初期，广东党组织就开始有意识地进行马克思主义理论的培训，吸收人才和加强队伍建设。在战争年代，军事政治学校的创办肩负着两个重要使命，一个是提升学员的军事策略等斗争技能，另一个则是提高学员的思想觉悟和理论水平。直到广东解放前夕，干部培训的主要任务转变为一方面是提升干部的城市接管等政策和工作能力，另一方面是加强干部的马克思主义学习。由此可见，在学习方面，马克思主义理论和业务能力是建党以来的两大重要内容，思想和能力并重是党组织开展一系列培训的基本框架，这对于巩固革命队伍的马克思主义信仰是极为重要的。

最后，马克思主义传播内容的中国化和与广东实践相结合。广东马克思主义早期传播的内容往往是介绍马克思、列宁等人的生平事迹，翻译梳理马克思主义经典著作和思想理论，如杨匏安介绍马克思的唯物史观、阶级斗争理论、剩余价值学说等，或者是关于俄国社会主义革命经验的介绍。总体上是呈现一种外来思想和经验。随着革命的推进，广东马克思主义传播内容在马克思主义原理的基础上，不断增添中国本土的内容，如毛泽东等中共革命领袖的思想和中共政治路线文件精神等，其着重点也不再仅仅围绕如何传播马克思、列宁等人的理论而是更加注重分析中国无产阶级革命实践面临的问题。

由于新民主主义革命早期广东是全国无政府主义思想的重要阵地，广东马克思主义者领导开展了针对无政府主义的批判。大革命时期，中共广东党组织就与国民党合作，开始结合中国农村人口多、力量大的实际情况，开展针对农民的培训，推动农民运动，成立了中国第一个由农民运动推动形成的苏维埃政权。土地革命战争时期，广东党组织大力开辟农村革命根据地，这一时期的马克思主义传播内容尤为明显地开始转向中共的路线方针，学习文本也开始增加毛泽东、刘少奇等党中央领导人的著作。抗日战争时期，广东马克思主义传播紧紧围绕建立抗日民族统一战线、抗日救亡运动展开。解放战争时期，结合广东解放的需要，马克思主义传播内容全面铺开，既偏重马列主义思想的系统性传播，又注重对城市接管干部开展一系列政治教育和业务培训。

在新民主主义革命过程中，马克思主义传播内容由一种外来思想逐渐融入中国革命、广东革命的具体情境中，再生为一种中国化、本土化的内容，它既包括马列主义基本思想，也包括中共的基本路线方针、党中央领导人的思想著作，更包括广东革命经验总结与革命要求。

（三）推动革命运动的发展

新民主主义革命时期，马克思主义在广东乃至中国的传播不仅是一种理论传播，更是一种革命思想武器的传播。马克思主义理论一经群众掌握，便转变为磅礴的社会革命力量。对于作为革命中心地带的广东来说，马克思主义的传播从其初期就带有指导社会革命的期望，尤其是在中共广东党组织成立后，作为一个革命政党的指导思想，马克思主义天然地成为号召革命的思想武器。

马克思主义与不同时期广东的革命任务紧密结合。五四运动时期，马克思主义作为一种新思想新文化成为反帝国主义、反封建主义的重要力量。国民大革命时期，中共广东党组织联合国民党进行反帝反封建的国民革命，抗击军阀统治。土地革命战争时期，中共广东党组织在农村革命根据地广泛开展打土豪、分田地的反封建、反剥削革命运动。抗日战争时期，中共广东党组织积极号召组成抗日民族统一战线，抗击日本帝国主义侵略。解放战争时期，在争取和平、组建联合政府无果之后，中共广东党组织配合中共中央的战略部署，抗击国民党的反动统治，最终带领广东人民取得了全面解放。广东马克思主义在不同时期的传播往往与当下的革命形势、革命任务相结合，推动广东革命向前发展，使得马克思主义的传播总是有的放矢，而不是空中楼阁。

马克思主义在促进广东人民革命意识的觉醒、汇聚社会革命力量方面发挥了非常重要的作用。从早期以知识分子为主体的传播，到中共广东党组织成立后有组织、系统性的传播，其中最重要的是让广大人民群众掌握马克思主义，使穷苦的工农群体认识自身所处的被压迫被剥削的阶级地位，以"全世界无产者联合起来"引导人民群众进行革命和反抗，汇聚起磅礴的社会革命力量，形成高涨的革命形势。人民是历史的主体，也是革命的主体，马克思主义传播最成功的地方就在于它深入人民群众之中，顺应人民群众的要求，发挥了人民群众的力量。与国民党的正规军相比，共产党方面的军队很多来自穷苦老百姓，受到最广泛最底层人民群众的拥护和支持。

马克思主义在广东革命发展过程中起到思想引领的作用。广东马克思主义传播有很清晰的革命目标，那就是通过革命推翻反动统治、建立无产阶级政权，让中国走上富强之路。马克思主义坚决与无政府主义划清界限，与国民党合作的同时始终保持自身的独立，在抗战期间将民族大义和马克思主义结合起来，抗战结束后中国共产党虽有为了避免内战而妥协，但始终坚持底线。自始至终，马克思主义者和共产党人的追求是建立一个大多数人的政权，改变以往大多数人被压迫被剥削的社会制度。无论社会革命发展的哪个时期，这个基本追求是共产党领导社会革命的一盏明灯。"打倒军阀、打倒列强""打土豪、分田地""停止内战、一致抗日""打倒蒋介石、解放全中国"这一系列革命口号都表明，中国革命包括广东革命是在马克思主义的引领之下进行的。

第三章

社会主义革命和建设时期马克思主义在广东的传播

　　经过艰苦卓绝的奋斗，中国共产党领导人民取得了新民主主义革命的胜利，建立了中华人民共和国，马克思主义成为党和国家的指导思想，这为马克思主义的广泛传播奠定了坚实的政治和组织基础。同时，新生的人民政权和战乱后的国家亟须在社会思想和意识形态方面形成统一，为中华人民共和国的稳定和发展创造更好更坚实的思想基础。中华人民共和国成立后，于1950年成立人民出版社，1953年成立中央编译局，着手马克思主义经典著作的编译、研究和出版工作。《斯大林全集》（1953—1958年）、《列宁全集》（39卷，1955—1963年）、《列宁选集》（1960年）、《毛泽东选集》（1—4卷，1951—

1960 年）、《马克思恩格斯全集》（1956—1985 年）、《马克思恩格斯选集》（1972 年）等一批经典著作编译出版，为全国马克思主义传播奠定了良好的文本基础。除了经典著作方面的编译、研究和传播，这一时期的马克思主义传播主要还有两个特征：一是马克思主义传播紧紧围绕社会主义建设任务而展开，以不同时期党的路线方针政策为重要内容，如城市接管工作，土地改革、农村合作社及人民公社化运动，整党建党运动，"文化大革命"运动；二是毛泽东著作的学习是马克思主义传播中十分重要的内容，全国开展了一波又一波持续性的学习热潮。

　　广东的马克思主义传播根据中共中央对广东的指示要求和全国形势、结合广东的社会主义建设需要而展开，在不同阶段呈现出不同的内容和形式。中共广东党组织紧紧围绕各个时期社会主义建设任务，逐步构建起比较完善的马克思主义学习、研究、宣传的传播体系，进一步推动马克思主义中国化、时代化和大众化。但是，社会主义建设时期由于"左"的运动的影响，中华人民共和国成立后建立起来的许多马克思主义传播机构和平台被迫中断，马克思主义在扩大化的阶级斗争中也产生了被曲解的问题。

一、马克思主义广东传播的社会时代环境

刚解放的广东，由于常年战争动荡，社会秩序混乱，情况复杂。中国共产党面临的首要任务是开展对国民党政权的全面接管工作，建立人民民主政权，肃清反革命残余势力，恢复和稳定社会秩序。新政权的建立和社会环境的改变为马克思主义传播创造了良好的条件，同时也对马克思主义传播提出了新的要求，马克思主义传播的内容和形式也都发生了相应的变化。马克思主义传播是社会主义建设的重要任务之一，而社会主义建设也成为马克思主义传播的重要内容。

（一）马克思主义传播的有利条件

1949 年 10 月 14 日，人民解放军进驻广州，随后逐步解放珠三角和广东其他地区。19 日，中央人民政府任命叶剑英为广东省人民政府主席。24 日，广州成立军管会，接管国民党在广州的政府、警察局、报社、银行等。28 日，成立广州市委、市政府，叶剑英兼任广州市委书记、市长。与此同时，中共中央华南分局成立（1949 年4 月由中共中央香港分局改建而成），并于 1949 年 10 月 21 日进驻广州，辖区包括广东、广西、香港和澳门地区的党组织。11 月 6日，广东省人民政府成立。据统计，至 1950 年 9 月，广东省 77 个县、市中，有 483 个区已经建立了人民政府。中共中央华南分局和广东省人民政府的成立，为广东地区马克思主义传播创造了十分有利的条件，这是以往新民主主义革命时期所不能比拟的。

中国共产党作为执政党为马克思主义传播奠定了政治和领导优

势。在新民主主义革命时期，社会环境相对比较恶劣。中国共产党从一个小的政党逐渐发展起来，在组织和思想上始终面临着来自国民党的镇压，而帝国主义的侵略更导致中国社会环境处于动荡不安的状态。马克思主义作为新的理论，要突破重重包围才能拉起自己的队伍，扩散自己的思想。中华人民共和国成立后，虽然还存在一些反革命集团的反抗活动，但中国共产党已经取得了绝对的优势。中国共产党作为中华人民共和国的执政党，是马克思主义的执政党，是无产阶级的执政党，这对马克思主义的发展和传播具有决定性的影响。马克思主义不再仅仅是党的指导思想，也逐步上升为国家意志。在此情况下，马克思主义的传播和发展有了重要的政治保障。马克思主义传播与共产党的领导地位相辅相成，这在最大限度上将中国共产党的执政转化为一种马克思主义显性或隐性的传播力。

社会主义基本制度的确立和发展为马克思主义传播提供了良好的社会环境。经过数年的建设和发展，被战争破坏的社会秩序逐渐得以恢复。广东解放后，全省各级人民政府顺利接管了原国民党政权和官僚资本主义的工矿、企业、银行、交通运输部门，建立了许多国营经济实体。与此同时，根据中共中央指示，广东省建立人民代表大会制度，开展土地改革运动，并在"一化三改"的社会主义过渡时期总路线的指导下，进行了生产资料私有制的社会主义改造，确立社会主义基本制度。社会主义改造完成后，广东省进入全面进行社会主义建设的十年，全体干部和人民的社会主义建设积极性普遍高涨，经济迅速发展，社会不断进步。社会主义革命和建设时期，马克思主义传播具有前所未有的社会环境优势，马克思主义与社会制度等各方面建设齐头并进。

党委领导下的宣传工作为马克思主义传播提供了组织保障。作为新生政权的执政党，中国共产党为马克思主义指导思想提供了领导组织力量。在党的领导组织下，中央编译局、高等院校马列主义专业、人民出版社等学术和出版机构的设置，《人民日报》等一系列官方宣传阵地的建设，都为马克思主义著作的编译、研究和传播提供了重要的组织和人才保障。经过长期战乱之后，党和政府强有力的领导为马克思主义的发展和传播提供了宣传工作上的支持，以各个政府部门、高等院校、报刊等为依托的马克思主义平台不断发展壮大，从事相关理论研究的人员也逐渐增多。

在文化条件方面，马克思主义在指导中国革命走向胜利的实践中证明了自身的正确性，激起了人们在理论上进一步探索马克思主义真理性的热情。马克思主义从一种外来思想逐渐渗入广东的社会思想文化土壤之中，与中国革命过程中所形成的革命文化和深厚的中华传统文化相结合，使马克思主义的发展和传播拥有重要的思想文化支撑。

（二）马克思主义传播面临的新挑战

广东解放以后，新政权刚刚建立，社会建设各方面面临诸多挑战。中华人民共和国成立后的首要任务是巩固新生政权，做好城市接管工作，维护社会稳定，这涉及政治、经济、治安、文化各个方面。城市的接管工作错综复杂，需要强有力的领导组织力量，也需要专业的人才队伍。广东城市接管工作首先是广州的接管，早在广州解放前，叶剑英等人就为此做了准备和安排。1949 年 11 月下旬，仅用了 40 多天时间，广州的接管工作就基本完成了。接管之后，华南分局迅速投入稳定社会秩序、动员和组织人民恢复生产、保障供给等各种千头万绪的工作中。当时广东金融市场混乱，钱币上除了新币，还有港币和国民政府发行的金圆券、银圆券等货币在流通，金融黑市投机炒卖，扰乱金融秩序。广东解放后，广东境内仍有多股土匪猖獗活动，威胁社会安全。为此华南分局和广东军区领导和组织广东人民展开了长达四年的剿匪斗争。另外，旧社会遗留下来的贩毒吸毒、卖淫嫖娼、设局赌博等一系列问题，都严重扰乱社会秩序，广东省各级党组织和人民政府发动全社会力量，坚决予以取缔。城市接管和社会改造等各方面任务繁重，其进程直接影响了马克思主义传播的环境与进展。

在意识形态领域，亟须确立马克思主义的指导性地位，统一思想。首先，数十年的战乱导致民生凋敝，迎来解放的人民期望恢复正常的生产生活，发展经济。在整个社会主义革命和建设时期，广大人民群众都表现出极大的社会建设热情，整个社会的积极性都持续性地高涨。但是，广东虽然解放了，社会上的思想却并不统一，许多人对于马克思主义和社会主义的认识并不全面，思想上的旧观念一时难以转变，尤其是在广大农村地区。如何以马克思主义思想来武装干部和群众，凝聚全体社会力量进行社会主义建设，这是一个重要的挑战。其次，广东必须不断巩固解放的成果。马克思曾经在反思巴黎公社失败的教训时认为，公社失败的重要原因之一就是新政权花了很多不必要的时间去进行民主选举，而不是迅速消灭凡尔赛的敌对势力。中华人民共和国吸取了这样的教训，各地在获得解放之后首先把重点放在镇压反革命上面，以此巩固新生的人民政权。广东解放初期，当时隶属于广东的海南岛仍没有解放，更重要的是一些反革命集团隐藏在人民群众中蠢蠢欲动。华南分局积极准备解放海南，同时开展镇压反革命运动，防止反动势力的反扑。再次，国际共产主义运动遭受巨大挫折，对国内及广东产生了一定的影响。1956年，赫鲁晓夫在苏共二十大提出"和平过渡"的观点，并做秘密报告批判并全盘否定斯大林，在国际上产生了巨大影响。

在苏共二十大后，波兰、匈牙利等东欧社会主义国家出现动荡。社会主义国家的挫折和动荡在中国也引起很大的震动，在这样的局面和环境下，思想上的统一显得尤为重要，特别是国家主流意识形态的重新确立和广泛宣传，是党和政府的当务之急。进一步推进马克思主义传播，树立马克思主义立场、观点和方法，推动理论与实践相结合，不仅是调动一切积极性、促进经济社会发展的需要，也是实现广东全面解放、巩固新生政权的需要。

广东的马克思主义传播存在其优势和挑战。一方面，新民主主义革命时期，广东的马克思主义传播已经奠定了良好的基础。广东地处沿海、毗邻港澳，经济发展有天然的区位优势。广东华侨华人众多，思想务实开明，在吸引人才和外资方面有独特的发展条件。广东是新民主主义革命的重要地带，社会风气较为开放。广东解放前夕，为了满足接管旧政权和建立新政权的需要，华南分局紧急培养了大批马列主义干部，他们为接管和改造学校、报社、书店、图书馆和广播电台等做出了很大贡献。另一方面，从马克思主义传播的角度看，这些优势和条件也可能转化成外部思想渗透前沿阵地的劣势。这里的思想多元复杂，而思想上的统一工作远比城市接管等工作要复杂。由于毗邻港澳，20 世纪六七十年代广东曾出现偷渡现象，大批广东群众偷渡到香港、澳门等地。这对于广东马克思主义传播来说是一个鲜明而强烈的刺激。中华人民共和国成立后面临的资本主义世界的孤立和意识形态上的敌对，也在一定程度上影响着马克思主义的传播。

总体而言，广东解放后，马克思主义的研究和宣传要服从全国社会主义建设的形势和大局，需要针对和服务广东社会主义建设中的现实问题，以此在实践中不断推进理论和思想落地。但是，理论和思想落地生根不是一蹴而就的事情。在接管广州工作的过程中，华南分局提出"两快两慢"的步骤，即政权和物资部门要快，文化和外侨部门要慢，可见思想文化方面的宣传不宜操之过急。

（三）马克思主义传播的新主题

中华人民共和国成立后，马克思主义的传播内容也随之发生改变。在新民主主义革命时期，马克思主义传播内容紧密结合无产阶级革命。在中国革命过程中，马克思主义作为革命政党的指导思想，其批判性的一面得到了充分展现。中华人民共和国成立后，由于中国共产党从革命党转变为执政党，由于社会时代主题由革命推翻旧政权、建立无产阶级政权转变为社会主义建设，马克思主义的传播和发展也必须实现从批判到建构的转变。随着新政权建立起来，马克思主义建设性方面的内容也需要迅速建构起来，包括制度设计、经济理论和社会治理等各个方面。从全国范围来说，这一时期马克思主义传播内容由于经典著作翻译研究工作的开展，以更加完整系统的形式呈现出来，这为马克思主义传播奠定了坚实的文本和理论基础。另外，马克思主义传播内容始终紧紧围绕新民主主义向社会主义过渡、社会主义建设需要而展开。应该如何顺利实现新民主主义社会向社会主义社会的过渡，应该建设什么样的社会主义，应该如何建设社会主义，这是中国共产党和全国人民面临的时代性主题，也是马克思主义传播的时代性课题。围绕这一主题，中共中央先后制定的两条社会主义总路线，成为马克思主义传播的主线。

第一条是社会主义过渡时期总路线。这一过渡的问题早在1949年初的中共七届二中全会上就已经提出来了。全会指出，即将建立起来的人民共和国已经包含许多社会主义的因素，比如，国营经济有社会主义性质，合作社经济有半社会主义性质。1952年，土地改革基本完成，国民经济发展秩序基本恢复，毛泽东认为应该根据当下的实际情况制定过渡时期的总路线作为实践的指导。1953 年中华人民共和国成立四周年之际，《人民日报》正式公布社会主义过渡时期的总路线，即"从中华人民共和国成立，到社会主义改造基本完成，这是一个过渡时期"。党在这个过渡时期的总路线和总任务，是要在一个相当长的时期内，逐步实现国家的社会主义工业化，并逐步实现国家对农业、手工业和资本主义工商业的社会主义改造。总路线的提出实质上就是要推动社会生产资料从私有制到社会主义公有制的变革，这符合马克思主义理论对于社会主义、共产主义的要求。而这种变革不仅仅是一种制度上的改变，更是一种思想上的革新。这一时期，马克思主义的研究、阐释与传播主要围绕过渡时期的总路线进行。开展整风运动、在学校和相关培训机构开设马克思主义课程及"三反""五反"斗争等都与这个主题相关，马克思主义的传播体系也在这一时期基本形成。

第二条是社会主义建设总路线。这是在社会主义改造基本完成之后，中共八大二次会议提出的下一阶段指导路线。1958 年 5 月，中国共产党第八次全国代表大会第二次全体会议提出"鼓足干劲，力争上游，多快好省地建设社会主义"的社会主义建设总路线。总路线的宗旨是调动一切积极性，在巩固社会主义过渡时期成果的基础上，尽快建成一个工业现代化、农业现代化、科学文化现代化的社会主义国家，其实质是经济基础建设。尽管在总路线的实施过程中，出现"大跃进"等盲目求快的浮夸风，但社会主义建设总路线是在社会主义改造所构建的上层建筑框架内，集中精力推动经济社会发展，为社会主义建设打下良好基础的尝试。在这个总路线下，马克思主义传播的内容也紧紧围绕社会建设进行，比如，为顺利推动人民公社的建立和巩固，集中在农村地区开展社会主义教育运动。

这两条总路线涵盖了上层建筑与经济基础方面改革和建设，也成为马克思主义在广东传播的指引。但是"文化大革命"的爆发，将这种上层建筑和经济基础的有序推进打破了，同时也中断了原来的马克思主义传播主体。"文化大革命"时期，马克思主义传播的主要内容演变为无产阶级思想和资产阶级思想的对立斗争，演变为"无产阶级专政下继续革命的理论"，这将马克思主义传播内容拉回到阶级革命斗争的范畴内。社会主义过渡时期和建设时期建构起来的常规化马克思主义传播体系也在"文化大革命"期间被迫中断，被运动式的"斗私批修"所代替。

尽管马克思主义传播在社会主义革命和建设时期出现了一定的偏离和曲折，但是有一条主线是始终贯穿其中的，那就是毛泽东著作及思想的传播。在近 30 年的时间中，毛泽东思想的学习和宣传热潮始终贯穿其中，这成为这一时期马克思主义传播的重要特征，并在很大程度上推动了马克思主义中国化的发展。

二、马克思主义传播体系的建设

中共中央华南分局（1955 年 7 月撤销后，成立中共广东省委）是广东解放后党在广东地区的领导机构，下设的宣传部是马克思主义理论研究、宣传教育、决策咨询和干部培训等重要机关。在中共广东党组织的领导下，中华人民共和国成立后的广东迅速结合社会主义建设要求，在全社会范围内进行了一次马列主义大学习，在干部、工人、知识分子等各个社会群体中进行全面的马克思主义思想教育与改造，宣传马克思主义以及社会主义过渡时期的总路线，以马列主义思想教育和改造各个阶层，清除旧社会恶习和有害思想，开创马克思主义传播的新局面，为社会主义建设创造社会思想上的条件。1951年7月14日，华南分局召开华南组织宣传工作会议，讨论如何整党建党的问题。会议将5月7至25日召开的第一次全国宣传工作会议所要求的"要在新的条件下努力扩大已经取得的成绩，继续在全体党员中、全国工人阶级中和全国人民中扩大马克思列宁主义的宣传，以便巩固和扩大人民革命的胜利。"作为华南地区宣传工作的根本任务，形成全社会范围内的马列主义思想学习和改造。同时，广东省建构起基本的马克思主义学习、宣传、研究等传播体系，为新生政权构建起主流意识形态宣传阵地，为马克思主义中国化、时代化和大众化奠定了坚实的基础，全面开创马克思主义传播的新格局。

在全国大的形势下，广东党组织部分党员在社会主义革命和建设进程中也出现了一些"左"的倾向，以阶级斗争为纲的社会政治环境对马克思主义的传播也造成了一定程度的冲击。尤其是"文化大革命"期间，中华人民共和国成立后建立起来的许多马克思主义传播系统都被迫中断，直至改革开放才逐渐得以恢复。

（一）全社会的社会主义思想学习和改造

广东虽已解放，但人民思想上的转变并非一朝一夕可以达成。中华人民共和国成立后，我国进行了一系列社会主义改造，既包括农业、手工业、资本主义工商业等生产关系的改造，也包括土地所有权等制度上的改造，更包括人的思想上的改造。让广大干部和群众学习了解马克思主义、掌握马克思主义、拥护马克思主义，成为社会主义建设的重要内容，也是社会主义改造中的重要一环。遵循中共中央的指导要求，结合全国社会主义建设形势，广东解放后开展针对不同社会群体面临问题的思想学习和改造。这些思想上的学习和改造并非以经典马克思主义著作或理论学习为主要形式进行，而是结合社会主义建设任务和实践需要进行的，是以马克思主义的立场、观点、方法解放人们的思想、指导人们的实践。

1. 干部队伍的整党整风运动

广东解放后，中共广东党组织迅速发展，党员队伍不断壮大。党组织不断健全、党员队伍壮大为马克思主义传播提供了有利的组织条件。但是，由于社会环境和工作条件的变化，许多干部产生了骄傲自满、贪图享乐、官僚主义、命令主义等思想和作风，这不仅影响了党的执政能力，也影响了马克思主义在党内外的传播。为了加强党内思想和作风建设，克服党内错误思想倾向，团结广大党员和人民群众，广东省委在中共中央的指示下进行了党内整党整风运动。社会主义革命和建设初期，整风运动成为在党内坚定马克思主义立场的重要途径。

（1）解放初期的党内整风运动

1950年5月1日，中共中央发布《关于在全党全军开展整风运动的指示》，要求全党全军上下开展批评与自我批评，克服错误情绪和不良作风。5月8日，华南分局召开会议，研究部署开展整风运动的工作。6月6日，华南分局再次召开会议，制订整风学习计划，准备在各级领导机关开展为期四个月的整风运动，核心是整顿官僚主义、命令主义的作风。思想政治教育是整党整风运动的重要方面，华南分局倡导党员干部学习马列主义、毛泽东思想，学习党的路线方针政策，提高思想觉悟和理论水平。为此，华南分局党校开设理论班，集中党员干部学习马克思主义政治经济学等基本原理、毛泽东著作、中共党史等内容，提高党员干部的理论素养。

1951年12月，中共中央先后发布《关于实行精兵简政、增产节约、反对贪污、反对浪费和反对官僚主义的决定》和《关于反贪污斗争必须大张旗鼓地去进行的指示》。在党中央指示下，华南分局迅速发动干部群众，在省（华南分局与省人民政府）、市（广州市）、军（华南军区）、财（中南财经委员会华南分会）四大系统深入开展"三反"运动。1953 年 1 月，中共中央发出《关于反对官僚主义、反对命令主义和反对违法乱纪的指示》，"新三反"运动很快在广东地区开展起来。1955 年 7 月，中共广东省委转批省委组织部《关于当前干部思想情况与今后加强党的思想政治工作的意见》，再次强调要加强干部思想教育，改进作风。干部的马克思主义教育逐渐成为重点，整党建党成为在党内干部中促进马克思主义学习和宣传的重要途径。

（2）社会主义建设时期的整风运动

经过几年的建设，广东党组织逐渐壮大。至 1957 年 11 月，全省党员增至 53 万人。1961 年年底，全省党员人数更是多达 904627人。社会主义改造基本完成后，全国面临建设社会主义的历史性任务。在此紧要关头，中共中央决定在全党开展整风运动。

1957 年 2 月 27 日，毛泽东在最高国务会议第十一次（扩大）会议上做了《关于正确处理人民内部矛盾的问题》的重要讲话，经过多次修改和补充之后，6 月 19 日公开发表。这篇讲话的产生有很重要的国内国际背景。在国内，社会主义改造完成以后社会面临着从革命到建设的转变，革命斗争让位于社会生产。但是在发展生产的过程中，难免会出现矛盾和问题，如何定性、如何解决是重要而棘手的问题。例如，从 1956 年下半年开始，广东农村出现了十余万户退社的情况。与此同时，受苏共二十大和东欧"波匈事件"影响，社会上存在一些不稳定的因素。如何正确区分并处理敌我矛盾和人民内部矛盾，防止由人民内部矛盾转化为敌我矛盾，这是国际共产主义运动面临的重要课题。1957年3月，中共中央召开全国宣传工作会议，传达和讨论毛泽东《关于正确处理人民内部矛盾的问题》讲话。会上毛泽东发表重要讲话，提出要加强党的思想工作，并决定于当年开始整风运动。

1957年4月6—17日，中共广东省委召开全省宣传工作会议，认真学习和讨论毛泽东的讲话。会议认为，随着社会主义革命的胜利，对抗性的阶级矛盾已经基本解决，人民内部矛盾成为主要矛盾。处理人民内部矛盾的方式与阶级矛盾不同，应该采取"团结—批评—团结"的方式。"百花齐放、百家争鸣"是解决阶级矛盾之后，繁荣社会主义文化的重要方针，有利于科学和文艺的发展。会议强调，宣传部门应该发挥积极作用，服务于党的思想战线工作。4月23日，《南方日报》发表社论《加强党的政治思想工作》，提出要"从团结出发，经过批评或斗争，然后达到新的团结"，解决思想上的问题。4月26日，广东省委做出《关于学习〈关于正确处理人民内部矛盾的问题〉的指示》，要求全省在1957年年底以前自上而下地组织干部群众进行深入的学习宣传。

4月27日，中共中央发出《关于整风运动的指示》，决定"在全党重新进行一次普遍的、深入的反官僚主义、反宗派主义、反主观主义的整风运动，提高全党的马克思主义的思想水平，改进作风，以适应社会主义改造和社会主义建设的需要"。根据中共中央的整风指示精神，广东省委于5月15日制定《关于整风运动的计划》，决定立即在全省开展反官僚主义、反宗派主义、反主观主义的整风运动，要求以正确处理人民内部矛盾为主题，进行批评和自我批评。6月6日，《南方日报》发表社论《继续大鸣大放，充分揭露矛盾》，鼓励党外人士大鸣大放，改进党和人民群众，特别是和党外知识分子的关系，消除党内主观主义、官僚主义的作风。广东整风运动初步设为大鸣大放、听取批评意见、整改、研究文件进行批评反省4个阶段。

在大鸣大放阶段，党内外人士提出了大量的意见和建议，他们的意见大多数是真诚的、善意的，也有少数是激烈的、片面的。随着运动的开展，极少数资产阶级右派分子对社会主义和共产党的攻击，使得党中央和毛泽东认为右倾机会主义抬头，阶级斗争的形势越来越严峻。1957年5月15日，毛泽东发表了《事情正在起变化》一文，开始了反击右派和修正主义的行动。6月8日，中共中央发出《组织力量准备反击右派分子进攻》的党内指示，要求各级省市机关、高校、党报都要积极准备反击右派分子的进攻。广东省委根据中央指示，迅速部署反击右派斗争。《南方日报》发表《坚决回击右派分子》《坚决同右派分子划清界线》等社论，将这一指示广为宣传。7月4日，广州市委在中山纪念堂召开有四千多人参加的反右派分子大会，通过《对右派分子的声讨书》，并表示要坚决反击右派分子的进攻。反右派斗争首先在省直机关和广州市开展，随后扩散到高校、新闻界、文艺界、科技界、工商界以及民主人士聚集的部门和单位，各级党政机关和中小学也积极加入，形成声势浩大的反右派形势，民主党派在反右派斗争中成为重点批斗对象。广东反右派斗争与反"地方主义"相结合，划出了一大批"右派分子"。7月底，广东省委召开会议讨论农村的反右派斗争问题，决定在全省农村地区开展以反右派斗争为中心的社会主义宣传教育运动，宣传社会主义、合作化的优越性，批判富裕中农的资本主义和个人主义思想。由此，反右派斗争从城市延伸至农村地区，形成全省反右派局势。

1957年10月24日，中共广东省委宣布广东省整风运动由反击右派阶段转入以整改为重点的阶段。1958年5月31日，广东省委整风领导小组发出《关于整风运动第四阶段的指示》，要求着重深入批判经验主义和教条主义。

1958年9月13日，广东省委召开党内外三千多人的干部大会，区梦觉代表省委做《关于整风运动总结报告》，宣告广东省整风运动结束。据统计，至1958年9月，全省在反右派斗争中一共划出"右派分子"三万多人。1958年整风运动基本结束，但是仍有余波。1959年8月7日，中共中央发出《关于反对右倾思想的指示》。次日，广东省委发出《关于立即在干部中组织关于反右倾学习的通知》，要求在全体干部中开展"鼓干劲、反右倾、厉行增产节约"的学习运动，防止右倾思想抬头。10月6日，广东省委发出《关于继续深入学习党的八届八中全会文件，进一步开展反右倾运动的通知》，决定在省级机关全体干部中继续开展为期两个月的"反右倾"运动，整顿干部思想。

1957年开展整风运动的初衷是正确处理人民内部矛盾，革除主观主义、官僚主义、宗派主义的不良作风，对于团结人民群众、传播党的路线方针有重要意义。但是其后期混淆了人民内部矛盾和敌我矛盾的界限，导致整风运动偏离了方向，造成一批知识分子、爱国民主人士、党员干部和青年学生被错误地划为右派分子，受到批斗。资产阶级右派和人民之间的矛盾逐渐被定性为阶级矛盾、敌我矛盾和根本性的冲突，这也导致了后来的阶级斗争运动及其扩大化。

反右派斗争之后，为了加速对右派分子的改造，中共中央决定开始为改造好了的"右派分子"摘帽。1959年9月17日，中共中央发出《关于摘掉确实悔改的右派分子的帽子的指示》，决定在十周年国庆时摘掉一批改造好了的"右派分子"的帽子，数目控制在全国右派分子的10%。按照中央的指示，广东省委随即发出《对于确实悔改的右派分子摘帽子的意见》。1959 年和 1960 年，全省共批准摘掉 6697 名"右派分子"的帽子。随后的几年里，广东省陆续又摘掉部分"右派分子"的帽子。直到 1978 年，根据中央指示，全省右派分子的帽子都被摘掉。

（3）反"地方主义"

1950 年年初，广东省开始试行土地改革。叶剑英提出"广东特殊"，制定了"三县着手"（揭阳、兴宁、龙川）的土改试点方案，后又增加了 8 个县（惠阳、鹤山、曲江、宝安、遂溪、丰顺、英德、普宁）的试点，由担任广东省土改委员会主任的方方主管推行。随着全国土改运动形势的发展，中共中央中南局方面认为广东土改"缓慢无力""右倾""群众发动不起来"，提出"广东党组织严重不纯，要反对地方主义"的口号，要"依靠大军，依靠南下干部，由大军、南下干部挂帅"。毛泽东也批评方方"犯了两条错误。一是土改右倾；二是干部问题犯地方主义错误"[1]，认为广东"土改迷失方向"，揭开了广东反"地方主义"的序幕。在这次反"地方主义"中，叶剑英、方方等广东领导人被调离，有上万名广东干部戴上"地方主义"的帽子。

1957 年整风运动和反右派斗争的同时，广东掀起第二次反"地方主义"运动，历时五年。中共八大召开以后，广东部分地方干部对广东土改、第一次反"地方主义"、海南历史等问题提出批评。广东省委由此认为一些干部试图"翻地方主义的案"。为此，1957 年 8 月，广东省委决定在省市机关内开展以反"地方主义"为中心主题的"广东历史问题大辩论"，继续进行反"地方主义"。在这次

---

① 宋凤英：《华南分局重要领导人方方蒙冤始末》，《党史文苑》2007 年第 9 期，第 16 页。

反"地方主义"中，古大存、冯白驹等人作为斗争首要对象，被撤职处分。1958 年 5 月，在中共八大二次会议上，省委书记区梦觉代表广东省委做了题为《必须坚决、彻底肃清地方主义》的发言，汇报了广东反"地方主义"的情况。

广东 20 世纪 50 年代的两次反"地方主义"，在一定程度上巩固了中共中央的权威，整治了党内可能存在的地方主义、宗派主义倾向，加强了党的建设。但是在"左"倾错误思潮的影响下，一大批广东地方干部被扣上"地方主义"的帽子，造成冤假错案，不利于党内的团结。

2. 城市的思想教育和改造运动

除了在农村地区开展社会主义教育运动、在干部队伍中开展整风运动，广东省委还根据中央的指示，在城市针对不同社会群体开展不同内容的马克思主义思想教育和改造运动。

资本家中的"五反"运动。在党内干部开展"三反"运动的过程中，党内贪污腐败与不法资本家勾连的问题逐渐暴露出来。为了彻底清除资产阶级的腐蚀，中共中央决定在开展"三反"运动的同时，在资本家中开展"五反"运动。1952 年 1 月，中共中央发出《关于在城市中限期展开大规模的坚决彻底的"五反"斗争的指示》，要求对违法资本家开展一场大规模的反行贿、反偷税漏税、反盗骗国家财产、反偷工减料、反盗窃国家经济情报的"五反"运动。随后，华南分局在广东各地迅速开展相应行动。

城市职工群众中的共产主义教育。1957 年 11 月，按照中共中央关于加强社会主义教育的通知，广东在全省各高校、中级党校、干校、中等学校、地委党校设置社会主义教育课程，要求县级以上党政机关、工矿企业干部和知识分子开展为期一年的社会主义教育课程学习。1959 年 4 月 6 日，广东省委发出《关于在职工群众中进行社会主义和共产主义宣传教育的指示》，要求在全省职工群众中开展社会主义建设和共产主义前途的教育，树立共产主义的阶级观念、劳动观念、纪律观念、集体主义观念。1963 年 1 月 22 日，广东省委发出《关于在工业交通企业开展阶级教育问题的指示》，要求加强工人阶级的阶级觉悟。4 月 27 日，广东省委决定在全省手工业系统开展社会主义教育运动，要求"粉碎资本主义势力的进攻""克服资本主义自发倾向"。7 月 24 日，广东省委发出《关于开展增产节约和五反运动的指示》，在城市地区开展以"五反"运动（反贪污盗窃、反投机倒把、反铺张浪费、反分散主义、反官僚主义）为重点的社会主义教育运动。

知识分子的马克思列宁主义思想改造。广东解放后，由于当时许多知识分子思想上受旧社会和西方思想的影响，加上对共产党和共产主义没有足够了解，心存疑虑。对知识分子进行团结教育和思想改造，将其塑造成社会主义建设的重要力量是非常必要的。1951 年 12 月 8 日，华南分局根据《中国人民政治协商会议共同纲领》中关于"给青年知识分子和旧知识分子以革命的政治教育，以适应革命工作和国家建设工作的广泛需要"的规定和中共中央的指示，召开常委会议讨论研究高校知识分子的思想改造问题，决定成立广州地区高等学校教师思想改造学习委员会。1952 年 5 月 31 日，高等学校教师学习和思想改造运动的动员大会在广东省人民政府大礼堂举行，广州各高等学校教师一千多人参加。叶剑英在会上做了报告，要求教师们改造思想、转化立场，与旧思想决裂，树立为人民服务的思想。6 月初，一场广东地区高等学校知识分子的思想改造运动首先在中山大学揭开序幕。中山大学的教师通过批评和自我批评的方式，检讨自己思想上可能存在的资产阶级观念。随后，岭南大学、中山医学院、法商学院、文理学院、华南联合大学等高校的知识分子相继开展思想检查。知识分子思想改造对于帮助知识分子了解马克思主义理论、认识共产党的政策等起到了积极的作用。但是，这个过程也对知识分子造成了比较大的压力。在此之后，华南分局于1953年4月召开全省学校工作座谈会，研究讨论中等学校教师思想改造和小学整顿问题，加强中等学校和小学的马克思主义教育，包括组织中等学校教师参加思想改造运动，在学校里建立和发展共产党和共青团组织，开设时事政策和马列主义政治课，等等。随后，全省各级党委和人民政府组织各中等学校教师参加思想改造运动，学习马列主义基本理论和党的路线方针政策，在学校教师中进行爱国主义和为人民服务的思想教育。

1957年的反右派斗争中，许多知识分子被扣上"资产阶级知识分子"的帽子，成为批判斗争的重要对象。1957年10月27日，广州地区高校思想政治理论课教师学习会上，陶铸做报告指出，知识分子必须加强思想改造，确立马列主义立场观点，同时马列主义教育必须同社会实际生活相结合。1959年6月12—19日，广东省委举行高校、文艺、医药卫生和工程技术方面知识分子座谈会，区梦觉主持会议并要求知识分子必须学习政治、学习马列主义、学习毛泽东著作，不断进行自我教育，以达到思想改造和世界观改造的目的，更好地为社会主义建设事业服务。直到1960年，随着"八字方针"（调整、巩固、充实、提高）的提出，国民经济开始全面调整，广东省委开始为知识分子正名。1961年10月，陶铸在广州和从化主持召开中南地区高级知识分子座谈会，在会上提出停止使用"资产阶级知识分子"这个名词。1962年2月，周恩来在广州参会时发表的《论知识分子》讲话中指出，"一方面旧的知识分子得到了改造，一方面又培养出了新的知识分子，两者结成社会主义的知识界"。陈毅也在另外的会议上提出要给广大知识分子"脱帽加冕"，即脱"资产阶级知识分子"之帽，加"劳动人民知识分子"之冕。

3. 农村社会主义教育运动

（1）土改运动破除封建土地制度

广东解放初期总人口有 3000 万，其中农村人口多达 2800 万。广大农村地区仍然是封建制的土地制度，土地大多数被地主阶级所占有，富农和中农也占据少部分土地，而占农村人口近半的贫雇农只占有 11.6% 土地，生活贫苦。[①] 1950 年 1 月，华南分局召开首次党代表会议，提出要"通过反霸、减租减息、合理负担、生产备荒来发动群众，准备好必要的群众、干部、办法和组织等条件，争取1950 年冬开始实行土地改革"。随后，全省各地开展了"清匪反霸、减租退押"运动（亦称"八字"运动）。6 月 28 日，中共中央颁布《中华人民共和国土地改革法》，为土改运动提供了总体指导。8 月4 日，中共中央又颁布《关于划分农村阶级成分的决定》，提出"依靠贫农、雇农，团结中农，中立富农，有步骤有分别地消灭封建剥削制度，发展农业生产"的总路线。9 月，根据中央部署，结合广东实际，华南分局给潮汕、兴梅、东江地委发出《关于集中揭、兴、龙三县重点试验土改的指示》，决定在揭阳、兴宁、龙川三县做土改试验，从华南分局党校和南方大学抽调学生组成工作团到基层工作，后又成立广东省土改委员会指导工作。与此同时，省区县各级党组织纷纷创办《土改简报》或《土改通讯》等，既有利于反映土改的真实情况，实事求是地制定政策，也有利于从理论上对土改实践进行指导。至 1953 年，广东的土改运动基本完成。土地

---

① 中共广东省委党史研究室：《中国共产党广东历史》第二卷（1949—1978），中共党史出版社 2014 年版，第 65 页。

改革运动是变革农村土地所有制，恢复和发展农业生产的关键环节，在农村地区彻底结束了封建土地制度，极大解放了土地生产力。同时，土地改革运动改变了农民的封建思想，提高了广大农民的思想觉悟和阶级意识，密切了党和群众的联系，使广大农民对中国共产党的政策有了具体的认知，也为中共路线方针政策和农村马克思主义宣传奠定了坚实基础。

（2）农业合作化和集体化促进了社会主义公有制观念的普及

1953年，中共中央先后发布《中共中央关于农业生产互助合作的决议》和《中共中央关于发展农业生产合作社的决议》，决定在全国农村地区开展农业互助合作运动。根据中央的指示，华南分局指导广东省开展农业互助合作工作。土地改革是让地主私有制变成农民私有制，而轰轰烈烈的农业合作社运动则以实践运动破除农民的私有制观念，让马克思主义关于公有制的观念深入人心，这在很大程度上促进了马克思主义在农村的传播。

1955年12月27日，毛泽东抵达广州进行考察，其间主编了《中国农村的社会主义高潮》一书，共辑录176篇材料。毛泽东为该书写了两篇序言和104份按语，包含了许多他对农业农村问题的思考，并提出了农业生产合作社办大社的想法，为我国农业合作社和农村社会主义建设提供了重要指引。全国农业合作社开始逐渐由小社向大社转变。1956年10月7日，《南方日报》发表题为《向农民宣传高级社的好处》的社论，认为"保留土地等主要生产资料私有制的初级社，妨碍着生产力的进一步发展"，要尽快实现由初级社向高级社的转变。

1958年8月底，中共中央政治局北戴河扩大会议正式形成《关于在农村建立人民公社问题的决议》，要求在农业生产合作社的基础上建立人民公社。1958年9月11日，广东省委按照中央的指示，做出《关于在农村建立人民公社的决定》，决定称人民公社较之农业生产合作社具有更大的优越性，是加速社会主义建设和过渡到共产主义的一种良好的组织形式。随后，广东省委迅速组织在全省范围内进行农村人民公社建设。经过二十多天的急速发展，至 9 月 30 日，全省 119 个县（市）共建立人民公社 803 个，基本实现人民公社化。与此同时，广东省开始进行城市人民公社的试点。1960 年 3 月 9 日，中共中央发出《关于城市人民公社问题的指示》，要求在城市组织各种形式的人民公社。此后，广东省城市人民公社工作大规模铺开，至 1960 年年底，全省基本实现城市人民公社化。在农业合作社和人民公社的推行过程中，构建起与以往历史时期都不相同的土地政策与生产模式，广大农民对于马克思主义的公有制观念、中国共产党的政策等方面有了进一步的了解和认识。

（3）社会主义教育运动

土改运动、农业合作化运动的推行虽然在一定程度上推动了农村地区工作的开展和农民思想认识上的转变，但是仍面临不少阻力，尤其是在人民公社化运动的开展过程中，农民存在不理解、有疑虑的问题。1956 年年底到 1957 年春，全国一些地区发生与当时的农业合作化相抵制的"退社"风潮，广东省 1957 年前退社社员曾多达十二万余户，占社员总户数的 1.68%。因此，1957 年 7 月，中共中央在青岛召开的全国省、市、自治区党委书记会议和粮食会议上，毛泽东提出要向全体农村人口进行一次大规模的社会主义教育，"主要锋芒是向着动摇的富裕中农，对他们的资本主义思想进行一次说理斗争"。当月，广东省委要求全省农村党组织向农民开展社会主义宣传教育运动，开展大规模的民主整社运动，批判地主、富农和农民中的资本主义倾向与不正确思想，提高全体农民的社会主义觉悟。

为了促使农民在思想上转变，推动人民公社顺利建成，中共中央于 1958 年 8 月正式发出《关于向全体农村人口进行一次大规模的社会主义教育的指示》，要求在农村地区进行社会主义教育运动。10 月 26 日，广东省委发出《今年秋冬季在农村普遍开展共产主义教育运动的指示》，决定当年秋冬在农村开展大规模的共产主义教育运动，树立共产主义思想，破除个人主义、本位主义和资本主义思想，为巩固和发展人民公社提供思想保障。由此，人民公社实践与共产主义思想教育成为农村地区社会主义运动的两大主题。1959 年 1 月 5 日，广东省委再次发出《关于在农村中进一步开展社会主义和共产主义宣传教育运动的指示》，要求向广大农民澄清公社的性质和我国现阶段的社会性质等。

1960 年，人民公社化运动取得很大进展，但在具体开展过程中，"一大二公"①的模式催生了"共产风"问题，广东许多地方出现无偿占有农村劳动力和产品、大办公共食堂、推行绝对的平均主义分配等情况，急于从队所有制向社所有制过渡，这种情况挫伤了农村生产积极性，也使得公社工作难以继续开展。针对此情况，8 月 29 日，广东省委根据中央《关于农村人民公社当前政策问题的紧急指示信》（即"十二条"），要求在积极发展大队经济的同时，发展小经济，坚决纠正"共产风"。11 月，中共八届六中全会通过了《关于人民公社若干问题的决议》，纠正了人民公社中"左"的错误，认为"不能陷入超越社会主义阶段而跳入共产主义阶段的空想"。这次会议后，广东省开始人民公社的整顿，其中一条是关于

---

① 指人民公社化运动的两个特点：第一，人民公社规模大；第二，人民公社公有化程度高。

人民公社的认识问题，提出人民公社是社会主义的集体所有制，基本性质仍是社会主义的"各尽所能、按劳分配"。12月26日，广东省委再次发出《关于纠正"共产风"的几项政策的规定》，坚决清理"共产风"。1961年3月前后，毛泽东在广州主持制定了《农村人民公社工作条例（草案）》（又称"农业六十条"），再次提及农村公社面临的一些问题及其解决办法。围绕人民公社展开的农村社会主义教育及对"左"倾"共产风"的纠正，以社会主义实践为入口，极大地推动了农村地区对马克思主义、社会主义、共产主义的了解和认知。

社会主义教育运动早期以社会主义理论、党的路线方针政策宣传教育为主，后期开始采取社会实践运动的方式。至1962年9月召开的中共八届十中全会，毛泽东认为社会主义阶段资产阶级始终存在，党和国家必须防止资本主义复辟，批判修正主义。会后，党中央决定要在全国再次开展一场普遍的社会主义教育运动。1962年10月25日，广东省委发出《关于开展当前形势与任务的社会主义教育运动的指示》，按照中央的部署先后在农村和城市开展社会主义教育运动。1963年3月20日，广东省委发出《关于进一步深入开展农村社会主义教育运动的指示》，在农村地区开展以"四清"运动（清理账目、清理仓库、清理财物、清理工分）为主的社会主义教育运动，要求各地要严厉打击资产阶级势力的进攻，对广大群众进行深刻的阶级教育。社会主义教育运动一直持续到"文化大革命"前，对于推动农村地区的社会主义实践和提升广大农民的马克思主义认识具有重大作用，是旧社会思想向新社会思想的转变。然而后期逐渐被全国范围内的"斗私批修"所代替，逐渐走向阶级斗争的方向。

4. 社会主义总路线学习宣传

（1）社会主义过渡时期总路线的学习和宣传

1953 年 8 月，中共中央制定了过渡时期的总路线："从中华人民共和国成立，到社会主义改造基本完成，这是一个过渡时期。党在这个过渡时期的总路线和总任务，是要在一个相当长的时期内，逐步实现国家的社会主义工业化，并逐步实现国家对农业、对手工业和对资本主义工商业的社会主义改造。"1953 年 9 月 25 日，《人民日报》正式公布过渡时期总路线。12 月 28 日，中共中央批准并转发中共中央宣传部编写的《为人民政权的建立和向社会主义过渡的实现动员一切力量把我国建设成为一个伟大的社会主义国家而斗争——关于党在过渡时期总路线的学习和宣传提纲》，对总路线内容进行详细阐述，全国上下掀起了学习宣传和贯彻落实的热潮。

1953 年 10 月，华南分局在广州召开第一次党代表会议，全面学习贯彻过渡时期总路线，并确定华南地区第一个五年计划的方针和任务。华南分局代理书记陶铸在会上传达了中央关于过渡时期总路线总任务的精神，并做了《国家五年计划经济建设中华南党的任务》的报告，中共中央中南局代理书记叶剑英做了重要总结和指示。1953 年 11 月至 1954 年春夏，广东全省大规模开展了过渡时期总路线的学习、宣传和贯彻活动。

在广大干部中，华南分局结合互助合作、粮食统购统销、促进生产等各项具体工作，在县、区、乡三级干部中进行总路线教育，并在县级以上机关干部中进行以总路线为主要内容的理论学习。全省约有 12 万人参加了理论学习，约占应参加理论学习干部的二分之一。在农村地区，围绕农业合作社、增产运动、粮食统购统销等政策，向广大农民进行普遍的总路线宣传，其覆盖面达到农业人口的七成以上。① 在城市厂矿企业，通过增产节约、劳动竞赛、技术革新等各种形式进行总路线教育。在文教工作方面，加强党对文化教育工作的领导，以总路线教育团结知识分子，增强其理论水平和政治觉悟。

全省通过各种途径对总路线进行宣传，普遍提高了党员干部和人民群众的社会主义思想觉悟，使广大干部群众进一步理解了马克思主义指导思想和社会主义改造的具体目标，凝聚了党和人民的力量为中华人民共和国的建设团结一心努力奋斗，为"一化三改"的社会主义过渡时期总路线提供了思想保障。至1956年，广东基本完成了社会主义三大改造，进入全面建设社会主义时期。1956年1月29日，广州举行了大规模庆祝活动，欢庆社会主义改造的胜利，社会各界三十余万人参加大会。

（2）中共八大会议精神的学习和宣传

社会主义改造基本完成后，中国共产党第八次全国代表大会于1956年9月召开。这是中华人民共和国成立后第一次党的全国代表大会，对于总结新民主主义革命和中华人民共和国建设初期的经验，制定下一阶段党和国家的路线、方针、政策有重大历史意义。中共八大会议指出，生产资料私有制的社会主义改造基本完成，社会主义基本制度确立，国内主要矛盾不再是无产阶级和资产阶级的矛盾，而是人民对于经济文化迅速发展的需要同当前经济文化不能满足人民需要的状况之间的矛盾，是生产力落后状况与社会主义先进制度之间的矛盾。由此，社会主义建设的根本任务是集中力量发展生产力，满足人民的物质文化生活需要。八大召开期间，广东省

---

① 中共广东省委党史研究室：《中国共产党广东历史》第二卷（1949—1978），中共党史出版社2014年版，第201页。

委立即指示各级党委及宣传部门广泛组织干部和群众学习八大会议精神，学习文件以毛泽东的会议开幕词、刘少奇代表中央委员会做的政治报告、邓小平做的关于修改党章的报告、周恩来做的关于发展国民经济第二个五年计划的报告为主。大会期间，《南方日报》对会议进程进行了大量报道，这也成为广东党员干部学习的材料。八大期间该报每天发行量增加 10 万份，大会文件的 6 种单行本出版发行 360 万册仍然供不应求。①

八大会议结束后，广东省委于 10 月召开了一届二次全体委员（扩大）会议，广东省委第一书记陶铸传达了八大会议的情况和精神，并部署党员干部学习贯彻会议文件和精神。随后，在省委"每个成年人听一次报告"的要求下，全省各地迅速组织党员干部进行集中学习和讨论，许多地方党组织采取成立学习核心组、举办短期学习班、组建专业理论辅导组等一系列形式广泛开展干部学习。中共广东省委非常重视向工商业者宣传八大会议精神，增强他们的社会主义建设积极性。与此同时，各级党委和宣传部门组织党员、团员和宣传员向群众进行广泛宣传，创造性地以群众喜闻乐见的形式开展宣传活动，比如，佛山市结合会议实况和革命影片放映、举办革命斗争历史故事讲座等形式，阳江市充分利用教授和学生在乡村进行宣传，兴宁县组织 103 位报告员在国庆节期间分头到城市居民、学校、工厂、农村进行八大会议精神报告。② 在学习和宣传过程中，毛泽东提出的克服"三个主义"（思想上的主观主义、工作上的官僚主义和组织上的宗派主义）、陈云提出的"三个主体，三个补充"

---

① 中共广东省委党史研究室：《中国共产党广东历史》第二卷（1949—1978），中共党史出版社 2014 年版，第 298 页。

② 中共广东省委党史研究室：《中国共产党广东历史》第二卷（1949—1978），中共党史出版社 2014 年版，第 299 页。

（既要以国家经营、集体经营为主体，又要有一定数量的个体经营做补充；既要以计划生产为主体，又要有自由生产做补充；既要以国家市场为主体，又要有自由市场作补充）、多党合作和政治协商等会议精神受到广泛关注和深入讨论。

八大精神是社会主义改造完成后对我国当时国内形势、社会主义建设目标任务的准确把握，通过广泛深入的学习，广东省全体干部和群众对于当下党和国家的路线方针有了深入了解和把握，社会主义建设热情进一步高涨。

（3）社会主义建设总路线学习和宣传

1958 年 5 月，中共八大二次会议确定了"鼓足干劲，力争上游，多快好省地建设社会主义"的社会主义建设总路线，要求调动一切积极因素，正确处理人民内部矛盾，巩固和发展社会主义政权与制度，建设工业现代化、农业现代化、科学文化现代化的社会主义国家。中共八大二次会议结束后，广东省委立即贯彻执行，分四路深入检查各地生产事宜。全省迅速掀起学习、宣传、贯彻总路线的热潮。5 月 31 日，广州市委发出《关于大张旗鼓地宣传社会主义建设总路线的通知》，要求把社会主义建设总路线的宣传教育当作一项重大政治任务来抓，市委书记亲自带头，在全市掀起声势浩大的宣传总路线高潮。6 月 2 日，广东省委宣传部发出《关于宣传和学习"八大"第二次会议文件的通知》，要求在全省农村和城市开展社会主义建设总路线和毛泽东关于社会主义建设相关理论的学习。以陶铸为代表，广东省委领导和负责人更是亲自到华南师范学院等高校讲政治课，宣传中共八大二次会议精神和社会主义建设总路线。

1959 年 10 月，广东省委集中发布《关于在农村中全面开展社会主义建设总路线的教育运动的指示》（1959 年 10 月 3 日）、《关于在厂矿企业和城镇居民中开展社会主义建设总路线教育运动的意见》（1959 年 10 月 7 日）、《关于在资产阶级、资产阶级知识分子、民主党派成员及宗教界、少数民族、侨眷归侨的上层人士中开展社会主义总路线教育运动的意见》（1959 年 10 月 25 日）等一系列指示意见，要求在农村、厂矿企业和城镇居民以及资产阶级、资产阶级知识分子、民主党派成员及宗教界、少数民族、侨眷归侨的上层人士等社会群体中开展社会主义建设总路线教育运动。

社会主义建设总路线的宣传教育产生了很好的效果，全省上下干劲十足抓经济生产，建设社会主义。但是在"超美赶美""大跃进"的冒进氛围下，也造成浮夸主义的作风，提出一些不切实际的目标，对后来的社会主义建设及马克思主义传播造成了极大的负面影响。

（二）建立马克思主义学习教育机制

在开展一系列社会主义思想教育和改造的同时，广东省委领导组织创建起覆盖到各个社会群体的马克思主义学习平台，在党内、高校、党外建立起常规化的学习培训机制。与新民主主义革命时期的培训相比较，由于马克思主义政权建立和社会环境相对稳定，这一时期的马克思主义学习培训机制更加规范、稳定和系统，这些机制在社会主义革命和建设时期的马克思主义传播过程中发挥了至关重要的作用。

1. 干部马克思主义学习培训

（1）创办南方大学

广州解放后，为了缓解新政权成立初期干部人才不足的问题，华南分局在中央的指示下创办了一所新型革命大学——南方大学，毛泽东亲自为学校题词。学校创办于 1949 年，由叶剑英兼任校长，罗明、陈唯实任副校长。1949 年 12 月 1 日，《南方日报》刊布了第一期招生简章，计划招生 3500 人，最终录取招生 4329 人，学习周期为一年。除统一招生外，南方大学还举办来自有关部门的委托班，如工干班、农干班、军干班、渔民班、橡胶工人班、银行班、合作干部班等干部培训班。①

南方大学下设文教学院、行政学院、财经学院、政治研究院、工人民族学院和华侨学院 6 个教学部，每个教学部的培养对象和目标都不同。如文教学院主要培养中学教师和文教干部，行政学院主要培养县、区政权机关干部，财经学院主要培养财经专业人员，政治研究院的学员主要是高级知识分子和民主人士，工人民族学院主要培养工会干部和少数民族干部，华侨学院主要培养归国青年和侨务工作干部。通过学习马列主义和毛泽东思想，帮助学员们实现思想上的改造。教员除了结合社会主义初期建设需要，讲授相关专业知识，如统战政策、财经政策、文教政策和土改政策等，还以马列主义、毛泽东思想为主线，对学员进行马克思主义理论培训，加强学员的思想政治教育。②

南方大学开设的马克思主义相关课程主要包括马克思主义理论（马克思主义哲学、政治经济学、科学社会主义）、毛泽东思想、国内外形势以及党的路线、中共党史等内容。南方大学聚集了一批著名的马克思主义革命家和理论家，极大地推动了当时的马克思主义学习传播。副校长陈唯实对马克思主义哲学有深入研究，曾在20世纪三四十年代就著有《通俗辩证法讲话》《通俗唯物论讲话》《新哲学体系讲话》等马克思主义著作，将马克思主义进行通俗化诠

① 中共广东省委党史研究室：《中国共产党广东历史》第二卷（1949—1978），中共党史出版社 2014 年版，第 115 页。

② 中共广东省委党史研究室：《中国共产党广东历史》第二卷（1949—1978），中共党史出版社 2014 年版，第 115 页。

释，与艾思奇齐名，并称"南陈北艾"。陈唯实在南方大学主讲"认识与实践""阶级、国家与社会革命"等马克思主义认识论和唯物史观课程，他将马克思主义基本原理与社会实际相结合，在学员中广受欢迎。除了在南方大学授课，陈唯实还多次在机关、华南师范学院做题为《实践论——马克思主义哲学的伟大贡献》《马克思主义哲学是无产阶级及其政党的世界观》《实践的原理是马克思主义认识论的核心》《学习社会发展史，建立辩证唯物论的革命观点》等一系列马克思主义相关报告。除了陈唯实之外，罗克汀主讲"辩证唯物主义与历史唯物主义""马克思主义国家学说"等课程，杜国庠主讲"先秦诸子百家"等课程。广东解放初期，以陈唯实、罗克汀、杜国庠为代表的马克思主义学者的教学及演讲对于扩大马克思主义的影响起到了非常重要的作用。

1952年10月，全国高等院校调整，南方大学部分院系与广东文理学院、中山大学师范学院、海南师范专科学校等组建了华南师范学院，即今天的华南师范大学。同时，南方大学部分师生调整到广东革命干部学校。在近三年的办学时间里，南方大学总共为广东各地培养了二万多名社会主义干部和专业人才，为土改运动、抗美援朝等革命和建设事业输送了一批具有马克思主义理论水平和信仰的干部队伍。

（2）创建中共中央华南分局党校

除了南方大学这个过渡性的干部培训学校之外，中共中央华南分局充分吸取新民主主义革命过程中党的建设经验，创建了中共中央华南分局党校，成为党内干部常规化学习培训马克思主义理论的重要场所。1950年1月，华南分局召开广东各地党代表会议，提出要准备开展土地改革。为了培养土改骨干，会议决定开办中共中央华南分局党校，将县一级以上的领导干部送到华南分局党校学习，区、乡干部送到地委学习，接受土改政策、农村阶级划分和阶级立场、群众作风等方面内容的教育。经过两个月的筹备，华南分局党校（对外称为广东革命干部学校）于 1950 年 3 月成立，华南分局第三书记方方兼任校长，区梦觉、李明任副校长。1952 年 10 月，党校正式命名为中共中央华南分局党校，由古大存兼任校长。

广东解放初期，中共中央华南分局党校围绕广东社会革命和建设的需要，培养了一大批具有马克思主义思想觉悟的业务骨干。

其一，培训土改骨干。从 1950 年 3 月至 1952 年年底，华南分局党校共举办了 3 期土改骨干训练班，以调训的方式培训学员 982人。[①] 土改骨干班开设社会发展史、中国革命基本问题、党的建设、党的方针政策等 4 门课程，学习材料包括毛泽东的《湖南农民运动考察报告》《新民主主义论》《中国革命与中国共产党》《论人民民主专政》，刘少奇的《关于修改党章的报告》《论共产党员的修养》，以及整风运动文献等。培训班注重理论联系实际，将马克思主义阶级观、唯物史观等理论与土改的实际需要相结合，在学员中充分开展批评与自我批评，提高学员的政治思想觉悟和政策水平。

其二，培训党的组织建设干部。广东解放后，广东党组织迅速发展，急需开展党组织工作的组织员。1950 年 11 月至 1951 年 11月，华南分局党校举办了两期组织干部培训班，共培训区级组织干部 217 人，每期两个月，学习党纲党章和组织工作业务等课程。这些学员结业后成为各单位开展党组织工作的重要力量。1951 年 3月，中共中央召开第一次全国组织工作会议，通过了《关于整顿党的基层组织的决议》，提出在全体党员中进行共产党员标准的八项

---

① 梁钊主编：《中共广东省委党校志 1950—1990》，1990 年编印，第 5 页。

条件教育的基础上，对党的基层组织进行一次普遍的整顿。为了响应中共中央的号召，华南分局党校于 1951 年 9—12 月举办了一期党训班，专门培训 134 名整党建党干部，学习党纲、党员标准和整党建党的方针方法等课程，提高学员对于党的性质、工人阶级是领导阶级、共产主义前途等问题的认识。①

其三，常规干部轮训。为了提高干部的马克思主义理论水平和政治觉悟，在土改骨干培训、党建干部培训等中心工作之外，华南分局党校于 1953 年开始进行有计划的干部常规轮训。1953—1955 年，华南分局党校围绕中央提出的"学习理论，提高认识，联系实际，改造思想"教学方针，举办了 4 期县委委员、区级干部学习班，招收学员 1534 人，每期学习时间为 4 个月，着重提高学员的马克思主义理论水平。随着培训事业的发展，华南分局党校的理论教育人才队伍不断壮大，1954 年 12 月，共建立了哲学、政治经济学、中共党史、党的建设 4 个教研室，包括部门主任在内的教研队伍有 23 人。②

1954 年，中共中央制定《中共中央关于轮训全党高、中级干部和调整党校的计划》，要求在全国范围内有计划地轮训党的高、中级干部，提高全党干部的马克思主义理论水平。1955 年 7 月，中共中央华南分局党校改名为中共中央第六中级党校，由党中央直接领导，以"学习理论，提高认识，联系实际，增强党性"为基本教学方针，为广东轮训地委委员、县委正副书记、县长以及同级别的干部，学制一年。次年春，第六中级党校又设立初级部，专门培训县委委员、区级干部，学制半年。与成立初期以政策业务为主要内容

① 梁钊主编：《中共广东省委党校志 1950—1990》，1990 年编印，第 8—10 页。
② 梁钊主编：《中共广东省委党校志 1950—1990》，1990 年编印，第 14 页。

不同，第六中级党校设置辩证唯物论与历史唯物论、政治经济学、联共党史、中共党史、党的建设 5 门主要培训课程，更加注重干部马克思主义理论水平和思想觉悟的提升，形成了马克思主义理论学习和党性锻炼两大主要抓手。

1956 年 10 月，中共中央华南分局撤销后，根据中共中央的决定，中共中央第六中级党校改名为中共广东省委中级党校，在广东省委的直接领导下推进干部轮训工作。从 1955 年 9 月至 1958 年 1 月，第六中级党校和中共广东省委中级党校培训学员 865 人，另有第六中级党校初级部培训学员 958 人，极大地在全省范围内提高了干部马列主义理论水平和思想觉悟。在广东省委的领导下，除常规课程外，党校及时将中共中央的一系列指示整合进教学内容。党的八大召开后，党校及时将八大文件的学习纳入教学内容中。1957 年，结合中央关于整风运动、反右派斗争的指示，党校在学员及教职工中间开展批评与自我批评，大鸣大放，以提高思想、改进作风。在此过程中，党校有 52 人被划为右派分子，其中党校干部 10 人、学员 42 人。[1] 扩大化的反右派斗争打压了党校干部和学员的积极性，也对党校的理论教育事业造成了不良影响。

1958 年后，受全国政治运动形势的影响，中共广东省委中级党校的培训内容也从一般性的理论培训转向与政治运动紧密结合。1958 年 8 月，中央召开党校工作会议，制定了"以研究中国革命实际问题为中心，以马克思列宁主义基本原理为指导"的教学方针，强调以实际问题为中心，以《社会主义建设的几个问题》《党的生活的几个问题》、毛泽东著作等为蓝本，学习"总路线""大跃进""人民公社"等社会主义建设相关方面内容。从 1955 年 9 月

---

[1]　梁钊主编：《中共广东省委党校志 1950—1990》，1990 年编印，第 32 页。

至 1966 年 5 月，党校举办了高级干部自修班（从化班）、县委书记以上干部轮训班、中级干部训练班、理论干部训练班、理论干部进修班、组织干部训练班等诸多培训班次。这个时期的党校教育呈现出新的形态，党校的理论教育与当下的社会建设形势紧密结合。1960 年 7 月，广东省委决定党校停办一年，全体干部和学员下乡到罗定县和德庆县参加整风整社运动。1964 年 8 月至 1966 年 5 月，全体省委党校干部和当时的理论进修班学员到曲江、连县等地参加"四清"运动。毛泽东著作是这一时期党校教学的重要内容。除一般培训班次需要始终学习毛泽东著作外，高级干部自修班（从化班）也将《毛泽东选集》作为主要学习内容。

与此同时，党校作为党内马克思主义理论学习和培训的重要基地逐渐由省向各级地市扩展，中共湛江地委党校（1951 年成立）、中共韶关市委党校（1952 年成立）、中共广州市委党校（1953 年成立）、中共高要地委党校（1956 年成立）、中共东莞县委党校（1958 年成立）、中共江门市委党校（1958 年成立）、中共中山县委党校（1959 年成立）、中共茂名市委党校（1959 年成立）、中共阳江县委党校（1963 年成立）、中共梅县地委党校（1965 年成立）等一批地级党校先后建立，成为各地干部提高马克思主义理论水平和思想觉悟的重要渠道。

"文化大革命"期间，党校一度被迫停办。1972 年 2 月，中共广东省委决定复办中共广东省委党校。直到 1976 年 10 月，"四人帮"反革命集团被粉碎，全国拨乱反正，中共广东省委党校的工作才开始逐步调整、步入正轨。在整个社会主义革命和建设时期，尽管经历了一些挫折，但中共广东省委党校为广东地区的干部队伍建设和党的理论宣传做出了重要贡献，进一步加强了干部队伍的马克思主义理论水平和思想觉悟，对马克思主义在党内的学习和巩固起到了至关重要的作用。

2. 中央领导人组织苏联《政治经济学（教科书)》的学习和讨论

1958 年 11 月在武昌召开会议期间，毛泽东要求将苏联《政治经济学（教科书)》（第三版）的修改和补充材料发放给与会同志学习，并在讲话中说："苏联《政治经济学（教科书)》第三版的要点，你们看一下。我们这些人，包括我在内，社会主义经济规律是什么东西，过去是不管它的；现在我们真正搞起来了，全国也议论纷纷，斯大林的书，我们要看一下，《政治经济学（教科书)》也要看，每人发一本，把社会主义部分看一遍。"[①] 此后，毛泽东在庐山会议、杭州、上海等地相继组织读书小组，学习研究《政治经济学（教科书)》。1960 年 2 月，毛泽东在广州期间与胡绳等人再次组织研究苏联《政治经济学（教科书)》（第三版）下册"社会主义部分"最后两章，并要求领导干部学习《政治经济学（教科书)》，探讨研究怎么搞社会主义的问题。毛泽东认为苏联《政治经济学（教科书)》存在一定局限性，即"只讲物质前提，很少涉及上层建筑，即阶级的国家，阶级的哲学，阶级的科学"，斯大林逝世后的修订版更是"内容上删掉了斯大林的一些好东西，增加了二十次代表大会的不少坏东西"。

在毛泽东的带领下，党内形成学习苏联《政治经济学（教科书)》（第三版）的风潮，刘少奇、周恩来等其他党中央领导同志也曾在广东组织进行相关学习。1959 年 11 月，刘少奇到达海南岛崖县（今海南省三亚市），与陶铸等广东省委负责同志开展学习讨论会，研究苏联科学院经济研究所编写的《政治经济学（教科书)》（第

---

① 陈晋主编：《毛泽东读书笔记精讲》战略卷，广西人民出版社 2017 年版，第 336 页。

三版）下册内容。刘少奇对无产阶级专政、生产关系与生产力的矛盾、共产主义初级阶段、社会主义社会的基本矛盾等马克思主义理论进行了探讨，强调要吸取苏联的经验教训，探索社会主义建设道路。1960年2月13日至3月2日，根据毛泽东的要求，由周恩来主持的《政治经济学（教科书）》（第三版）下册的学习读书班在从化温泉镇举办，副总理、部长、省委书记等共40人参加。周恩来就学习内容做了三次系统的发言，提出从资本主义到共产主义是一个长期的过渡阶段，要坚持"把革命进行到底，生产力不断提高"两个基本任务。周恩来还指出，毛泽东思想是马列主义的创造性发展，是马克思主义理论与中国革命实践的具体结合。

3. 高校马克思主义课程体系建设

高等院校是青年学生马克思主义意识形态教育的主战场、主阵地，也是培养社会主义建设者和接班人的摇篮。广东解放以后，党和政府接收、改办了十多所高校，改革旧的教学内容、培养目标、教学形式等，建设马克思主义理论课程，积极探索社会主义大学的办学经验。1950年1月，广东省文教厅成立。作为全省文化教育工作的领导部门，省文教厅成立后首先致力于接管和改造旧的学校教育系统，整顿中小学教学秩序，建立和发展青年团组织，开设马列主义政治课和时政课，加强思想政治教育。

高等院校的整合重建了高校新格局。在高校办学的探索过程中，1952年，中国高等学校开始按照苏联办学模式进行改革，大范围进行院系调整，目标是创建专门学院和专科学校，分门类建立学科体系，为社会各行业特别是重工业部门培养专门人才。广州地区高校在中共中央华南分局和广东省人民政府的主导下，调整设立一所综合性大学，工、农、医、师范学院单独设立。以此为指引，广东将中山大学文学院、理学院与岭南大学文学院、理学院合并为文理综合的中山大学。中山大学工学院、岭南大学工学院、华南联合大学工学院和广东省工业专科学校调整为华南工学院（今华南理工大学）。中山大学农学院、岭南大学农学院组成华南农学院（今华南农业大学）。中山大学医学院、岭南大学医学院和广东光华医学院组成华南医学院（后改为中山医学院、中山医科大学，今中山大学中山医学院）。岭南大学教育系并入华南师范学院（1951年已由中山大学师范学院、广东文理学院和华南联合大学教育系组成）。经此调整，广州地区高校主要有5所：中山大学、华南工学院、华南农学院、华南医学院和华南师范学院。

高校马克思主义理论课程体系对马克思主义在青年学生中的传播意义重大。1952年10月，教育部发布《关于全国高等学校马克思列宁主义、毛泽东思想课程的指示》，要求各类高校必须设置"新民主主义论""政治经济学""辩证唯物论与历史唯物论"3门基本的马克思主义理论必修课程，学时为一年。自此，马克思主义政治理论课成为全国各高校课程基本配置，广东的高校也不例外。1953年，各高校在原来3门马克思主义课程的基础上新增"马克思主义基础"，并将"新民主主义论"改为"中国革命史"。至此，高校的马克思主义政治理论课程形成了"中国革命史""政治经济学""辩证唯物论与历史唯物论""马克思主义基础"4门基本必修课程。为了解决高校马克思主义师资不足的问题，中共中央还注重师资的培养。在此之前，1952年9月，中共中央就曾发布《关于培养高等、中等学校马克思列宁主义理论师资的指示》，要求选拔高校助教和优秀学生中的优秀党员或团员担任马克思主义理论政治课的助教或助理，继而培养成为新的马克思主义政治理论课教师。高校马克思主义理论课程设置使得全体高校学生在马克思主义的熔炉里锻造了一番，其对马克思主义传播所产生的影响是十分重大且深远的，也收到非常显著的成效。

党对高校事业的领导为马克思主义传播提供了坚强后盾。随着高校教育事业的发展，广东后来又创办、复办了数所高校。例如，1955年创办广东教育行政学院（后改为广东教育学院，今广东第二师范学院），1956年创办广州中医学院（今广州中医药大学），1957年创办广东民族学院（今广东技术师范大学）、复办暨南大学。在发展高等教育的过程中，广东各高等学校为培养社会主义革命和建设人才，开设马克思主义理论课程，加强马克思主义教育，探索建立高校政治辅导员制度和班主任制度等。至1956年，广东高校普遍建立中国共产党委员会，确立了党对学校的绝对领导，组织高校教师学习马列主义。马克思主义不仅作为理论在各班次开设，还作为党的意识形态在高校里面占据主流阵地。

4. 党外马克思主义学习培训机构

（1）创建马克思主义人民团体

1949年10月，中华全国总工会在广州市成立全总华南办事处，以冯燊为主任。全总华南办事处根据中共中央华南分局的指示，深入工人群众中，开展宣传动员工作，宣传党的方针政策，消除工人们的疑虑，提高工人的思想认识和政治觉悟。1953年，广东省总工会成立，全省各地工会组织迅速发展壮大。到1956年上半年，全省103个县建立了96个县工会联合会；1956年第三季度，全省107万名职工中，共有工会会员747491人。[①]

1949年年初，中共中央香港分局根据中共中央决议发出《关于

---

① 中共广东省委党史研究室：《中国共产党广东历史》第二卷（1949—1978），中共党史出版社2014年版，第133页。

在华南根据地建立新民主主义青年团的指示》，要求"在人民群众和青年群众中进行深入宣传与充分酝酿工作，然后根据本人自愿，其年龄在 15 岁至 25 岁以内，拥护中共主张，愿为新民主主义革命事业积极奋斗，愿为劳动人民忠诚服务，承认团章、服从决议、参加工作者经过入团手续正式入团"。1949 年 11 月，新民主主义青年团华南工作委员会（简称团华南工委）在广州成立，黄焕秋任书记。团华南工委的重要任务是大力发展团的组织，培养党的后备人才。

1950 年 6 月，广东省民主妇女联合筹备会成立，全省各地陆续成立妇女组织。1954 年，广东省民主妇女联合会正式成立，1957 年改名为广东省妇女联合会。广东省妇女联合会围绕社会主义建设各项任务开展一系列工作，组织妇女恢复生产、支持抗美援朝运动、参加土改运动、加强文化思想教育，在广东省妇女联合会的组织推动下，广东妇女获得平等的政治、经济权利，积极投身社会主义建设事业中。

这些在华南分局领导下组织起来的人民团体，以马克思主义和党的理论路线方针政策为指导，团结各个领域的人民群众，为社会主义建设奠定了牢固的群众基础。

（2）建设党外马克思主义学习培训机构

创建社会主义学院。1957 年 4 月，在中共广东省委的领导下，广东省政治学院成立。广东省政治学院是中共广东省委统战部指导的统一战线机构，是民主党派和无党派人士进行干部培训的联合党校。1960 年 11 月，广东省政治学院改名为广东省社会主义学院。同年，中共广州市委领导成立了广州市社会主义学院。1966 年，广东省社会主义学院和广州市社会主义学院都遭受了"文化大革命"的冲击，被迫停办，直到 1983 年和 1986 年才相继复办。从创办到停办的近 10 年内，广东省社会主义学院共举办培训班 16 期，培训学员 3397 人。社会主义学院坚持社会主义基本原则，在党外人士马克思主义学习培训方面发挥了重要作用。

创办团校。青年团组织和团校是党的青年后备人才的培养基地。1949 年 11 月，新民主主义青年团华南工作委员会成立后，其工作重点与中华人民共和国成立前相比有了很大的转变，即从农村转移到城市，由秘密转为公开，由分散的小规模发展转为集中的大规模培养。为了加强青年团员的思想教育和政治学习，1950 年 4 月，在团华南工委的指导下，华南团校成立。叶剑英参加团校成立大会并鼓励青年朋友要将理论学习与实际工作结合起来，明确提出团校的教学方针是"理论学习，工作总结，思想反省，生产劳动相结合"。华南团校第一批学员吸收了来自省内四十多个县的 194 名青年干部，为党培养了大量的后备军。经过一段时间的酝酿和发展，新民主主义青年团广东省第一次代表大会于 1953 年 6 月在广州召开，会上成立了青年团广东省委，赖大超任第一书记。1955 年中共广东省委成立，华南团校也更名为广东省团校。1957 年 5 月，新民主主义青年团广东省委员会改名为中国共产主义青年团广东省委员会。1958 年，广东省团校与广州市团校、省妇联干部培训班合并，更名为广东省青妇干部学校。1960 年，由于国家经济困难，广东省青妇干部学校停办。1963 年，团广东省委与省总工会、省妇联联合成立广东省工青妇干部学校。"文化大革命"期间，广东省工青妇干部学校停办，直至 1983 年复办。广东省团校虽然也进行一定的青年职业技能培训，但其重点项目始终是团干部培训，并致力于在广大青年中间传播马克思主义理论。

5. 毛泽东著作学习热潮

中华人民共和国成立前，《毛泽东选集》就有不少版本流传于世，但是许多都未经毛泽东亲自审定。中华人民共和国成立后，第一套四卷本《毛泽东选集》正式出版于 1951—1960 年，是第一套由作者亲自审定的选集。由于毛泽东对选集的内容和构成要求严格，选取的文章数量很有限，写作时间也限定在中华人民共和国成立以前。第一卷出版于 1951 年 10 月，收入国民大革命和土地革命战争时期 17 篇文章；第二卷出版于 1952 年 4 月，收入抗日战争前期 40 篇文章；第三卷出版于 1953 年 4 月，收入抗日战争后期 31 篇文章；最后一卷出版于 1960 年 9 月，收入解放战争时期 70 篇文章。选集每一卷的出版都受到社会各界极大的关注和学习。广东也出现了多次大的学习毛泽东著作的热潮。

1958 年，伴随着"大跃进"的逐步开展，全国上下掀起了学习毛泽东著作运动。4 月 5—8 日，中共广东省委召开一届十次全体委员（扩大）会议，讨论了组织学习毛泽东著作等问题。会议决定在全省开展学习毛泽东著作运动，组织县委书记以上干部学习班，每人每年至少有一个月脱产集中学习毛泽东著作，在此基础上推动学习在全省展开。8 月 21—23 日，广东省委宣传部和组织部联合召开理论工作座谈会，提出要"全党全民学习毛主席著作"，并且立即在工农群众中掀起学习热潮。9 月 12 日，省委举办的县委书记以上干部轮流集中学习毛主席著作的学习班第一期在从化温泉开学，共招收学员 120 名，由陶铸领导学习。9 月 18 日，省委发布《关于进一步开展全党全民学习毛主席著作运动的指示》并做出具体要求：第一，把学习的阵地普遍建立起来，把学习的红旗到处树立起来；第二，大规模培养和壮大理论人才；第三，把研究工作抓起来；第四，加强理论宣传工作。由此，从学习《矛盾论》《实践论》《关于正确处理人民内部矛盾的问题》等文章开始，学习运动席卷广东全省。

1960 年，全国出现了学习毛泽东著作的第二个热潮。1960 年 1

月，共青团中央向党中央提交了《关于开展毛泽东著作的学习运动的提纲问题的请示》并得到批准。4月中旬，共青团中央与全国总工会、全国妇女联合会召开了全国青年学习马列主义、学习毛泽东著作的黑龙江现场会议，全国各地学习毛泽东著作的积极分子一千多人参加。在此期间，广东省内的毛泽东著作学习也陆续开展起来。1960年1月9日，中共广东省委做出《关于加强理论工作的决定》，认为当前理论工作的任务是向广大干部、知识分子和工农群众系统地宣传毛泽东思想，开展大规模、深入系统的学习和宣传毛泽东思想的运动。为此，省委成立了理论工作小组和理论研究室，县委以上党委成立理论工作小组。学习活动按照哲学、政治经济学、社会主义和中共党史4门课程进行，鼓励大家系统地学习毛泽东思想。1月27日，毛泽东乘专列从衡阳抵达广州，审编《毛泽东选集》第四卷的内容，并主持召开有胡乔木、田家英、邓力群、逄先知等人参加的文稿通读会。

1960年8月4—7日，广东省总工会、团省委、省妇联在广州举行了全省工矿企业工人学习马列主义、毛泽东著作会议，要求着重学习党中央、毛泽东提出的以农业为基础、以工业为主导、工业农业同时并举的方针，学习毛泽东《矛盾论》《实践论》《关于正确处理人民内部矛盾的问题》等著作。9月底，《毛泽东选集》第四卷出版，省委立即发出《关于学习〈毛泽东选集〉第四卷的指示》，要求全省各地做好组织工作，有步骤、有计划地掀起学习热潮，使之成为推动生产发展的动力。10月2日，《南方日报》刊载了题为《欢呼〈毛泽东选集〉第四卷出版，掀起学习毛主席著作的新高潮》的社论。10月5日，省委举行学习毛泽东著作报告会，省委宣传部部长吴南生做学习报告，全省共五千多名来自机关和从事宣传、理论、新闻、文艺工作的党员干部参加会议。

　　1963 年 12 月，毛泽东做了关于学习解放军加强政治工作的批示，充分肯定解放军的学习活动。全国包括广东再次掀起学习毛泽东著作的高潮。这一次学习热潮持续了数年，毛泽东思想深入人心，广东省也出现了许多学习毛泽东著作的学习标兵，主流媒体的宣传进一步推动了毛泽东著作学习热。1964 年 4 月 6 日，《南方日报》报道了佛山市女工高钻学习毛泽东著作的事迹并发表社论《学习毛主席著作，做革命的人》，高度评价了工人阶级学习毛泽东著作、提高阶级觉悟的做法。1965 年 4 月 10 日，《南方日报》发表社论《把解放军学习毛主席著作的经验学到手》，认为"掀起学习毛主席著作新高潮，是促进我们思想革命化和各项工作革命化，跟上迅猛发展的社会主义革命和社会主义建设新形势的根本条件，也是推动工农业生产新高潮和文化革命新高潮一浪高过一浪地向前发展的根本保证"。广东在学习毛泽东著作的过程中也形成了自己的经验和特点，比如，活学活用毛泽东著作的"黄山洞经验"，许多其他省份纷纷组织考察队来学习经验。"黄山洞经验"还曾被刊登在《人民日报》的头版头条以供全国各地学习。1965 年 8 月23—31 日，中共广东省委召开全省学习毛泽东著作积极分子经验交流会，共七百多名代表参加，省委领导和各地积极分子做了学习报告，将广东省的毛泽东著作学习推向新的高潮。

　　1966 年，全国从上至下又一次掀起了深入学习毛泽东著作的热潮。1 月，中共中央批转了中共中央中南局《关于深入开展学习毛主席著作运动的决定》，决定指出毛泽东思想是当代马克思列宁主义的顶峰，是最高最活的马克思列宁主义，并且明确要求县级以上各级党委，每年要安排一个月时间学习毛泽东著作，其他各级党委主要领导干部分批集中学习。决定发出后，广东省委迅速召开常委会议和地委书记会议，安排部署学习工作，对广大干部分期分批进行轮训。1月25日，中共中央中南局在广州召开学习毛泽东著作报告会，中南局，广州部队，广东省委、省人委，广州市委、市人委和广州市各个大专院校的负责人和党员干部共五千多人参加会议，盛况空前。

在"文化大革命"期间，毛泽东著作的学习和宣传也没有停止。1968年12月至1972年2月，中共中央第六中级党校停办。在此期间，广东省革命委员会（简称省革委会）在党校举办了8期毛泽东思想学习班。学习班以毛泽东著作为主要学习内容，后期还学习《共产党宣言》《哥达纲领批判》《反杜林论》《唯物主义和经验批判主义》《路德维希·费尔巴哈和德国古典哲学的终结》《国家与革命》等6本马列著作。

根据1969年1月6日《南方日报》报道，1966—1968年3年时间里，广东全省发行《毛泽东选集》580万册，《毛泽东著作选读》740万册，《毛泽东语录》4755万册，毛泽东的《老三篇》汇编本、单篇本7984万册，《毛主席诗词》825万册。1970年6月15日，全省在广州召开学习毛泽东思想经验交流大会，这是继1965年后的第二次全省性学习毛泽东思想经验交流会，有近六千名各地代表参加。

毛泽东逝世后不久，1976年10月7日，中共广东省委做出《关于在全省迅速掀起学习毛泽东思想新高潮的决定》，决定指出毛泽东著作是"马克思主义的百科全书"，内容非常丰富，要求把学习马克思、列宁著作与学习毛泽东著作相结合。1977年1月，广东省委和省革委会的领导干部举行会议，会上要求各级党委学好毛泽东的《论十大关系》。

（三）建设马克思主义理论宣传阵地

广东解放后，中共广东省委领导创办了《南方日报》等一批省委、市委的机关报，在进行马克思主义理论、党的路线方针政策等方面的宣传上发挥了重要作用。广东人民出版社等出版机构出版发行了一批马克思主义相关书籍，使马克思主义传播内容更加丰富、更加系统。除此之外，依托高校和科研单位的学术刊物的创办，进一步巩固了马克思主义理论的学术基底。图书馆、广播电视电台、博物馆、红色教育基地等面向群众的机构的设置，进一步推动了马克思主义的大众化，完善了马克思主义的宣传体系。

1. 马克思主义大众化宣传平台建设

（1）创办《南方日报》《广州日报》《羊城晚报》等党报

1949 年 9 月，中共中央华南分局在江西赣州举行会议，商讨解放广东等事宜。会议决定香港的《华商报》停刊，待广州解放后，以该报人员为班底在广州创办《南方日报》。1949 年 10 月 23 日，中共中央华南分局机关报《南方日报》在广州创刊。在发刊词《新的中国·新的广东》中阐述了日报的基本立场："本报是中国共产党中央华南分局的机关报，也是华南人民意志的传达者；除了中国人民和华南人民的利益之外，我们没有别的利益。"发刊词也对新广东有许多期待："今后的广东是永远属于人民自己的广东了，广东人民今后的长远任务，就是大力开展建设工作，在新的中华人民共和国中央人民政府的领导之下，大步前进，建设人民的新广东。"自此，《南方日报》成为广东宣传党的路线方针政策、报道分析国内外局势的主要阵地，在宣传思想、凝聚群众方面发挥了非常重要的作用，也是广东马克思主义大众化传播的重要渠道。

1952 年 12 月 1 日，在中共广州市委领导下，市委机关报《广州日报》创立，由毛泽东亲自题写报头。日报原为广州各民主党派创办于 1950 年的"统战报刊"《联合报》，隶属华南分局统战部。为建设广州市的主流宣传阵地，中共广州市委在《联合报》的基础上创办了《广州日报》。由于当时纸张供应紧张，中共中央华南分局于1955年1月决定将《广州日报》并入《南方日报》，直到1958年6月复刊。复刊当年，《广州日报》日均发行量多达5.5万份，成为广州的重要宣传媒体。《南方日报》和《广州日报》构成广东党和政府发声的主要平台，也成为广东人民群众了解党和政府理论政策的主要媒介。

1957年10月1日，在陶铸的主持下，中共广东省委主办的《羊城晚报》创刊，这是中华人民共和国成立后创办的第一份大型晚报。1961年2月1日起，《广州日报》并入《羊城晚报》，《羊城晚报》改为由中共广州市委领导，成为市委机关报。1965年7月1日，《广州日报》复刊，《羊城晚报》又成为中共中央中南局的机关报。本着"移风易俗、指导生活""寓共产主义教育于谈天说地"的办报宗旨，《羊城晚报》虽是省委领导的理论宣传刊物，但形式和内容方面以贴近现实生活为主，生动活泼，较少长篇大论的理论文章，易受广大读者欢迎。

（2）成立广东人民出版社等出版机构

1949年11月7日，广州新华书店开业，同时经营管理广东和广西的分支点。新华书店不仅发行图书，也出版著作，对广州传播和普及马克思主义起了重要作用。1951年，广东人民出版社成立，出版的著作侧重5个方面的内容：中共党史和政治类著作、教材和教辅书籍、学术著作、文化普及读物、实用的财经和医学类图书。可见，该出版社在出版和宣传马克思主义方面有突出贡献。

中华人民共和国成立后，无论是党员干部的教育培训还是各级各类学校的学习，对马克思主义理论的需求都很旺盛。然而当时我们在马克思主义经典的译介和马克思主义教材的编撰方面资源都很匮乏。广东马克思主义原著翻译、研究著作以及教辅教材主要采用人民出版社、中央编译局等国家权威出版机构编译出版的版本。广东人民出版社和广州新华书店在一定程度上推进了马克思主义著作在广东的地方性出版和研究工作。据统计，社会主义革命和建设时期在广东出版的马克思主义经典著作包括 1950 年广州新华书店出版的《论马克思恩格斯与马克思主义》（唯真译）、1959 年广东人民出版社出版的《马克思主义经典作家论反对右倾机会主义》（中共广东省委中级党校资料室编）等①；研究著作和教科书有广东人民出版社 1957 年出版的《辩证唯物主义与自然科学：学习〈唯物主义与经验批判主义〉一书的笔记》（罗克汀著）、1958 年出版的《反对修正主义对无产阶级专政的歪曲——关于〈无产阶级革命和叛徒考茨基〉一书的介绍》（张江明著）、1974 年出版的《学习〈帝国主义是资本主义的最高阶段〉参考材料》（广东省委党校等编）等。②

（3）创办马克思主义理论相关学术刊物

除官方宣传平台之外，依托于各个高校以及研究机构，《中山大学学报》《华南师范大学学报》等综合性马克思主义理论相关学术刊物开始逐渐发展。《中山大学学报》创办于 1955 年，由教育部主管，中山大学主办。初创时文、理合刊，1959 年起分为文、理两个独立刊物。创办伊始，《中山大学学报》就受到党中央和毛泽东的重视。1955 年 11 月，中共中央办公厅来函告知："你校出版的《中山大学学报》，我们准备从第一期开始，给毛主席订阅两份。"1956年，《中山大学学报》发表毛泽东的《〈中国农村的社会主义高潮〉序言》一文，引起很大反响。《华南师范大学学报》由华南师范大

---

① 王海军、李莉：《马克思主义中国化进程中经典著作编译与传播研究（1949—1978）》，中国人民大学出版社 2019 年版，第 277 页。

② 王海军、李莉：《马克思主义中国化进程中经典著作编译与传播研究（1949—1978）》，中国人民大学出版社 2019 年版，第 281—284 页。

学主办，创办于 1956 年 10 月（当时刊名为《华南师范学院学报》），为双月刊。该刊在突出学术性的同时，比较重视地方性和师范应用性。广东地方性学术刊物的创办与官方报刊相比，更加注重马克思主义的理论性和学术性探讨与研究，深化并丰富了马克思主义传播的内容和平台，为马克思主义的传播提供了学术性支撑。

（4）其他马克思主义大众化宣传平台

广东省立中山图书馆于 1955 年 5 月由广东省人民图书馆和广州市中山图书馆合并而成，当时藏书有九十余万册，成为广州藏书最多的图书馆，其中有不少马克思主义类的图书，为人民群众学习马克思主义提供了便利。

1949 年 10 月 18 日，广州人民广播电台开始试播，这是广东创办的第一座人民广播电台。1950 年 6 月，在广州人民广播电台基础之上，增办广东人民广播电台。此后，全省各地开始建立有线广播电台。至 1956 年年底，全省共建有广播站 132 个。[①] 广播电台的建设为党的各项政策理论向各地输送提供了重要途径。随着社会生产力的发展和技术的进步，1959 年广东成立了广东省广播事业局和中共广东人民广播电台党组，创办并试播了广东电视台。

1956 年 3 月，广州就开始筹建电影制片厂，1959 年 1 月正式定名为珠江电影制片厂，其摄制的《南海潮》《七十二家房客》《大浪淘沙》等影片在全国形成了较大影响，具有良好的宣传效果。

创建博物馆和红色教育基地等马克思主义大众化传播平台，进一步丰富了马克思主义传播形式。广东省博物馆筹建于 1957 年，1959 年正式对外开放，不定期展出马克思主义相关题材的内容。而

---

① 中共广东省委党史研究室：《中国共产党广东历史》第二卷（1949—1978），中共党史出版社 2014 年版，第 259 页。

遍布全省各地的红色教育基地则是弘扬马克思主义精神、接受革命文化洗礼的重要基地。广东是近代中国革命的前沿阵地，涌现出许多革命先行者，尤其是无产阶级革命家，他们的光辉事迹和革命精神能够激发人们的奋斗精神和爱国热情。

2. 加强马克思主义理论研究

（1）成立马克思主义相关研究机构和团体

1958 年 10 月 1 日，中国科学院广州哲学社会科学研究所成立，杜国庠任所长，下设哲学研究所、历史研究所等研究部门。1968—1972 年经历短暂停办后，更名为广东省理论研究室。1973 年改为广东省哲学社会科学研究所。1980 年更名为广东省社会科学院。广东省社会科学院是广东省研究和传播马克思主义的重要机构，聚集了一批学术水平较高的马克思主义理论研究者，将基础理论研究和战略决策研究相结合，扩大和巩固了马克思主义理论及其中国化、与广东实际相结合的研究与传播。

1960 年 2 月 23 日，为加强对哲学社会科学工作的领导，中共广东省委和广东省人民政府设立广东省社会科学界联合会（简称省社科联），"在省委理论工作小组和省委宣传部直接领导下，加强对马列主义、毛泽东思想的学习、研究和宣传工作"，杜国庠任第一届主席。作为受省委直接领导的群众性学术团体，广东省社会科学界联合会是广东省哲学社会科学理论宣传、学术交流的组织者和协调者，在加强马克思主义理论传播进程中充分发挥了桥梁纽带、组织协调和宣传普及的功能。省社科联下设众多学会，有力地推动了广东地区哲学社会科学的发展。其主办的《学术研究》（1958 年创刊时为《理论与实践》，1962 年改为现名）是中华人民共和国成立后创办最早的学术理论刊物之一，始终坚持马克思主义的立场和方法研究理论和现实问题，为哲学社会科学的发展和繁荣做出了积极贡献，是研究和宣传马克思主义的重要平台。

（2）加强马克思主义理论研究

在马克思主义哲学方面，1960年，中山大学哲学系复办（1952年由于院系调整被撤销），此后聚集了一批马克思主义理论教学和研究队伍。哲学系教师罗克汀曾在《中山大学学报》发表《论"关于农业合作化问题"中本质与主流的范畴》《从学术思想批判来说明自然科学工作者学习辩证唯物主义的重要性》等马克思主义理论文章。高齐云于20世纪60年代在《中山大学学报》《理论与实践》发表《思维和存在共处于什么统一体中?》《关于自然科学中真理与错误的辩证关系》《马克思主义认识论还是旧唯物主义认识论?》等马克思主义理论文章。在马克思主义政治经济学方面，以卓炯为代表的经济学家推进了马克思主义的创新发展。1961年，中共中央第六中级党校政治经济学教研室主任卓炯在厦门大学主办的经济期刊上发表了《申论社会主义制度下的商品经济》，创造性地提出"社会主义计划商品的经济"的观点，开创中国社会主义商品经济理论的先河。1960—1961年，中共中央第六中级党校宣布组织孙儒、卓炯等人成立政治经济学教科书编写组，试图结合中国实际来阐述社会主义建设原理。后因"左"倾思想的干扰，被迫中断。[①] 在马克思主义中国化研究方面，中山大学教授刘嵘等人着手开展毛泽东思想研究，1965年刘嵘就提出了"毛泽东思想怎样一分为二"的问题，20世纪70年代他开始论证毛泽东思想是一个科学体系，提出要区分毛泽东思想的科学体系和毛泽东的个人思想。除此之外，张江明在20世纪五六十年代也对毛泽东思想有过深入研究，他

---

① 成龙、郭丽兰、张伟东：《马克思主义中国化在广东——历史·理论·实践》，北京大学出版社2012年版，第299页。

在《学术研究》发表了《毛泽东同志"关于正确处理人民内部矛盾的问题"对马克思主义辩证法的重大发展》（1958 年）、《怎样学习"关于正确处理人民内部矛盾的问题"》（1958 年）等研究文章。中共中央第六中级党校于 20 世纪 50 年代成立党史教学研究机构，中共广东省委于 1957 年成立广东地区革命历史研究委员会，又于 1962 年成立广东省党史研究委员会，专门征集、整理广东党史资料，研究广东地方党组织的历史。党史研究机构的成立推动和加强了广东地方党史的研究，促进了马克思主义中国化。

3. 宣传平台的整合建设

省委领导加强宣传工作，进一步增强了马克思主义传播的主体力量。1958 年 3 月，中共广东省委宣传部召开全省宣传工作会议，提出要促进全省工作"大跃进"。具体内容包括：在群众宣传工作方面，要抓好中心工作、思想萌芽、思想倾向、先进事迹、宣传时机 5 个方面，要在宣传工作的领导、内容、方法、效果方面做比较；在干部学习方面，要求全体干部在 3 年内过好政治理论关、技术业务关、文化关、写作关等四关。这次会议在宣传工作的方向、内容、主体建设等方面做出了具体规定，强化了马克思主义宣传力量。5 月 10 日，省委发出《关于加强理论工作的几项决定》，再次对理论工作队伍做出要求，主要内容包括：加强理论队伍建设，创办理论刊物；加强理论研究工作，理论联系实际；加强干部政治理论学习，以政治理论学习带动业务学习，培养又红又专的干部；开展哲学社会科学工作；加强各类学校的政治教育等。经过一段时间筹备，8 月 1 日，省委指导创办了综合性理论刊物《上游》杂志。

省委不断加强报刊、出版社等传播平台的整合和完善，使马克思主义宣传更加规范化、专业化。1959 年 6 月 2 日，中共广东省委发出《关于整顿报纸刊物的决定》，要求各级党委、各部门党组织以"宁可少一些，但要好一些"为原则，对报刊加强管理，提高质量。决定明确提出：省级党政机关刊物除《南方日报》《羊城晚报》《上游》《广东建设》《理论与实践》《广东教育》《少先队员》《作品》《广东画报》《铁路工人报》《广东青年报》（《广州青年报》并入）等可以继续出版外，保留一个自然科学方面的刊物，其他一律停刊；广州市委保留《广州日报》《广州工作》，海南、湛江、汕头各保留一份报纸，韶关、茂名各办一份小报，区党委和地委可以保留一个内部工作通讯，其余一律停刊；县委保留一个《农民报》和一个内部工作通讯，其余一律停刊；厂矿、企业除少数大型厂矿可以印行一个工作简报性质的内部文件外，其余一律停刊。① 经过一年多的整顿工作，各级报刊精简，质量也随之上升，但仍有部分报刊整合不力。1960 年 6 月 15 日，中共广东省委批转《关于整顿内部刊物的报告》，并做出《立即扭转报刊出版方面的无政府状态，彻底整顿报纸刊物》的决定。决定要求"责成各级党委宣传部组织有关部门，对本地区、本系统、本单位的报纸刊物出版情况，立即进行一次认真的深入的检查，并且按照省委 1959 年 6 月 2 日的决定，进行坚决彻底的整顿工作。凡是未按规定经过审查批准而擅自出版的报纸刊物，一概立即停止出版"。1961 年 2 月 3 日，中共广东省委批准省委宣传部的《关于调整报刊、书籍的出版和控制新闻出版问题的报告》，停止和撤销《广东青年报》《广东侨报》《铁路工人报》《韶关日报》等报刊，中共广东省委主办的《上游》杂志，海南人民出版社和湛江飞跃出版社等。

---

① 中共广东省委党史研究室编：《中国共产党广东历史大事记》第二卷，广东人民出版社 2005 年版，第 117 页。

三、"文化大革命"对马克思主义广东传播的影响

在极左思潮的影响下，以 1965 年 11 月 10 日上海《文汇报》发表的姚文元《评新编历史剧〈海瑞罢官〉》为导火线开启了席卷全国的"文化大革命"运动。广东的"文化大革命"就此拉开帷幕，张贴大字报、打倒"牛鬼蛇神"、大办毛泽东思想学习班等活动迅速铺开。随后，报刊停办、学校停学、工厂停工，严重影响了社会秩序，阻断了正常的马克思主义传播渠道，也在一定程度上歪曲了马克思主义。"文化大革命"其初始目的可以说是全党全国人民进行"灭资产阶级思想、兴无产阶级思想"、防止资本主义复辟的思想文化革新运动。在这个意义上，它可以被看作是马克思主义大众化传播的一种形式。只是这种传播形式极力强调阶级对立和斗争，强调"无产阶级专政下继续革命"，以大运动、大斗争的方式进行，造成马克思主义传播的极左错误走向。

（一）马克思主义传播体系遭受冲击

"文化大革命"期间，全社会出现大规模的批斗运动，工厂停工、学校停学，社会秩序陷入混乱，正常的国家政治经济文化生活被中断。

首先，社会正常秩序遭受巨大冲击。1966 年，省委决定大学、高中停课时的设想是一个月左右时间。但是，由于运动发展形势太快、太猛以至于难以控制，大学、高中学生长期无法复课。中共中央发出通知决定 1966 年高等学校的应届毕业生，不搞毕业设计，不写毕业论文。1968 年年初，广东中小学虽有"复课闹革命"，但是

教学秩序混乱，许多老师被批斗，学生也无心向学。暨南大学等高校停办，广东各大专院校基本上停止招生，直到 1970 年 5 月才开始试点招生。

"文化大革命"运动过程中，产生了大批冤假错案，挫伤了大批干部和广大知识分子的积极性。大鸣、大放、大字报很快演变为乱斗、乱搜、乱抄家的运动。据统计，从 1966 年 10 月到 1967 年 1 月近 4 个月时间内，广东省委共收到群众来信 10237 件，每天平均 80 件，多为要求平反、恢复人身自由。1968 年年初，广东省革命委员会在黄永胜的带领下，展开"审理广东地下党问题"的运动，着重审理"旧省、市负责干部"，在此过程中，一大批在新民主主义革命中做出过巨大贡献的广东地下党员同志遭受诬陷迫害。直到 1979 年，中共广东省委才专门调查，给予彻底平反。

其次，大批干部和知识分子被下放到农村，致使马克思主义传播主体缺位。"五七"干校开办后，大批干部调离原单位去到农村，致使马克思主义传播的组织力量被削弱。早在 1959 年 2 月 20 日，广东省委就曾发布《关于继续组织干部下放和进一步推行与健全干部参加劳动锻炼制度的指示》，要求各级干部下放并参加劳动。据统计，1959 年全省共下放干部 4.5 万人。1966 年 5 月 7 日，毛泽东在看了中央军委总后勤部《关于进一步搞好部队农副业生产的报告》之后给林彪写信，要求全国各行各业都办成一个革命化的大学校，这里既能学习文化知识，又能进行农副业生产。这封信后来被称为"五七指示"。8 月 1 日，《人民日报》在社论《全国都应该成为毛泽东思想的大学校——纪念中国人民解放军建军 39 周年》中公布了毛泽东的"五七指示"。此后，为贯彻落实毛泽东的"五七指示"，各地纷纷开办"五七"干校，将干部和知识分子下放农村，进行生产劳动。

广东省革命委员会成立"五七"干校办公室，专门负责干校的开办和组织等工作。从 1966 年 10 月起，广东各地及省直机关、科研单位、高等院校等大批干部和知识分子被下放到各地的"五七"干校。据统计，1968 年 10 月至 1969 年 2 月，广东省革命委员会遵照毛泽东关于干部下放劳动的指示，在从化、韶关、海南、佛山、惠阳、肇庆、湛江、梅县等地建立了 313 所"五七"干校，下放干部 16 万余人。干校学员白天从事生产劳动，晚上进行学习和批判，主要学习内容包括毛泽东著作和无产阶级专政理论。1969 年年底，部分干校的干部和知识分子调回原单位或重新分配工作，干校经过整合减少至 180 所，学员人数也减少了一半。1973 年 7 月，《人民日报》报道了中央机关召开的"五七"干校工作会议，讨论通过"五七"干校对在职干部进行普遍轮训的问题。此后，"五七"干校成为在职干部轮训的地方，要求领导干部和一般干部都要参加，每期不少于 3 个月。但是到后期，参加的干部人数越来越少。直到 1979 年 2 月 17 日，国务院发出《关于停办"五七"干校有关问题的通知》，全国各地包括广东的"五七"干校才退出舞台。

知识青年"上山下乡"，造成马克思主义专业人才队伍缺位。毛泽东认为"反资防修"的重要途径是让干部和知识分子参加体力劳动，因此在 20 世纪 50 年代就已经有知识分子"上山下乡"。"文化大革命"期间，由于社会大规模停学停产，大量"老三届"[①] 毕业生没有去处，知识青年下乡大规模开展起来。1968 年 12 月 22 日，毛泽东发出"知识青年到农村去"的指示，全国掀起知识青年"上山下乡"的浪潮。指示发出后，广东省革命委员会立即发布

---

① 指"文化大革命"爆发时在校的 1966、1967、1968 三届初、高中学生。

《关于认真学习、贯彻伟大领袖毛主席"知识青年到农村去"的最新指示的通知》，号召广大知识青年"上山下乡"接受贫下中农再教育，掀起全省范围内知识青年"上山下乡"的浪潮。据统计，1967—1978 年，广东全省共动员 89.35 万知识青年"上山下乡"，在海南、湛江等地国营农、林、茶厂和农村插队落户。[①] 知识青年文化水平高，对党和国家的理论政策比较了解，下乡过程中在农村传播文化知识，对于马克思主义在农村地区的传播起到一定作用，知识青年也在这个过程中受到"再教育"，对于农村情况有了一定了解。因此，知识青年"上山下乡"在一定程度上能提升其思想觉悟，也能推进农村地区的马克思主义传播。一些干部和知识分子在参与劳动的同时也进行理论工作，如 1969 年 10 月受"四人帮"迫害，张闻天被秘密遣送到广东肇庆，直到 1975 年才离开，在肇庆的 6 年时间里，张闻天深入工厂和基层调研，撰写了《论社会主义和共产主义》等近 10 万字的文稿和笔记。但是，知识分子"上山下乡"造成了人才培养的严重断层，在学生时代被迫中断学习进程，这对知识青年的成长以及后来的马克思主义传播造成一定的负面影响。

最后，马克思主义学习、研究、宣传体系被迫中断。在阶级斗争扩大化的影响下，马克思主义学习教育受到"左"的侵扰，各大专院校、高中被迫停学，党校教育事业也遭受曲折。1959 年下半年的"反右倾"运动，许多学员和党校干部被划为右派，成为批判和打击的对象。"文化大革命"开始后，省委党校遭遇严重挫折。1968 年下半年，党校成为"斗、批、改"的对象，12 月被迫停办，

---

① 中共广东省委党史研究室：《中国共产党广东历史》第二卷（1949—1978），中共党史出版社 2014 年版，第 569 页。

各级地市党校也都被迫停办。与此同时，广东省工青妇干校、广东省社会主义学院等党外马克思主义学习培训机构也都被迫中断。直到20世纪七八十年代，一些学习研究宣传机构才陆续恢复。1973年，中山大学叶汝贤、高齐云等人率先讲授马克思主义哲学史课程，逐渐恢复了马克思主义在广东高校的教学和研究。

除此之外，广东省哲学社会科学研究所等马克思主义理论研究机构停办，《羊城晚报》《广州日报》等官方宣传平台停刊，《华南师范学院学报》（社会科学版）等马克思主义学术刊物停办。这些都导致广东解放后建立起来的常规化马克思主义学习、研究、宣传等工作停滞不前。

（二）激进化的马克思主义学习宣传

1. 毛泽东思想学习和宣传

举办毛泽东思想学习班。1967年10月24日，广东省和广州市联合举办首期毛泽东思想学习班，省、市厅局级以上领导干部、群众组织代表和军队代表等领导干部参加。根据毛泽东"要斗私批修"的指示，广东全省各地工厂、农村、机关、学校大办毛泽东思想学习班。至11月底，广州地区由军管会和各革命群众组织举办的学习班就多达一千八百多个，参加学习的人数多达23万人。广东还派学习队赶赴北京参加毛泽东学习班。1968年1月6日，广东省在北京参加毛泽东学习班的学员回广州后在中山纪念堂举行学习汇报会。2月29日，广东省革命委员会成立后通过了《关于更广泛开展活学活用毛泽东思想伟大群众运动的决定》。

组建工人毛泽东思想宣传队进驻各文化教育部门。1968年8月25日，中共中央、国务院、中央军委、中央文革小组发出《关于派工人宣传队进驻学校的通知》。根据通知，广州市工人宣传队于8

月 30 日进驻广州市第七中学。《南方日报》发文称此举"标志着这所被资产阶级统治了 80 年的中学获得新生""标志着资产阶级知识分子统治我们学校的现象一去不复返了"。8 月 30 日至 9 月 2 日，由 2783 名工人队伍组成的毛泽东思想宣传队进驻中山大学、中山医学院、华南工学院等广州地区的 13 所大专院校。据统计，至 10 月中旬，广州工人毛泽东思想宣传队先后进驻全市教育、文化、新闻、卫生等部门近二千个单位，进行"斗、批、改"。[①] 至 12 月，广州共抽调一万二千多名产业工人组成 349 个工人毛泽东思想宣传队进驻各个单位。与此同时，根据毛泽东"在农村，则应由工人阶级的最可靠的同盟者——贫下中农管理学校"的指示，广东省革命委员会指导各地组建由贫下中农组成的毛泽东思想宣传队，进驻各农村学校进行管理，开展"教育革命"。

总体而言，"文化大革命"时期的毛泽东思想学习主要是满足"文化大革命"的形势需要，以学习"在无产阶级专政下继续革命""斗私批修"等内容为重点。1966 年 6 月 2 日，广东省委就曾发出《关于学习毛主席著作和无产阶级文化大革命的具体安排的通知》，将学习毛泽东著作与无产阶级"文化大革命"结合起来。1975 年 3 月，省委举行报告会，要求学习毛泽东关于理论问题的重要指示，学习无产阶级专政理论，推进"批林批孔"和党的基本路线教育运动。会后，全省各地相继举办县以上领导干部学习无产阶级专政理论的学习班。在"文化大革命"的最高指令下，毛泽东思想学习热潮持续高涨，很大程度上表现出过热的态势。

---

① 中共广东省委党史研究室：《中国共产党广东历史》第二卷（1949—1978），中共党史出版社 2014 年版，第 549 页。

2. 主流报刊媒体的激进化宣传

"文化大革命"期间，《南方日报》等官方宣传阵地基本成为"文化大革命"的宣传口，推动运动朝过激化方向发展的发展。1966 年 6 月 1 日，《人民日报》发表社论《横扫一切牛鬼蛇神》，号召所有群众起来"横扫一切牛鬼蛇神"。6 月 2 日，《南方日报》转载了《人民日报》的社论以及北京大学聂元梓等人攻击北京大学党委和北京市委的大字报。此后《南方日报》成为广东"文化大革命"宣传的重要渠道。6 月 7 日，《南方日报》发表署名文章《全面系统地反对毛泽东文艺思想的一株大毒草——评秦牧〈艺海拾贝〉》，批判《羊城晚报》副总编辑秦牧"反党反社会主义的罪行"。此后，广州率先掀起声讨秦牧"罪行"的社会浪潮，全省各地以"小邓拓""小秦牧"的罪名批斗了一批革命干部和知识分子。9 月 3 日，《广州日报》发表《英雄的红卫兵万岁》的社论。

1967 年 4 月 1 日，《南方日报》转载戚本禹《爱国主义还是卖国主义？——评反动影片〈清宫秘史〉》一文，把批判矛头对准刘少奇的《论共产党员的修养》一书。随后，广州地区群众要求向"党内最大的走资本主义道路当权派"发起总攻，把斗争矛头指向了刘少奇。

1967 年 7 月 17 日，《南方日报》发表《陶铸是无产阶级文化大革命的死敌》一文。此后，全省开始集会游行，批判陶铸。9 月 8 日，《人民日报》《南方日报》同时发表姚文元的文章《评陶铸的两本书》，全省"批陶"掀起高潮。

1974 年 2 月 1 日，《南方日报》发表文章《掀起批林批孔运动的新高潮》。4 月 6 日，《南方日报》再次发表社论《紧密联系实际，深揭狠批林彪及其死党阴谋复辟的罪行》。

1974 年 6 月，省委召开"加强马克思主义理论队伍动员大会"，来自工矿、农村、机关、学校各个部门的干部和理论队伍代表共五千三百多人参加会议，中山大学哲学系教授杨荣国在会上做了"评法批儒"的报告。会议宣布省委成立理论工作小组，建议县以上党委也成立理论小组，加强马克思主义理论人才队伍建设和理论宣传工作，组建专门的理论班子撰写理论批判文章，在《南方日报》等主流报刊媒体发表。主流报刊媒体由此成为激进化宣传的工具。

四、马克思主义广东传播的主要成就

中华人民共和国成立后，新政权的建立和巩固、社会环境的安定团结为马克思主义传播创造了良好条件，社会主义革命和建设的主旋律为马克思主义传播奠定了实践基础。在此大背景下，广东解放后从学习、宣传、研究等各个方面，逐步构建起一个由共产党领导推进的、规范性和常规化的马克思主义传播体系，马克思主义传播由新民主主义革命时期的战斗状态转变为建设状态。这个相对完整全面的传播体系对新社会的思想启蒙和思想改造、马克思主义基本原理和中国国情及广东省情的结合与发展、马克思主义意识形态主导地位的树立和巩固发挥了非常重要的作用。即使这个传播体系在"文化大革命"期间被破坏并很大程度上被中断，但它仍为广东迈出改革开放的第一步奠定了思想基础。

（一）形成马克思主义传播基本格局

广东解放为马克思主义传播创造了比较稳定的社会环境。在广东解放后的几年时间里，广东就迅速建立起一个相对完整的集学习、研究、宣传等各个方面于一体的马克思主义传播格局，并不断加以调整和完善。马克思主义传播格局的建立为马克思主义有针对性、有秩序地传播打下了良好基础。虽然在"文化大革命"期间，许多传播平台和渠道都被迫中断，但是"文化大革命"结束后这套传播系统基本上得以恢复，继续在改革开放进程中发挥重要作用。

着力打造马克思主义传播的主体队伍。广东解放后，华南分局就着手建立宣传部、组织部等部门，建立专门的理论工作小组和理论队伍，它们成为马克思主义传播的重要领导机构。广东各级党组织和宣传部门是马克思主义理论学习、研究、宣传和人才队伍建设的有力领导者和推动者。

建立针对不同社会群体的马克思主义学习教育机制。创办南方大学为过渡时期培养干部人才，建立中共中央华南分局党校对党内领导干部进行轮训，建立华南团校培养青年共产主义接班人，建立社会主义学院对民主党派和无党派人士进行干部培训，在高校设置马克思主义理论必修课程，这些学习教育机制涵盖社会各个群体，在全社会范围内建立了马克思主义学习教育机制。

创办报刊媒体等马克思主义大众化传播平台。华南分局和随后的广东省委领导创办了《南方日报》《广州日报》《羊城晚报》等报刊，成立广州新华书店、广东人民出版社等出版发行机构，建立广东省立中山图书馆，与时俱进地创建广东电视台、珠江电影制片厂等宣传平台，并创办了博物馆、红色教育基地等多元化的马克思主义宣传基地。由此形成一个多维的宣传体系，推动马克思主义大众化的传播。

成立马克思主义理论研究机构。广东在解放后成立了中国科学院广州哲学社会科学研究所、广东省社会科学界联合会等马克思主义相关研究机构和组织。除此之外，中山大学、华南师范学院等高校都设有马克思主义相关教学研究部门。依托研究机构和高校等，创办《学术研究》《中山大学学报》等学术性刊物。

充分调动全体社会成员传播客体的学习积极性和热情。在广东党组织的领导和推动下，借助针对性的学习教育培训机制，通过大众化的传播媒介，利用专业化的马克思主义研究机构和平台，最终形成全员学习宣传马克思主义的局面。

（二）进一步推动马克思主义中国化进程

新民主主义革命时期，马克思主义在中国的传播更多的是介绍马克思恩格斯的理论、列宁的思想和俄国社会主义的革命经验。随着夺取城市斗争失败、革命受挫，以毛泽东为代表的中国共产党人开始探索符合中国国情的新民主主义革命道路，创立农村包围城市的革命道路和理论，马克思主义的传播内容与中国的具体革命实践相结合。中华人民共和国成立后，中国共产党继续带领全国人民将马克思主义基本原理、苏联模式和经验与中国具体国情相结合，探索符合中国国情的社会主义道路。广东的马克思主义传播也是在此大背景下展开。

中国和广东地方的社会主义改造和建设经验是广东马克思主义传播的实践依据。中华人民共和国成立后，初期社会主义建设借鉴了苏联模式，尤其是过渡时期，通过"三大改造"建立了社会主义基本制度。但是苏联模式逐渐暴露出其弊端，在生产力和生产关系之间出现不协调的地方，逐渐造成对社会生产力的阻碍。毛泽东曾在党的八大提出要"以苏为鉴"，探索中国的社会主义建设道路。尤其是在苏共二十大召开后，苏联的修正主义泛滥，中苏之间分歧渐显，苏联的大国沙文主义更使两国之间矛盾增多。"鼓足干劲，力争上游，多快好省地建设社会主义"的社会主义建设总路线的提出，集中体现了中国人民建设社会主义的急迫热情和美好愿望。在此过程中，中国共产党根据不同时期的建设任务部署具体工作，形成一套中国化的马克思主义话语体系。广东根据中央相关指示和安排，开展一系列中央文件精神学习活动和贯彻落实，这是广东马克思主义传播的重要内容。虽然在社会主义建设过程中由于急于求成而产生了"浮夸风"等问题，"文化大革命"又在很大程度上中断了这种社会主义建设的探索，导致这个阶段没有完全摆脱苏联模式的束缚，然而这一时期的工作对于后来形成符合中国国情的社会主义道路还是有益的。

毛泽东思想的学习和宣传是广东马克思主义传播的主要内容。在社会主义革命和建设时期，毛泽东思想的学习和宣传成为全民热潮。20世纪五六十年代，毛泽东亲自审定的第一版《毛泽东选集》一至四卷陆续出版，成为毛泽东思想学习和宣传的主要蓝本，不断掀起学习浪潮。毛泽东思想的学习和宣传有重要的政治意义，因为毛泽东是中国最高领导人，是中国共产党的领袖，他的思想对于中国社会主义建设具有关键的指导作用。毛泽东思想的学习和宣传还有理论上的意义，它是马克思主义在中国的继承和发展，是中国共产党人在中国革命和建设时期形成的理论创新，是马克思主义中国化的重要成果。广东省与全国其他地方一样，在领导干部、工农群体、知识分子、青年学生等各个群体中开展了轰轰烈烈的毛泽东思想学习和教育，《南方日报》《广州日报》《羊城晚报》等主流媒体积极宣传，中山大学等高校和科研机构系统研究和阐释，这些都促进了毛泽东思想在广东的传播。

（三）巩固马克思主义在意识形态领域的指导性地位

社会主义革命和建设时期，思想和意识形态极为活跃，每个社会群体和成员的积极性都得到充分调动，既是马克思主义的传播者，也是受众。马克思主义深入而广泛的传播，最大限度上统一了思想，凝聚了社会共识，为社会主义建设的顺利开展奠定了思想基础，巩固了马克思主义在意识形态领域的指导性地位。

首先，党员干部队伍中的马克思主义学习和宣传，锤炼出一支坚强有力的社会主义领导组织力量。广大党员干部是在革命的战斗和洗礼中成长起来的，他们在现实的磨炼中形成了坚定的马克思主义信仰。但是由于缺乏理论知识，他们对马克思主义的理解是碎片化、实用主义的，需要更加系统的理论学习，以便在以后的工作中更加熟练地运用马克思主义的立场、观点和方法分析问题、解决问题，更好地服务人民群众。广东解放后和平的社会环境为党员干部的马克思主义理论学习提供了良好条件，各地纷纷开展相关的培训工作。1954年3月5日，华南分局发出《关于开展广东省干部文化教育的指示》，要求各级领导必须重视干部的文化教育，通过学校教育扫除工农干部中的文盲，适应国家建设的需要。1955年7月21日，中共广东省委转批省委组织部《关于当前干部思想情况与今后加强党的思想政治工作的意见》，指出要针对当前干部中存在的官僚主义、贪污腐化等问题，加强思想政治教育。通过整党建党、整风运动，学习毛泽东思想，整顿了党内的不良风气，提高了领导干部的马克思主义理论水平和思想觉悟，使广大领导干部在纷繁复杂的现实挑战面前坚定马克思主义立场，成为社会主义事业的中流砥柱。

其次，工农群众中的马克思主义教育和宣传，充分调动起社会主义建设的积极性。工人阶级是中华人民共和国的领导阶级，马克思主义是工人阶级的指导思想。在工人阶级中间传播马克思主义不仅仅是要充实他们的理论知识，更是要让他们形成自觉的阶级意识和使命感，为社会主义革命和建设做出更大的贡献。在工人学习马克思主义过程中，工会起着重要的组织作用。1949 年 10 月，中华全国总工会在广州成立华南办事处，开展工会工作。办事处深入工人群众，宣传马克思主义，宣传党的路线方针政策，积极组织生产，关心帮助困难职工。在华南办事处基础上，1952 年 9 月成立广州市总工会，1953 年 4 月成立广东省总工会。广东全省逐渐建立了包括地区和行业在内的各级工会组织，为在工人中间迅速传播马克思主义做出了重要贡献。

在普通群众中，农民阶级人数众多，革命热情高，是无产阶级的天然同盟军，也是马克思主义传播的重点群体。特别是在土改和农业的社会主义改造中，取得农民阶级的理解和支持非常重要。到社会主义改造基本完成以后，1956 年 10 月，《南方日报》还连续发表《向农民宣传高级社的好处》等多篇社论，从唯物史观的角度讨论生产资料公有制和私有制与生产力发展的关系，强调从初级社向高级社过渡对社会主义农业农村发展的必要性。

1965 年 7 月 1—7 日，广东全省举行农村文化工作会议，研究贯彻落实省委关于在农村地区建立社会主义文化组织的决定。决定要求迅速组织文化队伍下到农村，在即将开展社会主义教育的地区建立农村社会主义文化室。1966 年 3 月 10 日，《南方日报》发表社论，动员各地举办共产主义夜校，把它作为农村地区重要的思想政治工作，学习宣传马列主义、学习毛泽东著作。

再次，知识分子的马克思主义理论学习和改造，在文化发展方面形成一支马克思主义人才队伍。广大知识分子是工人阶级的一部分，从马克思主义传播的角度看，他们是特殊的工人阶级，既承担着传播马克思主义的任务，同时也是马克思主义传播和改造的对象。

1955 年 12 月，中共广东省委召开关于知识分子问题的会议，讨论《中共中央关于知识分子问题的指示（草案）》。会议批评了把知识分子当成阶级异己分子的错误做法，提出了加强党对知识分子领导的意见措施。中共广东省委第一书记陶铸在《在广东省知识分子工作会议上的讲话》中指出："全国知识分子从整体上看是发生了根本性的变化的，这是没有什么可怀疑的。"[1] "知识分子在中国历史上是革命的，有功劳的，现在新的人民政权成立了，广大知识分子都在为人民服务，为无产阶级领导的民主政权服务，他们所进行的工作是很重要的劳动，很有意义的劳动。"[2]

1956 年 1 月，周恩来在中共中央召开的关于知识分子问题的会议上做了《关于知识分子问题的报告》，第一次明确指出，绝大部分知识分子已经是工人阶级的一部分了。

1962 年 3 月在广州召开的全国科学工作会议以及全国话剧、歌剧、儿童剧创作座谈会上，周恩来做了《论知识分子问题》的报告。针对反右扩大化等运动中部分对待知识分子的错误态度，周恩来重申：知识分子是在革命联盟内，在人民队伍中的。国务院副总理陈毅也指出，工人、农民、知识分子是劳动人民的三个组成部分，是国家的主人翁，他们是人民的知识分子，是社会主义知识分子，是劳动人民联盟的一部分。如何从资产阶级知识分子转变为社会主义知识分子，需要接受马克思主义的洗礼。

最后，青年学生的马克思主义学习，为马克思主义理论继承和发展塑造了一支生力军。青年学生既是马克思主义传播的对象，也是以后进一步传播马克思主义的主体。作为社会主义建设的接班人，青年学生承载着中国社会主义的未来，也决定了马克思主义未

---

[1] 《陶铸文集》，人民出版社 1987 年版，第 123 页。
[2] 《陶铸文集》，人民出版社 1987 年版，第 127—128 页。

来的发展和地位。在中学、高校设置马克思主义课程，开展马克思主义教育，对于巩固马克思主义在意识形态领域的地位具有深刻、长远的意义。

马克思主义在中国的传播不仅仅是一种理论学说的发展，更多的是带有一定政治、意识形态色彩的对中国革命和建设的指引。在社会主义革命和建设的过程中，个别发展阶段人们对马克思主义相关理论存有困惑和误解实属正常，比如，伴随着资本主义和社会主义的对立斗争，存在"左"倾与右倾的交锋。马克思主义传播的重要目标就是要在交锋中保持其统合其他思想和理论的能力，保持马克思主义的主导地位。

第四章

改革开放新时期
马克思主义在广东的传播

粉碎"四人帮"以后，中国向何处去的问题再一次成为全国人民热切关注的时代命题，成为摆在全国人民面前的头等大事。在当时，人们对如何继续举好社会主义的旗帜、走好社会主义的道路产生了普遍的迷茫和分歧。中国向何处走，中国选择怎样的发展道路，成为时代课题摆在中国共产党人面前。以邓小平、江泽民、胡锦涛为代表的中国共产党人，立足于使中华民族"富起来"，以解决温饱和建成小康社会为阶段性目标，把马克思主义基本原理同中国改革开放的具体实际结合起来，形成了包括邓小平理论、"三个代表"重要思想、科学发展观等在内的中国特色社会主义理论体系，实现了马克思主义中国化的第二次历史性飞跃。在中国特色社会主义理论体系指引下，党团结带领人民进行建设中国特色社会主义新的伟大实践，使中国大踏步赶上了时代，实现了中华民族从站起来到富起来的伟大飞跃。

党的十八大以来，以习近平同志为核心的党中央，立足于使中华民族"强起来"，以实现中华民族伟大复兴为时代担当，把马克思主义基本原理同新时代中国具体实际结合起来，从理论和实践的结合上系统回答了在新时代坚持和发展什么样的中国特色社会主义、怎样坚持和发展中国特色社会主义的重大问题，创立了习近平新时代中国特色社会主义思想，实现了马克思主义中国化又一次历史性飞跃。在习近平新时代中国特色社会主义思想指导下，党团结带领人民进行伟大斗争、建设伟大工程、推进伟大事业、实现伟大梦想，推动党和国家事业取得全方位、开创性历史成就，发生深层次、根本性历史变革，中华民族迎来了从富起来到强起来的伟大飞跃。

随着中国特色社会主义理论体系建设的不断推进，马克思主义传播得到持续优化。在改革开放不断深化的时代语境中，马克思主义传播从内容到形式都较前一时期发生了巨大的变化。在传播内容日益时代化和传播载体日益多元化的基础上，马克思主义传播的体系化建设日趋成熟。这一时期马克思主义传播的显著特点是在继续有序传播马列经典著作的同时，传播的热点和焦点都更多地围绕中国特色社会主义建设（中国化的马克思主义），特别是围绕党在新时期的基本路线"一个中心、两个基本点"来推进。在此背景下，广东作为改革开放"先走一步"的地区，马克思主义传播也呈现了领先一步的特征。

一、在改革开放中坚守马克思主义

党的十一届三中全会后，全党全国工作重点逐渐转移到社会主义现代化建设上来。广东则以率先设立经济特区为开端，将马克思主义基本原理同广东实际结合起来，成功走出了一条以开放推动变革的改革发展之路。在这一过程中，广东的马克思主义传播也在各种困惑与争议中先行先试，大胆创新，生动演绎了马克思主义中国化思想创造、传播的鲜活历史。

（一）重新确立马克思主义的正确指导

粉碎"四人帮"后，各项事业百废待兴。但根本的问题在于，人们对于过去一段时期所犯的错误，特别是"文化大革命"问题产生的根源无法进行深层次的反思，对于未来该如何继续坚持马克思主义普遍感到迷茫。在这一紧要的历史关头，邓小平始终站在时代潮头，支持和推动开展各方面的拨乱反正，鼓励、保护和引导人民群众的创造精神。在此后的几年中，经过真理标准大讨论、党的十一届三中全会、正确评价毛泽东和毛泽东思想等一系列重大历史事件，全党工作的着重点转移到社会主义现代化建设上来，实现了党的历史上具有深远意义的伟大转折。中国发展重新回到实事求是、群众路线及独立自主的方法论指导，并在改革开放的大潮中创造性地坚持和发展了当代马克思主义。

1. 真理标准大讨论

1976 年 10 月，"四人帮"倒台，举国欢庆，人们热切期待新生活的到来。但在接下来的路具体如何走的问题上，人们的观点产生了严重的分歧。一种观点认为，要继续按照既定的道路走，"凡是毛主席作出的决策，我们都坚决拥护；凡是毛主席的指示，我们都始终不渝地遵循"①。另一种观点则认为，要在正确理解毛泽东思想的基础上，按照我们党确定的思想路线，以实事求是的精神开拓一条全新的道路。两种观点的激烈交锋，最终引发了一场举国参与的"真理标准大讨论"。据不完全统计，到 1978 年年底，各级各类报刊发表的相关文章多达六百五十余篇。在激烈的论争中，正确的观点逐渐占据上风，真理标准大讨论最终冲破了"两个凡是"的藩篱，拨开了"文化大革命"的思想迷雾，为此后党的十一届三中全会的胜利召开奠定了坚实的思想基础和舆论准备。

2. 改革开放时代主题的确立

1978 年年底，持续 41 天的中央工作会议和党的十一届三中全会接连召开，成为改变中国发展命运的重要历史时刻。

中央工作会议于 1978 年 10 月 10 日至 12 月 15 日召开，实际上是党的十一届三中全会的预备会议。按照议程，中央工作会议主要讨论 3 个议题，即农业发展问题、1979 年和 1980 年的国民经济计划安排以及讨论李先念在 1978 年国务院务虚会上的讲话。12 月 13 日，邓小平在中央工作会议闭幕会上做题为《解放思想，实事求是，团结一致向前看》的讲话，这篇讲话实际上也成为接下来召开的党的十一届三中全会的主题报告。

1978 年 12 月 18—22 日，党的十一届三中全会召开。会议彻底否定了"两个凡是"的路线方针，同时还高度评价了关于实践是检

---

① 1977 年 2 月 7 日，《人民日报》《红旗》杂志及《解放军报》同时刊登社论《学好文件抓住纲》，其中有一句话就是"凡是毛主席作出的决策，我们都坚决拥护；凡是毛主席的指示，我们都始终不渝地遵循"，标志着"两个凡是"正式出场。

验真理的唯一标准问题的讨论，认为这次讨论对于促进全党同志和全国人民解放思想、端正思想路线具有深远的历史意义。全会决定，全党工作的着重点将从 1979 年起转移到社会主义现代化建设上来。《中国共产党第十一届中央委员会第三次全体会议公报》的基本思想，后来被概括和发展为"一个中心、两个基本点"。党的十一届三中全会的胜利召开，是中华人民共和国成立以来中共历史上具有深远意义的伟大转折。这一重大转变，标志着中国共产党重新确立了马克思主义的思想路线、政治路线和组织路线，结束了 1976 年 10 月以来党的工作在徘徊中前进的局面，改革开放的总路线得以确立。

3. 《关于建国以来党的若干历史问题的决议》

党的十一届三中全会确立了党在新时期的基本路线和政策，指明了新时期中国经济社会发展的根本方向。但在思想认识方面，出现了一些值得注意和警觉的现象。一方面，极左思潮的影响仍然较大，一些同志对十一届三中全会以来党的路线和政策不满意，有抵触情绪，阻碍了十一届三中全会精神的贯彻落实；另一方面，社会上又有少数人借拨乱反正之机，全盘否定党的历史，极端夸大党的错误，企图否定党的领导，否定社会主义制度，煽动闹事。在党内和理论界，也有一些人思想动摇，怀疑和否定党的领导，否定马克思主义，否定毛泽东思想。要解决这些问题，如何重新评估毛泽东思想的历史定位与评价毛泽东的个人功过，就成为一个绕不过去的重要问题，成为人们把握历史走向、确立党的领导权威和发展信心的思想基础。

1979 年 9 月 29 日，叶剑英代表中央在国庆 30 周年大会上发表讲话，对新中国成立以来 30 年的历史，特别是"文化大革命"做了一个总结性的评价，得到了全党全国人民的认同。但讲话只是

"一个庆祝讲话，不是对过去 30 年做全面总结"（胡乔木对讲话的说明），讲话肯定了毛泽东和毛泽东思想，但对毛泽东的错误没有在性质和理论上做更加深入和明确的否定和剖析。国庆讲话后，为了对相关历史问题做出进一步的明确定位和总结评价，经中央政治局常委研究，准备起草建国以来党的历史问题决议。按照原定的计划，是要在 1980 年年底的六中全会上讨论通过的。但由于问题的复杂程度，实际所花的时间大大超出了计划的期限（六中全会召开的时间也因此而一再延后）。从 1980 年年初正式成立起草小组，到 1981 年 6 月党的十一届六中全会最后通过，《关于建国以来党的若干历史问题的决议》（简称《决议》）起草前后历时 16 个月，较大的修改共 9 稿。其间，邓小平从确定总原则、设计结构到判断是非、修改文字都倾注了极大的精力，共做了 13 次专门的重要谈话和讲话。他指出，《决议》的中心意思是三条：第一，确立毛泽东同志的历史地位，坚持和发展毛泽东思想。这是最核心的一条。第二，对建国 30 年历史上的大事，哪些是正确的，哪些是错误的，要进行实事求是的分析，包括一些负责同志的功过是非，要做出公正的评价。第三，通过这个决议对过去的事情做个基本的总结，要做到"争取决议通过以后，党内、人民中间思想得到明确，认识得到一致，对历史上重大问题的决议到此基本结束"。①

1981 年 6 月 27—29 日，党的十一届六中全会召开，一致通过了《关于建国以来党的若干历史问题的决议》。《决议》客观、辩证地评价了毛泽东的历史地位，从 6 个方面科学概括了毛泽东思想的内容，充分地论述了毛泽东思想作为党的指导思想的伟大意义。《决议》指出："以毛泽东同志为主要代表的中国共产党人，根

---

① 《邓小平文选》第二卷，人民出版社 1994 年版，第 292 页。

据马克思列宁主义的基本原理，把中国长期革命实践中的一系列独创性经验做了理论概括，形成了适合中国情况的科学的指导思想，这就是马克思列宁主义普遍原理和中国革命具体实践相结合的产物——毛泽东思想。""毛泽东思想是马克思列宁主义在中国的运用和发展，是被实践证明了的关于中国革命的正确的理论原则和经验总结，是中国共产党集体智慧的结晶。我党许多卓越领导人对它的形成和发展都做出了重要贡献，毛泽东同志的科学著作是它的集中概括。"《决议》还进一步明确："毛泽东思想的活的灵魂，是贯串于上述各个组成部分的立场、观点和方法，它们有三个基本方面，即实事求是，群众路线，独立自主。毛泽东同志把辩证唯物主义和历史唯物主义运用于无产阶级政党的全部工作，在中国革命的长期艰苦斗争中形成了具有中国共产党人特色的这些立场、观点和方法，丰富和发展了马克思列宁主义。"①

《决议》的通过，对于进一步消除人们思想上的混乱，把全党、全军、全国各族人民的思想认识统一到改革开放和社会主义现代化建设上来，发挥了非常重要的作用。与此同时，从更长远的视角看，《决议》所指出的这些论断，无疑是马克思主义中国化的重要成果，成为马克思主义普遍真理与中国具体实践相结合的重要指针。

（二）广东实践推动马克思主义中国化新进程

党的十一届三中全会后，以经济建设为中心的社会主义现代化建设方向得以确立，但思想的禁锢却依然严重，改革开放亟须一个

---

① 中共中央文献研究室：《十一届三中全会以来重要文献选读》（上册），人民出版社 1987 年版，第 332、338 页。

实践上的突破。在此背景下，广东以率先设立经济特区为开端，将马克思主义基本原理同广东实际结合起来，成功走出了一条以开放推动变革的改革发展之路。

1979 年 7 月 15 日，中共中央和国务院发布《中共中央　国务院批转广东省委、福建省委关于对外经济活动实行特殊政策和灵活措施的两个报告》，中央同意"对两省对外经济活动实行特殊政策和灵活措施，给地方以更多的主动权，使之发挥优越条件，抓住当前有利的国际形势，先走一步，把经济尽快搞上去"。

在既无现成经验可供借鉴，又无固定模式可以仿效，全靠"摸着石头过河"的环境下，广东省委、省政府边实践边摸索，先后推出并实施了一系列体制改革措施，逐渐形成了体制改革全面推进的态势：一是以价格体制改革作为改革的突破口；二是改革流通体制；三是扩大企业自主权，实行"超计划提成奖"等举措，推进国有企业改革；四是推进财政体制改革，实行"划分收支，分级包干，权责结合"的财政管理体制；五是改革计划体制，"抓大放小"，推动政府管理经济由直接控制为主向间接控制为主的方向转变；六是改革外贸管理体制，实行多层次多形式对外经济贸易结构。

广东的改革实践首先在经济特区建设上取得重大突破。在中央的统一决策领导下，经济特区首先在广东和福建创办。1980 年 8 月 26 日，中华人民共和国第五届全国人民代表大会常务委员会第十五次会议讨论并通过《广东省经济特区条例》，经济特区正式启动。此后，以深圳为代表的经济特区建设突破重重困难，迅速取得了举世瞩目的成就。事实证明，创办经济特区是马克思主义中国化的一次成功试验，是国际共产主义运动史上伟大的创举。以最为成功的深圳特区为例。深圳从一个落后的边陲小镇，仅仅数年时间就发展成为一个四十多万人的城市。到 1985 年，在经过了连续 5 年高速发展后，地区生产总值已经达到 39 亿元，工业总产值达到 24.7 亿元。1981—1985 年 5 年间，地区生产总值和工业总产值年平均增长速度分别为 50.3% 和 91.3%。[①]

与此同时，改革在全省各个领域推开。当时，广东省委、省政府选择了一些具体的"切口"，如流通体制改革选择以价格改革为突破口，农村体制改革以推进农村家庭联产承包责任制和支持乡镇企业发展为突破口，工业体制改革选择以企业微观管理体制改革为突破口，进而重点抓好技术升级、基础设施建设以及适度重型化等几个方面的工作，使广东工业体系加速建成。

我们可以通过数字的变化深刻地感受到改革开放所带来的巨大进步。中华人民共和国成立后，尤其是 20 世纪六七十年代，珠三角地区因为毗邻香港，地处国防前线，被列为战备一线，基本上属于建设禁区，经济上实行闭关政策，国家投资又少，导致珠三角地区发展缓慢，广东工农业总产值持续十多年在全国平均水平以下。1978 年，全广东的经济总量仅占全国的 5.1%。改革开放实施后，广东由过去的国防前线、边远地区变成了对外开放的前沿地带，区位条件发生了根本性转变。以最具代表性的珠江三角洲地区为例。改革开放以后，随着工业化的不断升级，珠三角地区经济总量在全省及全国国民经济总量所占比例不断快速提升。1980 年，珠三角地区城镇化率不到 20%，地区生产总值占全省的 47.7%，全国的 2.6%。到 2002 年，珠三角地区生产总值占全省比重已达 80%，在全国的比重达到 9%。至 2008 年，珠三角整体城镇化水平已经达到

---

① 张承良著：《中国改革开放全景录·广东卷》，广东人民出版社 2018 年版，第 80 页。

80%，创造了 29745.58 亿元的地区生产总值（港澳除外），占全省的比重提高到了 84%，占全国的比重提升到 12%，成为我国乃至亚太、全球最具发展活力、最有发展潜质的经济区域之一。[①]

广东所开展的成功探索，特别是在经济改革中围绕发展社会主义生产力所做的成功探索，为中国特色社会主义的形成和发展提供了丰富的实践经验，为马克思主义的本土化提供了鲜活的案例，也为马克思主义传播在更大范围更深层次的展开确立了坚实的社会环境和现实土壤。

（三）马克思主义传播在改革实践与论争中走向自觉

改革开放之初，人们从"文化大革命"的阴霾中走出来，对即将展开的社会主义现代化建设满怀憧憬，但对于如何在具体的实践中坚持马克思主义方向，运用好马克思主义的基本原理，却是普遍很茫然的。因此，如何有效地提高人们的马克思主义素养，帮助人们正确地分析、把握历史发展的趋势，引导人们在思想的迷茫和混乱中辨清是非，也成为改革开放可持续发展的一项重要工作。

1. 广东的真理标准大讨论

广东对于真理标准的讨论，主要体现在省委主导的各级各类现场会上。1978 年 6 月，广东组织开展真理标准的讨论。其时，全省教育工作会议在广州举行。会议围绕"文化大革命"中全省推广海南屯昌"一批二干出人才"的教育经验展开激烈争论。省委第二书记习仲勋在会上指出："实践是检验真理的唯一标准。从推广屯昌经验的后果来看，也是不好的。"会议对"屯昌革命教育经验"予

---

① 张承良著：《中国改革开放全景录·广东卷》，广东人民出版社 2018 年版，第 138 页。

以否定。8 月下旬开始，广州在全市各单位干部中陆续开展真理标准问题的学习讨论。9 月中旬，中共广东省委常委连续举行学习会，开展关于真理标准问题的讨论。习仲勋在学习会上指出真理标准的问题，"绝不是一个单纯的理论问题，而是一个有重大实践意义的问题"。9 月 19 日，新华社报道了习仲勋题为《实事求是，解放思想，加快前进步伐》的文章，成为全国比较早地鲜明表明自己观点的省一级负责人。在广州的几家报纸转载了这篇文章，对推动广东省开展真理标准的讨论，起到了促进的作用。①

党的十一届三中全会后，广东各级领导机关开展真理标准问题的讨论，收到一定的效果。针对有些单位对真理标准问题讨论的重要性认识不足，讨论开展不积极的情况。1979 年 6 月，习仲勋强调："关于真理标准问题讨论，许多地方还要补上这一课。""为了端正思想路线，必须继续宣传关于实践是检验真理的唯一标准这个马克思主义的基本原理，用它来观察问题和解决问题，敢于独立思考，开动机器，冲破禁区。"② 8 月下旬，省委宣传部在中山县组织现场会议，全省各地代表聚集中山开展真理标准问题讨论的情况和经验，研究和部署今后如何进一步开展讨论。"会议要求各地向中山县学习，一级带一级、一级抓一级，特别是领导干部和领导机关要带头学习和讨论，要联系实际，把讨论普及到基层中去，使实践是检验真理的唯一标准这个马列主义、毛泽东思想的根本原则深入人心，成为广大党员、干部和群众手中的锐利武器。"③

广东对真理标准问题的持续讨论，使广大干部群众摆脱了长期

---

① 卢荻：《广东关于真理标准问题讨论概述》，《广东党史》2000 年第 3 期，第 28 页。

② 习仲勋：《在省委四届三次常委扩大会议和省地县三级干部会议上总结发言》，1979 年 6 月 10 日。

③ 卢荻：《广东关于真理标准问题讨论概述》，《广东党史》2000 年第 3 期，第 29 页。

以来的"左"倾错误思想束缚，极大地解放了思想，为改革开放的开创性实践奠定了扎实的思想基础。

2. 广东社科界学习领会《决议》精神

《关于建国以来党的若干历史问题的决议》发表后，广东各界纷纷组织学习讨论。最有代表性的是广东省社会科学界，在省委宣传部和省社科联的组织下，广东社科界积极开展学习这一具有重大历史意义的文献。省社科联所属各学会和研究会先后举行学习讨论会，结合本学科实际进行座谈。哲学界专家学者着重讨论了毛泽东思想的伟大意义。经济学界专家学者主要对中华人民共和国成立32年来社会主义建设的成就及经验教训进行讨论。科学社会主义专业学者讨论关于中国社会主义问题。法学界专家学者就"总结历史经验，看加强社会主义法制建设的必要性"问题开展讨论。党史研究、语文、教育和图书馆等学界的学者主要对毛泽东和毛泽东思想在中国革命中的历史地位等问题进行讨论。

通过学习讨论，人们普遍认识到过去对毛泽东思想的认识存在着极大的盲目性，出现过两种错误倾向。一种是对毛主席的言论采取教条主义的态度，认为毛主席说的话都是真理，是不可移易的；另一种是由于毛泽东晚年犯了错误，甚至是严重的错误，而对毛泽东思想持否定态度。人们认为，《决议》运用辩证唯物主义原理，正确、充分、实事求是地对毛泽东和毛泽东思想做了科学的评价和论述。人们还认为，《决议》总结了党的60年历史，特别是中华人民共和国成立32年的历史，得出了一条基本经验：只有社会主义才能救中国。从新民主主义到社会主义的转变是中国历史发展的必然结果，也是中国各族人民在长期奋斗中所做出的决定性选择——只有社会主义才能救中国。32年来，我们党在领导全国各族人民进行社会主义革命和建设中，虽然犯过一些错误，甚至是严重的错误，但是，我们的错误主要是对我国的国情缺乏认识或做了不正确的估计，在马列主义普遍原理和中国实际相结合的问题上出了偏差。总的来说，我们并没有离开科学社会主义的轨道前进。历史已经证明，在社会主义条件下，我们已取得了旧中国根本不可能达到的成就，并显示了社会主义制度的优越性及其具有的强大生命力。

各学科领域的专家学者一致认为，毛泽东思想是马列主义普遍原理和中国革命具体实践相结合的产物，必须坚持毛泽东思想，认真学习毛泽东的重要著作，运用它的立场、观点和方法来研究我国社会主义现代化建设过程中出现的新情况，解决新问题。认真学好《决议》，统一思想、统一行动、团结一致，为"四化"做出更大贡献。[①]

3. 在争议中深化对马克思主义的认识

改革开放作为一项前无古人的伟大试验，如何在巨大的变迁中守住底线、把准历史前进的正确方向，这是一件非常具有挑战性的事情。

最大的挑战来自改革开放最初的几年。在旧的体制被打破、新的制度尚未建立的环境下，从 1981 年开始的几年时间内，广东改革开放所承受的压力考验堪称严峻。当时，经济犯罪问题突出，犯罪分子内外勾结，走私贩私，有的人借此攻击"广东靠走私贩私发财"，成了"对外开放的暴发户"，甚至对广东改革开放决策提出质疑。与此同时，全省各行各业的改革也在逐步展开，不可避免地引发一些新的矛盾问题，经济生活出现了一定程度的混乱现象。一时之间，省内外言论沸沸扬扬，指责"广东的改革开放把整个经济秩

---

① 陈远京：《广东社会科学工作者认真学习〈决议〉，为"四化"作出更大贡献》，《学术研究》1981 年第 5 期，第 104 页。

序搞乱了""广东是在走资本主义道路""广东再这样发展下去，不出三个月就得垮台"等。面对这一错综复杂的现实以及来自各方的压力，广东最终是稳住了阵脚，坚决地将改革开放推向深入。究其根本，坚持以马克思主义的基本原理作为思想武器，在具体而复杂的实践环境中引导人们明辨是非，这是改革开放初期广东改革实现突破的一个很重要的原因。

作为中国改革开放的试验田和新生事物，深圳的成长史事实上也是一部马克思主义中国化实践的争议史和辩论史，是马克思主义中国化观念的鲜活传播史。大致来说，以深圳为焦点或起因的争论，至少先后有 1979—1983 年"经济特区能否在社会主义国家设立"的质疑、1985—1986 年深圳经济特区定位的争论、1988年的"蛇口风波"、1989—1992 年姓"社"姓"资"的争论，以及 1995—1996 年姓"公"姓"私"的争论等。

事实上，每一次争论都成为人们提升认识，更深刻地理解和认同马克思主义的一堂"现场课"。比如，人们对于"计划"和"市场"、姓"资"还是姓"社"等问题，就在与实践同行的理性论争中愈辩愈明。以特区建设为引领的改革开放，以巨大成功证明了社会主义并不是与市场经济水火不容的，社会主义建设不能与世界经济自我隔绝。1992 年，邓小平在南方谈话中所论最具有代表性："计划多一点还是市场多一点，不是社会主义与资本主义的本质区别。计划经济不等于社会主义，资本主义也有计划；市场经济不等于资本主义，社会主义也有市场。计划与市场都是经济手段。"[1] 这一论断使人们关于市场经济的认识在改革开放十几年实践的基础上产生了一次飞跃。也正因为人们纠正对于马克思主义普遍真理与中国实际相

---

[1] 《邓小平文选》第三卷，人民出版社 1993 年版，第 373 页。

结合的创新性认知，才有了党的十二届三中全会《关于建立社会主义市场经济体制若干问题的决定》的通过，由此把我国经济体制改革推进到一个新的阶段。

又如，关于社会主义到底姓"公"还是姓"私"问题的认识也是如此。由于过去人们对社会主义教条化的刻板认识，认为社会主义一定是纯粹的公有制而排斥任何形式的私有化形式。但实践的具体场景以及人们基于理性的论争，最终推动了人们纠正对于社会主义非公经济的认识误区。改革开放以来，广东所有制结构已经从公有制单一结构向国有经济、集体经济、个体经济、私营经济、外资经济等多元结构转变，广东地区生产总值的所有制结构从1978年公有制经济占98.7%、非公有制经济占1.3%发展到2012年民营经济占全省地区生产总值达到50%。[1] 与此同时，相关数据显示，在全省大部分基础产业部门、科教、卫生医疗、金融、保险以及其他关系国民经济命脉的重要部门和关键领域，国有经济仍然拥有绝对优势和较强的控制力。广东这种公有制经济与非公有制经济优势互补、融合发展的所有制结构态势，充分证明了中国化马克思主义与时俱进的品格。这一变化的背后，彰显的是人们对于马克思主义认识的不断深化，以及将马克思主义基本理论与改革开放具体实践相结合的创造性变革。

改革开放"先走一步"的实践，以及因实践的开创性和先行性，使得广东对于马克思主义理论指引的自觉接受也更早地表现出来，广东马克思主义传播在诸多方面表现出了先行先试的特征。

---

[1] 《民营经济撑起广东GDP半壁江山进一步巩固就业主体地位》，《羊城晚报》2019年9月30日，第A5版。

二、马克思主义传播体系的重建与优化

随着改革开放的逐步展开，新的情况与问题不断出现，如何在实践中加强马克思主义的理论指引并让科学的理论为广大人民群众所掌握，马克思主义的传播普及由此成为一个重要议题。根据时代的需要，马克思主义的传播工程从报刊媒体、出版物等大众媒体开始，进而发展到通过有规划的教育培训，以及学术界对于马克思主义中国化的研讨和争鸣，马克思主义传播的体系构建趋于自觉和成熟。

（一）大众媒体对马克思主义的传播

改革开放后，伴随着经济和技术发展的进程，包括图书、报刊、广播、电视等传统媒体和网络等新兴媒体在内的大众传播媒介不断丰富和发展起来，为马克思主义的传播提供了重要载体和渠道。

1. 马克思主义理论研究成果的出版发行

对于马克思主义的研究和出版发行，是改革开放新时期马克思主义传播的重要部分。其中，研究是出版发行的基础，是传播的源头活水；出版发行则是马克思主义研究成果走向大众的重要通道。因此，研究所彰显的价值追求、思想倾向，对于人们如何理解和认同马克思主义有决定性的作用。

从全国层面看，对马克思主义整理研究的成果首先体现在马克思主义经典文本的编译出版上。改革开放后，先后编译出版了大量的马克思主义经典文本，如《马克思恩格斯选集》第二版、第三版，《马克思恩格斯全集》第二版，《马克思恩格斯文集》2009 年版；《列宁选集》第二版、第三版，《列宁专题文集》2009 年版，以及大量的党内文献和领袖著作等。与此同时，学术界加强对马克思主义史的梳理研究，出版了一大批有分量的成果，如我国第一本《马克思主义哲学史稿》于 1981 年问世，中国人民大学马列主义发展史研究所编的《马克思恩格斯思想史》于 1982 年出版，黄枬森主编的《马克思主义哲学史》8 卷本于 1996 年出齐，庄福龄主编的《马克思主义史》4 卷本于 1996 年出版，庄福龄主编的《简明马克思主义史》于 2001 年出版，马克思主义理论研究和建设工程重点教材《马克思主义哲学史》于 2012 年出版等。此外，各种专业的、综合的学术刊物也刊登了大量的马克思主义研究成果，成为改革开放新时期马克思主义传播的重要内容和渠道。

身处改革开放的前沿，广东学术界不遑多让。以高校、党校、社科院、党史研究室等科研院所为主要阵地，广东学者发挥地缘优势，站在改革开放的前沿阵地，紧密关注时代发展，将马克思主义基本原理与当下实践相结合，出版和发表了一系列研究成果，在全国取得了令人瞩目的成绩。

（1）马克思主义经济学研究成果的出版传播

广东作为改革开放的前沿，许多问题尤其是经济领域的问题都首先在广东出现。广东学者守正创新，公开出版了许多重要的研究成果，在推动践行中央提出的广东改革开放"先走一步"战略决策上提供了重要的价值指引和理论支持。卓炯（1908—1987）是这方面最富代表性的经济学者之一。他早在 1961 年就曾观点鲜明地提出"社会主义计划商品的经济"的观点。改革开放后，卓炯密切关注我国经济体制的动态，先后发表了大量论文，出版了《论社会主义商品经济》（广东人民出版社 1983 年版）、《再论社会主义商品经济》（经济科学出版社 1986 年版）、《三论社会主义商品经济》（云南人民出版社 1988 年版）、《〈资本论〉体系与社会主义经济》（中国财政经济出版社 1990 年版，遗著），对社会主义商品经济做出了其独特的理论贡献。

在广东，像卓炯一样立足广东改革开放前沿、富有创新精神和拥有丰富成果的马克思主义经济学者还有不少。如李江帆创立"第三产业经济学"、钟阳胜提出"追赶型经济学"、罗必良创引的"新制度经济学"等。20 世纪 90 年代末，《南方经济》杂志曾集中推介 20 位做出重要贡献的经济学家，他们分别是卓炯、曾牧野、王琢、汤在新、黄德鸿、古念良、蒋励、张元元、陈应中、赵元浩、孙孺、关其学、张振宇、何杰、梁钊、李翀、蔡馥生、陈铁、黄家驹、廖建祥。[①]

（2）马克思主义哲学等新成果的出版传播

广东素有马克思主义研究的传统，中华人民共和国成立前后就有何思敬、李达等人在中山大学哲学系从事"新哲学"（马克思主义哲学）研究，时任南方大学第一副校长的陈唯实从事马克思主义哲学研究，并致力于马克思主义的传播，大力推动马克思主义基本原理教育进入干部培训。改革开放后，广东的马克思主义哲学研究进入快速发展期，涌现了一批有分量的研究成果。比如，中山大学教授高齐云于 1981 年主编出版了《马克思主义哲学史稿》，这是我国第一部马克思主义哲学史统编教材；1998 年，高齐云出版《马克思主义哲学原生形态探微》，成为此后"回到马克思"、重新理解马

---

① 成龙、郭丽兰、张伟东：《马克思主义中国化在广东——广东·理论·实践》，北京大学出版社 2012 年版，第 300 页。

克思研究潮流的发先声者。中山大学教授叶汝贤的《唯物史观发展史》，作为国内第一部唯物史观专题史，为中国马克思主义哲学史学科的创立与发展做出了开创性贡献。此外，中山大学教授刘嵘率先提出毛泽东思想是科学体系的说法，并于 1983 年出版《毛泽东哲学思想概述》，阐述其对毛泽东哲学思想科学体系的独特理解。从 20 世纪 80 年代中后期开始，他把毛泽东思想研究与邓小平理论的阐发统一起来，发表了一批关于"时代问题"和中国特色社会主义理论问题的论著与学术论文。老革命家张江明倡导有中国特色社会主义的辩证法研究，1982 年，张江明提出，社会主义辩证法要发展为有中国特色社会主义辩证法，并于 1984 年出版了《社会主义社会辩证法问题研究》（人民出版社 1984 年版），该书成为我国第一部社会主义社会辩证法专著。此外，广东还是全国最早对社会主义改革开放进行理论探索的地区，如省委党校教授李恒瑞出版于 1991 年的《社会开放学引论》，就是国内较早出版并全面地阐述社会主义改革开放问题的研究成果。

（3）广东改革开放历史进程研究成果的出版传播

广东在改革开放中"先走一步"的探索，前所未有地面对和解决各种问题和矛盾，将这些历史场景记录下来并开展相关研究，也是广东马克思主义研究中的一大亮点。如广东省委原书记谢非出版于 1995 年的《广东改革开放探索》一书收录了其 1984—1994 年的部分讲话、报告，对改革开放历史进程中所面临的问题及其解决予以全方位地记录；卢荻、杨建、陈宪宇出版于 2001 年的《广东改革开放发展史》一书，按历史发展的顺序，记录了广东 1978—2000年的改革开放历史，总结历史的经验得失。此外，中共广东省委党史研究室于 2008 年编写出版的《广东改革开放决策者访谈录》，蒋斌、梁桂全于 2008 年主编出版的《广东改革开放 30 年研究总论》

等，这些著述以及各种堪称海量的相关文章论文，通过记录广东改革开放历史进程，运用马克思主义的基本原理解读和思考当代改革发展的内在逻辑和未来路径，对人们理性、正确地理解改革开放有着重要价值。

2. 党报对马克思主义思想的传播

报纸是马克思主义思想和理论传播的主阵地之一。党的十一届三中全会后，我国进入了以经济建设为中心的改革开放新时期，经济社会发展呈现全新的发展局面。面对社会上存在的一些认识误区和思想混乱，以各级党报为主体的报纸媒体纷纷加强了对经济社会改革的宣传报道，富有理论性的分析探讨也越来越多地受到重视，由此形成了中央党报媒体—省级党报媒体—地市党报媒体为主阵地的马克思主义传播体系。这一传播体系，不是狭隘意义上的马克思主义经典理论传播，而是在时代大潮下以马克思主义基本原理和核心价值体系为指导的、与改革开放实践需要相结合的大理论传播。这种大理论传播观，同传统的狭义理论宣传观有着本质的区别。"它以马克思主义为指导，但并没有把宣传马克思主义作狭隘的理解，而是视野开阔、选题宽广、涉及学科广泛；它倡导服务大局，但又不是简单地视理论宣传为现实政治活动的图解器，而是给人思想启迪和美的享受。""它是新时期宣传理论与传播理论相结合的创新产物。"①

围绕着党的路线、方针、政策和中心工作，党报媒体开设理论版进行大理论传播的做法日益常态化，从而使党报理论版成为传播马克思主义的重要平台。时至 20 世纪 80 年代中后期，深度报道崛

---

① 崔同：《大理论观：新时期党报理论宣传的战略选择》，《河南社会科学》2007 年第 6 期，第 116 页。

起，成为新时期党报马克思主义传播的独特形式。深度报道多以马克思主义基本原理为指导，运用新闻综述、新闻分析、记者述评等形式，从宏观上对事件发展进行总体把握，从纵横联系辩证关系来剖析事件发展的前因后果，以此来反映、解读改革开放进程中的新事物、新形势、新进展。在此，试以《羊城晚报》和《南方日报》为例对党报理论版的马克思主义传播做一简要分析。

（1）改革开放之初《羊城晚报》对马克思主义思想的传播

党的十一届三中全会后，广东省委决定对《羊城晚报》进行复刊，并派调吴有恒任总编辑，许实、何军、杨家文、鲁阳4人担任副总编辑，并组成筹备组。1980年2月15日，《羊城晚报》正式复刊。复刊后的《羊城晚报》编辑方针确定为："一是它要宣传群众、组织群众、引导群众为社会主义事业而奋斗，但它与党委机关报有所不同，它不直接承担指导当前工作的任务；二是在内容和形式上，要办得生动活泼、丰富多彩，为人民群众喜闻乐见，力求把政治性、思想性和知识性、趣味性结合起来，做到寓共产主义教育于潜移默化之中，发挥移风易俗、指导生活的功能；三是它的读者以城市居民为主，包括各阶层人民，它的版面内容要首先考虑广大群众的共同需要和共同兴趣，同时考虑适当照顾广大干部的特殊需要和特殊兴趣。"[①] 这一方针被具体表述为："反映生活，干预生活，指导生活，丰富生活。"

《羊城晚报》复刊时，省委和宣传部指示要办好一个创新的理论学术版，为宣传党的基本路线和搞好两个文明建设服务。为此，《羊城晚报》设立了《求是》作为理论版，先后发表了一系列的经济、

---

① 鲁阳：《吴有恒与复刊之初的〈羊城晚报〉》，《广州文史》第七十二辑，2009年11月。

政治、哲学、历史、教育的理论学术大小文章，造成了广泛的影响。此外，在吴有恒的主导下，《羊城晚报》还开设《街谈巷议》专栏，以更为活泼的形式谈论社会热点问题。这个专栏由于坚持党性原则，运用马克思主义的基本原理来针砭时事，寓大道理于谈天说地之中，贬恶扬善，道出人民大众的心声，因此，这个专栏成了《羊城晚报》广大读者最为欢迎的栏目之一。

《羊城晚报》此后发行量迅猛增长，1982年突破百万大关，之后长期保持在一百多万份以上（一度增长到180万份），其中三分之一在广州发行，三分之一在广东省其他地区发行，三分之一在全国各省、自治区、直辖市发行，还有一部分发行到港澳和世界各地。在改革开放初期旧思想与新观念盘根错节、交互缠斗的时代环境下，《羊城晚报》以其"宣传群众、组织群众、引导群众"的办报理念和高水准实践，引导人们正确理解马克思主义指导下社会主义现代化建设的外在表象及其内在逻辑，为广东乃至全国切实推进改革开放产生了重要影响。

（2）《南方日报》理论版对马克思主义思想的传播

《南方日报》创刊于1949年10月23日，是中共广东省委机关报。改革开放后，《南方日报》认真探讨新时期报纸理论宣传的规律，不断创新理论宣传的内容和形式，逐步形成了以典型报道、深度报道、批评报道为"拳头产品"的、适应社会主义市场经济要求的、融思想性新闻性知识性可读性于一炉的报纸理论宣传路子。

《南方日报》理论版运用马克思主义基本原理解析经济社会热点问题、解读社会发展规律，由此成为《南方日报》的"名牌"版面。《南方日报》理论版先后开办了涉及经济学（分别有微观经济学、信息经济学、博弈论）、法学（分别有民法、劳动法、刑事诉讼法、婚姻法等）、历史学、美学、哲学、管理学、社会学、政治学等多个学科的众多栏目，为人们运用马克思主义的基本原理，提升读者理论素养和分析问题、明辨是非的能力做出了贡献。罗必良在《南方日报》理论版开设的《活个明白——经济学告诉你》专栏是一个典型的例子。1996 年 1 月 2 日，《活个明白——经济学告诉你》开栏，《南方日报》理论部配发编者按《让理论走向大众》，指出专栏将"针对在从计划经济向市场经济的历史性转变过程中，人们对市场经济的有关理论和知识贫乏的实际状况，做一些现代市场经济理论和知识的宣传、普及工作，用有关的理论与知识去分析、解释现实经济生活中的具体事件、现象、行为和问题。它所讲的每一个概念和原理，都能与群众生活相联系，都能唤起读者的亲切感和认同感"①。

　　《活个明白——经济学告诉你》专栏持续了两年的时间（后来结集出版），在广大读者中获得了良好的反响，受到人们普遍的好评。广东省新闻工作者协会与广东省新闻学会授予《活个明白——经济学告诉你》1996 年度"广东新闻奖"专栏一等奖，同时，全国报纸理论宣传研究会将该专栏评为 1996 年度"优秀专栏"。中共中央宣传部新闻局连续两次分别在《新闻阅评》（1997 年第 330 期）、《内部通信》（1997 年第 12 期）发表意见，称赞该栏目办得有特色。

　　此外，如获得全国报纸理论宣传专栏奖的《世象聚焦》，针对社会热点新闻事件和热门话题，以马克思主义思想和现代科学理论分析社会转型期产生的各种社会现象和社会问题，做出深刻的分析与评点，达到了激浊扬清、抑恶扬善、针砭时弊、扶正祛邪的目

---

　　① 《报纸理论宣传方法研究——〈南方日报〉如何办好理论版》，《中国记者》2002年第 8 期，第 15 页。

的。《社会新伦理》专栏通过对各种社会行为现象进行解剖，提出新的伦理观念和道德理想，以引导新生活的建构。又如，《热门话题》以专题形式进行的理论宣传，既及时传播了党和政府的大政方针，有力地服务了中心工作，又密切关注群众普遍关心的热点难点问题，充分发挥了党报理论宣传释疑解惑的功能。

除了《南方日报》和《羊城晚报》外，广东的党报党刊在自觉运用马克思主义开展传播工作上都取得了不俗的成绩。进入 20 世纪 90 年代后，在全国报纸媒体加速市场化改革的背景下，广东报纸的宣传功能和马克思主义传播的力度不但没有弱化，反而得到了进一步增强。以《广州日报》为例，从拨乱反正到改革开放后 30 年间，随着市场化改革的深化，其用于宣传和马克思主义传播的版面不减反增：1987—1991 年，《广州日报》一直保持一个版面做宣传工作，从 1992 年起，宣传版面开始增加，在 2004 年前一直维持在 2~3 个版。2004 年宣传版面增至 8 个版面，2009 年则增至 14 个版面。[1]

3. 广电媒体对马克思主义思想的传播

相较于广播媒体，电视媒体出现的时间更晚。改革开放后，随着人民群众生活水平的提升，电视媒体逐渐普及，广播电视媒体在马克思主义思想传播中的作用也越来越受到关注和重视。

首先是电视媒体。改革开放后，特别是到了 20 世纪 90 年代后，家庭电视机的拥有量节节上升，及至 21 世纪以来，电视媒体几成每个家庭的"标配"，其普及程度和影响力已经远远高于报纸和广播，成为名副其实的大众媒体"老大"。有数据显示，截至 1994 年年底，我国经广播电视部正式批准建立的县级以上无线电视台有 982

---

① 王悦：《党报的"增量改革"：同时满足宣传与市场的双重要求——广州日报报业集团的三个 10 年发展模式变迁》，《媒体时代》2012 年第 12 期，第 14 页。

家，有线电视台 1202 家，教育电视台 941 家，合计 3125 家，已经成为名副其实的"电视大国"。从当时的发展趋势看，随着无线传播、卫星传播、有线传播等技术日新月异地发展，电视覆盖率的高增长有着非常大的确定性。在此背景下，通过电视、电影等影像形式进行理论宣传、教育就成为一项具有战略意义的传播工程。

电视理论宣传节目（栏目）的形式多样，比较有代表性的大致有电视理论座谈、电视理论讲座、新闻评论、理论知识辩论及竞赛等；利用文艺形式如电视剧、电影、专题片（政论片、纪录片），如纪录片《复兴之路》《毛泽东》《伟人周恩来》《邓小平》《思想的历程》等，因其生动形象的特征而为人们所喜爱，也成为传播马克思主义思想、进行马克思主义教育活动的重要形式。

20 世纪 90 年代，广东广电大力推进改革，提出广播电视新闻节目题材上的"三减三增"：减少没有实质性内容的一般性会议报道，减少缺乏信息的一般生产经验报道，减少枯燥乏味的迎来送往的时政报道；增加与消费者相关的经济新闻，增加有情趣的文体新闻，增加社会新闻。"三减三增"使新闻内容由反映生产指导工作向反映生活、干预生活、丰富生活、引导生活、引导舆论转移。①在此背景下，广东电视理论传播的自觉性也得到大幅提升，时至 20 世纪 90 年代后期，包括广东电视台、深圳电视台、广州电视台等在内的广东电视理论传播，先后制作播出了《世纪行》《深圳之路》《大潮涌珠江》《南方的河》等优秀政论性专题片，受到广大观众的好评。比如，2004 年 8 月，为纪念邓小平同志诞辰 100 周年，广东推出理论电视专题片《永远的春天——邓小平与广东改

---

① 孙孔华、谭奋博：《在市场中跨越——广东广播电视 20 年的发展和思考》，《中国广播电视学刊》1998 年第 12 期，第 12 页。

革开放》（中共广东省委和中共中央文献研究室联合监制）。专题片由《春暖潮涌》《先行一步》《东方风来》《春天永驻》4 集组成，通过史料、权威采访以及情理交融的解说，融史与论、情与理、画面与音乐为一体，生动而深刻地再现了广东作为全国改革开放试验区，在邓小平的关怀和邓小平理论的指导下，率先开放、先行改革、解放思想、与时俱进的光辉历程。此后，又在广州、珠海、中山等地开展"永远的春天——邓小平与广东改革开放"大型图片巡回展览，在全省引起热烈反响。

此外，如《社会纵横》《岭南直播室》《羊城论坛》《城市话题》等突出理论性的时事评论性栏目，或以理带实、观点鲜明，或虚实结合、就事论理，引起了受众的关注，也收到了较好的社会效果。

其次是广播媒体。在改革开放的时代环境下，广东广播媒体锐意创新，以广东广播电台为例，1980 年后，先后开播了广东文艺广播、广东教育广播、珠江经济台等分类的专门频率。其中，1986 年 12 月 15 日珠江经济台的开播，堪称中国广播业发展的一个里程碑。珠江经济台作为中国内地第一家经济广播频率，节目形式不再拘泥于以往一板一眼的读稿播报和节目录播，该广播频率以大版块、主持人直播、热线电话等为特点，搭建起与听众交流的平台，着力打造具有互动性、服务性的节目，深受听众欢迎，被业内称为"珠江模式"。1988 年，"珠江模式"被评为"广东改革开放十年十件大事"之一。① 新的形式推动了广播媒体以马克思主义思想为核心、弘扬社会主义价值观的大理论传播变革。

以珠江经济台为例。电台创建后，一直致力于改革创新，强化

---

① 潘彦晖、徐宏：《发展变化中的广东广播》，《中国广播》2018 年第 12 期，第 46 页。

策划组织。如时政新闻类的《七月的追寻》《粤港专线》《珠江万里行》《住房制度改革大家谈》等，在听众中和社会上产生了重大的影响。以其早期的新闻述评名牌节目《一盅两件》来说，节目使用了艺术小品的播出形式。3 个虚拟的固定角色，以戏剧手法述评近日或刚刚发生的新闻事实，弘扬正气，针砭时弊。将大理论宣传融汇于新闻事件的播报中，新闻、理论与文艺相互渗透，深受听众喜爱。

4. 网络新媒体对马克思主义思想的传播

自 1994 年接入互联网，中国经济社会发展的方方面面几乎已经为互联网所改写。在大众传播领域，互联网在短短的几年时间内一跃成为继报纸、广播、电视之后的第四媒介。1999 年，我国推动政府上网工程，一大批综合性网站建立并进入大众传播领域，包括搜狐、雅虎中国、百度、新浪、阿里巴巴、网易、盛大等网站纷纷涉足互联网传播业务，互联网新媒体地位急速上升。至 2000 年年底，全国一万多家大众传播媒体中共有二千多家媒体接入互联网。2004年前后，随着 Web 2.0 技术实现网站与用户双向的交流与互动，用户逐渐转变为内容生产者，电子邮件、网络论坛、博客、微博、播客、SNS、百科、视频等用户参与型平台及应用发展迅速，为马克思主义传播提供了更为多元而便捷的途径。

这一阶段，马克思主义传播也相应地从传统媒体拓展到互联网。1999 年，有学者首先提出"建设因特网上马克思主义阵地"的时代命题[①]。2000 年 7 月，《人民日报》刊文谈到许多高等院校主动

[①] 周勇、邓新民：《建设因特网上的马克思主义阵地》，《探索》1999 年第 3 期，第7—8 页。

利用网络阵地，开辟了学习时事政策、陶冶思想情操的新途径。①
2000年8月，《光明日报》刊文提出，互联网在一定程度上对我国
的精神文明建设构成了干扰和冲击。"在这种情况下，加强网络文
明建设，用马克思主义占领网络阵地，就显得十分必要了。"②

此后，马克思主义的网络传播进入政治建设的日程，日益成为
宣传部门所重视的课题。2001年1月，江泽民在全国宣传部长会议
上指出，要"不断增强网上宣传的影响力和战斗力，使之成为党和
国家思想政治工作的新阵地，成为我们对外宣传的新渠道"。2003
年12月，胡锦涛在全国宣传思想工作会议上指出，"要高度重视和
切实加强互联网新闻宣传工作，努力掌握网上舆论引导的主动权，
使互联网站成为传播先进文化的重要阵地"。2004年9月，中共十
六届四中全会通过的《中共中央关于加强党的执政能力建设的决
定》明确要求，"高度重视互联网等新型传媒对社会舆论的影响，
加快建设法律规范、行政监管、行业自律、技术保障相结合的管理
体制，加强互联网宣传队伍建设，形成网上正面舆论的强势"。在
此背景下，随着网络新媒体的创新发展，基于新媒体的马克思主义
传播也越来越趋于普遍和普及，成为马克思主义传播的重要渠道。

（1）党报网站日益成为马克思主义传播的主渠道

在传统党报向互联网延展的背景下，党报网站日益成为公众聚
集的话语平台，成为传播马克思主义的重要阵地。一方面，党报网
站精心策划、重点报道，积极介入人民群众关心的热点和焦点问
题，正确引导舆论导向，强化正面报道效果。另一方面，党报网站
还充分利用网络媒体交互性的优势，把网站建设成理论学习的交流

---

① 《大学生上网学理论兴趣浓》，《人民日报》2000年7月26日，第5版。

② 冯鹏志：《加强网络文明建设》，《光明日报》2000年8月15日，第5版。

平台和政治表达平台。以南方网为例。南方报业传媒集团基于网络建设南方网，成为与纸媒并行，又比纸媒更加综合、体现交互性的网络平台。网站特辟相关专区，将马克思主义传播与国内外时政、广东实践的新闻传播相结合，如理论版块，就先后分别开设了理论前沿、理论粤军、学习专题、学界动态等专区；网评版块分别开设了学习评论、南方观澜、兴粤评论、南方快评、南方漫评、南方 V 评、新媒体专题等专区。

　　高校网站也成为传播马克思主义的重要平台。早在 1998 年，由清华大学自发建立了我国高校第一个马克思主义传播网络平台，提出"宗马列之说，承毛邓之学"。2000 年 9 月 22 日，教育部下发了《关于加强高等学校思想政治教育进网络工作的若干意见》，明确提出了"充分运用网络手段拓展思想政治教育的视野，用正确、积极、健康的思想文化占领网络阵地"的要求。此后高校网站纷纷上线，包括广东高校在内的全国高校掀起了一场马克思主义理论传播网站建设的热潮。根据"中国红色网站联盟"站点统计，截至 2008 年 10 月，共有 1886 个红色网站加入了这一联盟组织。[①] 从 2006 年起，教育部思政司开始面向高校开展"全国高校百家网站"网络评选活动。从历届获奖的高校网站看，马克思主义理论传播和思想教育网站（包含论坛社区和新闻网）所占比例占据了绝对优势。

　　（2）网络社区对马克思主义的传播

　　自 1996 年后，网络社区（论坛/BBS、贴吧、公告栏等）数量加速增长。网络社区突破了传统媒体的单向传播，实现了交互性的

---

　　① 王玉娥：《关于中国红色网站建设的调查研究——以中国红色网站联盟为基点》，《四川理工学院学报》（社会科学版）2009 年第 3 期，第 126 页。

主体间传播，传播效率得到极大的提升。2000—2010年10年间，随着网络技术的发展，网络社区突破了以往网络传播单纯以语言、文本或影像为载体的局限性，代之以融文字、图像、数据、音频、视频等多种信息形式，超文本链接、即时对话交流等立体化手段为一体的远距离、全时段传输，使得网络传播的吸引力、感染力和实效性都得到前所未有的提升，网络社区日益普遍。

随着网站数量、用户规模的不断增长，网络社区在意识形态领域的重要地位越来越受到关注和重视，用马克思主义意识形态引导网络社区的舆情动态日益成为常态。网络宣传工作者通常依托社会热点事件，用马克思主义立场、观点和方法分析社会重大事件，引导社会舆论，有针对性地传播马克思主义思想，巩固马克思主义意识形态的网络话语权。在高校，自从"水木清华"等早期校园网络论坛开通并吸引了众多学子之后，全国各地高校纷纷在校园网上开通了网络论坛版块。广东高校也纷纷开通网络论坛，注册用户、每日发帖数、日点击率都在高位运行。校园BBS一时成为大学生社会生活的重要内容，也成为传播马克思主义思想的重要平台。

（3）博客对马克思主义的传播

博客（Weblog）指的是在网页上呈现的个人日志。网民可以用博客随时记录自己的所想所思所感，让其他网民浏览并发表评论进行交流，因此，博客面世之后，逐渐成为网民交流思想的重要平台。在此背景下，自觉传播马克思主义思想的博客也不断出现，成为马克思主义传播的一道亮丽风景。比如，光明网思想频道就于2010年开通"马克思主义博客"，发表基于社会热点、理论热点的解读文章。更多的高校及社科理论研究者也加入到博客传播的行列中来，他们不仅利用博客解读社会热点问题，还利用博客刊载有关马克思主义理论的学习资料，使之成为学生学习马克思主义理论的新园地。思政博客由此成为马克思主义传播的新渠道。在广东，基于各级党报党刊新媒体、高校网站及网易、新浪等门户网站而开设的思政博客、马克思主义思想研究的博客纷纷出现，与全国同类博客一道，成为传播马克思主义、提升人们马克思主义素养的重要渠道。

（4）移动客户端成为马克思主义传播的新载体

智能手机从无到有，手机网民规模快速增长。根据中国互联网络信息中心（CNNIC）发布的《第30次中国互联网络发展状况统计报告》，截至2012年6月底，中国网民数量达到5.38亿人，其中手机网民规模达到3.88亿人，手机首次超越台式电脑成为第一大上网终端。至2011年前后，基于手机等智能终端整合博客、微博、党报媒体客户端、微信等免费应用程序，使得微信、微博、微视频、微理论、微小说等"微产品"的流行成为现实。这些"微"应用形成的"微空间"，为马克思主义传播提供了崭新的空间；与此同时，"微空间"也日益成为各种社会思潮争夺"头脑"的重要场域。在此背景下，如何有效强化"微空间"的阵地意识，让马克思主义意识形态成为"微空间"的主流话语，也日益成为马克思主义传播的重要议题。

在广东，各级党报媒体、高校网站纷纷开发基于移动客户端的微信公众号、APP等"微产品"，定制开发、发送相关资讯、理论文章，如《南方日报》客户端、《羊城晚报》客户端、《广州日报》客户端等，除了开发便于手机阅读的手机版网页，更在APP、微信公众号等用户终端软件、平台的开发上加大投入，使读者能通过手机终端便捷地阅读开发方所推送的文章、信息，还可以通过客户端对新闻信息、理论文章进行评论，大大增强马克思主义传播在移动互联网领域的有效性。

（二）党校系统对马克思主义的传播

党校是培养干部的"摇篮"，是党员领导干部教育培训的主渠道、主阵地，是集中传播马克思主义的重要阵地。广东自1950年3月成立广东革命干部学校，此后逐步建立起了覆盖全省的省市县（区）党校教育网络。党的十一届三中全会以后，以省委党校为主阵地、涵盖全省地市县区各级党校、行业干部学校的党员领导干部教育培训系统，秉承将马列主义基本原理与中国具体实际相结合的方针，紧紧围绕真理标准问题讨论、拨乱反正、党的工作重点转移、改革开放等重大理论和现实问题开展干部培训，在广大党员干部群体中深植马克思主义的思想理论、思维方法和实践自觉，马克思主义传播成效卓著。

1. 广东落实中央关于办好党校教育的政策精神

（1）逐步恢复全省党校常态化工作

"文化大革命"结束后，干部教育培训工作逐步得到恢复、重建和发展。1977年10月，中央党校复校，中共中央印发《关于办好各级党校的决定》。决定指出，各级党校最重要的课程，就是要有计划地阅读马列著作和毛主席著作，完整地、准确地领会和掌握毛泽东思想的体系。要提倡理论密切联系实际的学风。为了加深学员对原著精神实质的理解，还应该启发学员独立思考，提出问题，展开讨论。

广东省委按照中央的部署，把党校工作摆到重要的议事日程上，加强了对各级党校，特别是省委党校工作的领导。1977年5月13日，广东省委发出了《关于加强省委党校领导的通知》，明确省委党校按照省委部、委一级待遇，实行党委领导下的校长负责制。1978年2月16日，广东省委印发《中共广东省委关于认真贯彻执行中央办好各级党校决定的指示》，指出党校的根本任务是用马克思主义、列宁主义、毛泽东思想教育干部，努力提高干部的政治觉悟和领导水平，提高识别真假马克思主义的能力。指示强调，党校既要学习马克思主义的理论，也要学习党的路线、方针、政策；既要学习毛主席的著作，也要学习马列的著作；既要提倡刻苦读书，钻研问题，弄通基本原理，又要强调联系实际，批修批资，总结经验，把学习和整风结合起来；既要学习马克思主义的基础课程，完整地准确地领会马克思列宁主义、毛泽东思想，又要循序渐进，有计划有重点地安排学习内容。当前最重要的是要深刻理解毛主席是怎样继承、捍卫和发展了马克思列宁主义，学好弄通毛主席关于无产阶级专政下继续革命的伟大理论和实践。[1]

为了适应党的十一届三中全会后工作重心转移到经济建设的新形势和新任务，第一次全国党校工作会议于 1979 年 12 月 25 日至 1980 年 1 月 17 日在北京召开。会议针对当时党校工作中存在的问题，着重讨论了 8 个方面的具体任务，其中第一条就是强调要注意发挥党校作用，注意在马克思主义基础上统一全党的意志和行动。强调党校是党委领导下的培训党的干部的学校，是宣传、捍卫马列主义、毛泽东思想的重要阵地。第三条则强调指出，党校教学内容要按照"四化"的任务和当前形势来确定，特别要围绕着党的思想路线、政治路线和组织路线，有重点地学习马列主义、毛泽东思想基本原理，学习党的重要文件。在整个教学过程中，要坚持学习理论、联系实际、解放思想、实事求是。[2]

---

[1]　梁钊主编：《中共广东省委党校志 1950—1990》，1990 年编印，第 135—136 页。

[2]　中央党校研究室研究二处：《党校事业发展的重要动力——改革开放以来历次全国党校工作会议回顾》，《理论参考》2016 年第 1 期，第 19 页。

1980年2月，中共广东省委召开宣传、党校工作会议，传达学习了《全国党校工作座谈会纪要》。中共广东省委党校针对全省党校的实际情况，形成了《关于贯彻执行全国党校工作座谈会纪要的意见》，由省委批转全省各级党校。意见提出，要切实加强党委对党校的领导，各级党委应该直接领导自己所属的党校，过去规定或委托给某个部门去管理的，应予改变。各级党委应该统筹规划，力争在两三年的时间内，把自己整理的领导干部按照《全国党校工作座谈会纪要》的要求普遍轮训一遍。在最近几年内，各级党校的任务，首先是轮训各级党委所管理的领导干部；同时要重视培训优秀的中青年干部，并根据需要和可能办一些专业班，培训各种专业干部。①

（2）推进党校教育正规化建设

为适应党校教育由短期培训为主向正规化培训为主转变的趋势，1983年2月22日至3月2日，第二次全国党校工作会议在北京召开。会议强调加强干部培训的重要性，认为加强干部培训，使干部教育工作经常化、正规化、制度化，不断提高干部队伍的马列主义、毛泽东思想素质和文化素质，成为我们面临的一项越来越紧迫的任务。要充分重视党校的重要地位和作用，努力创造条件，进一步把党校办好，使中央党校和各级党校真正成为中央和地方党组织正规培训干部的学校。

会后，中共中央于4月18日正式印发《关于实现党校教育正规化的决定》，这标志着党校教育进入正规化建设的新阶段。此后，第三次全国党校工作会议于1985年1月31日至2月8日在北京召开，就贯彻党的十二届三中全会决议和进一步落实文件精神，推进

---

① 梁钊主编：《中共广东省委党校志1950—1990》，1990年编印，第139页。

党校教育正规化，完善中国特色党校教育体系展开研讨。

1983 年 4 月 23—29 日，广东省委组织部、宣传部、党校受省委委托，联合召开了全省第二次党校工作会议。会议深入学习、讨论了《关于实现党校教育正规化的决定》，传达、贯彻全国第二次党校工作会议精神，认为党中央决定党校的教育要从当期轮训干部为主，逐步转向正规化培训干部为主，这是社会主义现代化建设和实现干部队伍革命化、年轻化、知识化和专业化的需要，也是党校教育事业的新发展。会议还明确了全省各级党校实现教育正规化的指导思想和具体部署，提出首先要搞好广东省委党校和广州市委党校的改革和正规化，以带动地、市、县委党校的改革。地、市委党校也要积极创造条件，力争在 1983 年下半年或 1984 年上半年试办正规的培训班或理论班。县委党校则可做试点，摸索经验。① 1983 年 6 月，中共广东省委印发《关于实现党校教育正规化的意见》。意见指出，从现在开始逐步实行正规培训，争取"七五"计划期间，做到凡担任县委书记、县长，公社（区、乡）党委书记、社（区、乡）长等党政主要领导职务的干部，必须经过省和市、地委党校的正规训练。意见还提出党校要逐步做到有统一的班次、学制、课程、教材、考试考核制度和学历制度，对所招收的培训班、理论班、进修班的学员条件、学制安排、课程设置等予以规定，指出马列主义、毛泽东思想理论和党的方针政策，是培训班的主课，至少应占学时的 55%。理论班的理论课须占学时的 60% 以上。②

1985 年 1 月，中共广东省委办公厅转发省委组织部、省委党校《关于贯彻执行中发〔1985〕24 号文件，加强党校教育正规化

---

① 梁钊主编：《中共广东省委党校志 1950—1990》，1990 年编印，第 85 页。
② 梁钊主编：《中共广东省委党校志 1950—199》，1990 年编印，第 151 页。

建设的意见》，对如何进一步推进党校教育正规化建设提出要求，就全省党校的教学改革，培养对象、班次、学制、课程，以及加强党校自身建设等问题提出指导意见。

1987年12月19—25日，中央党校召开全国省级党校校长座谈会，研究改革和加强省级党校工作。在此背景下，中共广东省委党校开展系统调研，就党校教育的教育方针、培训对象、班次学制、课程设置及教学管理、教学方法、理论研究、教材编写、教师队伍建设等问题进行了系统梳理，并形成了《关于贯彻全国省级党校校长座谈会精神的意见》，报经省委批准并印发全省贯彻执行。1989年4月，中共广东省委发布《关于党员干部培训轮训制度的规定》，对完善党员干部培训轮训制度建设提出具体规定，全省党员干部培训轮训制度化建设日趋完善。

（3）党校教育制度化建设进一步深入

20世纪90年代后，为了进一步推进党校教育改革深化，推动党校工作不断上新的台阶，广东省委分别于1990年和1994年召开全省党校工作会议，对党校工作的改革发展提供了重要指引。

1990年8月16—18日，中共广东省委主持召开第三次广东省党校工作会议，探讨如何进一步推动全省干部学习马克思主义理论，完善党员干部培训轮训制度。会议集中讨论修改了中共广东省委《关于加强市、县（区）委党校工作的通知》（征求意见稿），主要意见有四点：一是坚持省、市、县、镇（乡）四级办党校，各级党校要加强业务联系，把它作为党校建设的一个重要内容来抓，省委党校要率先履行自己的职责，在办学方针、班次和课程设置、教学内容、理论研究、信息和经验交流、领导班子和师资队伍建设等方面对市、县委党校发挥指导作用。二是要进一步落实培训工作的制度化、规范化。要把干部离职学习和在职学习安排好，形成一个多层次、多渠道、多形式的干部教育和培训的新格局和有机整体。三是坚持正确的教学方针，提高教学质量。要围绕提高教学质量，着重抓好编写教学大纲（基本教材）、加强教学管理和教师队伍建设这三件大事。四是各级党委要切实加强对党校的领导。

1994 年 1 月，广东省委根据中央有关规定及广东实际，就党员干部培训、党校的地位作用、教研改革、队伍建设、经费来源等重要问题，印发了《关于进一步办好党校的通知》。通知强调，要坚持用邓小平建设有中国特色社会主义理论武装全党是党的思想建设的一项根本任务，是加快改革开放，力争在 20 年内广东省基本实现现代化的需要；各级党委一定要认真组织广大党员干部，特别是党的领导干部学习建设有中国特色社会主义理论。通知进一步明确了党校的地位作用，指出党校工作应以培训轮训现职党政领导干部为主要任务，用马列主义、毛泽东思想，特别是用建设有中国特色社会主义理论武装各级领导干部，使党校真正成为干部增强党性锻炼，提高干部素质的阵地；各级党校在完成对在职领导干部的轮训培训的同时，还要充分发挥党校办学优势，拓宽办学路子，承担部分成人教育任务，为社会主义现代化建设培养各方面的专业人才。

1994 年 7 月 27—29 日，中共广东省委主持召开了第四次全省党校工作会议。会议传达了全国党校工作会议和《中共中央关于新形势下加强党校工作的意见》、中共广东省委《关于进一步办好党校的通知》文件精神，着重研究了在全省加快改革开放和现代化建设，特别是加快建立市场经济体制条件下，如何进一步加强党校工作，把党校工作推向前进的问题。会议进一步肯定了党校工作的重要性，并形成了一系列共识，即必须深化改革，改革教学科研管理，要建立和完善一套适应培养社会主义现代化事业领导骨干需要的教学体系，突出以建设有中国特色社会主义理论为中心内容，认真贯彻理论联系实际的方针，大力提高教学质量；要贯彻落实干部培训轮训制度，保证各种培训对象按计划到党校学习。

1995年9月，中共中央颁布《中国共产党党校工作暂行条例》，为党校工作的规范化、制度化提供了重要指引。在此背景下，广东省委在全省范围内开展了全省党建工作大检查，党校工作作为其中的重要内容，对党校干部培训、班子建设、队伍建设、办学设施、经费保障等开展检查工作。1997年3月，中共广东省委印发《关于九五期间加强党校建设的意见》，提出"九五"期间全省各级党校的基本任务：一是轮训党员领导干部，培训中青年党员领导干部，培训意识形态部门领导干部和理论骨干，并协同组织人事部门对学员在校期间进行考核考察；二是学习、研究并宣传马克思列宁主义、毛泽东思想和邓小平建设有中国特色社会主义理论，宣传党的路线、方针、政策；三是围绕国内外的新情况、新问题，联系实际，开展研究和探讨。

(4) 21世纪以来党校教育培训的新阶段

进入21世纪以来，不断发展变化的国内国际形势对党员领导干部的素质能力提出了更高的要求，党校教育培训也由此面临新的压力和任务。2000年6月5日，中共中央印发《关于面向21世纪加强和改进党校工作的决定》，明确提出党校是干部培训轮训的主渠道，要建立以学习邓小平理论为中心，包括理论基础、世界眼光、战略思维和党性修养4个方面的教学新布局，深入研究和准确把握我国改革和建设中带全局性、战略性、前瞻性的重大问题，充分发挥党校的马克思主义理论阵地作用。此后，第五次全国党校工作会议于6月7—9日在北京召开，部署学习贯彻中央《关于面向21世纪加强和改进党校工作的决定》。

2000年8月30日至9月1日，中共广东省委召开全省干部工作暨党校工作会议，省委主要领导出席会议并讲话。2001 年 1 月，中共广东省委印发《关于贯彻〈中共中央关于面向 21 世纪加强和改进党校工作的决定〉的意见》，明确提出：其一，要充分认识党校的重要地位和作用，增强做好党校工作的政治责任感和历史使命感。意见指出，党校作为学习、研究、宣传马列主义、毛泽东思想、邓小平理论的重要阵地和党性锻炼的熔炉，主要任务是培训轮训各级党政领导干部。各级党委要认真贯彻党中央的战略部署，以江泽民"三个代表"重要思想作为 21 世纪党校教育改革与发展的指导思想，进一步增强政治责任感和历史使命感，切实加强和改进党校工作，抓紧培养造就一大批适应跨世纪发展需要的高素质领导干部。其二，要加大领导干部培训轮训力度，适度扩大党校办学规模。其三，要全面推进教学改革，不断提高教学质量。省、市委党校要根据不同培训对象、不同班次的实际，按照夯实"理论基础"、拓展"世界眼光"、培育"战略思维"、注重"党性修养"的原则，精心设置教育课程，科学安排系列讲座。县（市、区）委党校的教学应以学习党的基本理论和方针政策、理想信念教育、党性党风党纪教育、群众路线教育和法制教育为主，有条件的应积极开展"五当代"（当代世界经济、当代世界科技、当代世界法制、当代世界军事和我国国防、当代世界思潮）知识讲座。其四，充分发挥党校的马克思主义理论阵地作用，进一步加强和改进党校科研工作。其五，进一步发展和完善党校教育体系，严格管理和规范党校学历制度。其六，努力建设一支政治强、业务精、作风正的高素质党校教师和干部队伍。其七，进一步改善党校办学条件，加快教学科研和基础设施的现代化建设。2003 年 7 月 3—5 日，中共广东省委召开全省党校校长会议，传达落实全国党校校长会议（2003 年 3 月 25—26 日）精神，研究部署今后一段时期全省党校工作。

2008 年 9 月，中共中央颁布《中国共产党党校工作条例》，指出党校是在党委直接领导下培养党员领导干部和理论干部的学校，是党委的重要部门，是培训轮训党政领导干部的主渠道，是党的哲学社会科学研究机构。党校教育布局要坚持以学习邓小平理论、"三个代表"重要思想以及科学发展观等重大战略思想为中心，着眼于提高党员领导干部的领导素质和执政能力，夯实学员的理论基础，拓展世界眼光，培养战略思维，加强党性修养。此后，第六次全国党校工作会议于 2008 年 10 月 26—28 日在北京召开，会议的主题是深入贯彻党的十七大精神、全国干部教育培训工作会议精神和《中国共产党党校工作条例》，总结改革开放 30 年党校工作的宝贵经验，以改革创新的精神全面推进党校工作，不断提高党校办学水平。

为贯彻落实《中国共产党党校工作条例》和全国党校工作会议精神，中共广东省委于 2009 年 2 月印发《中共广东省委关于贯彻〈中国共产党党校工作条例〉的意见》，并于 2 月 25—26 日召开全省党校工作会议，就建立省委党校"网络培训学院"，扩大培训覆盖面；深化全省市县党校办学体制改革，进一步整合党校教育资源，发挥市委党校在教学改革、师资队伍建设、学科建设等方面的辐射带动作用，引导县级党校的培训重点逐步向农村、基层社区转移；建立全省党校系统干部培训教学质量评估机制，提升全省党校办学水平等做出安排。

2. 省委党校发挥干部教育培训主平台作用

党的十一届三中全会召开后，中共广东省委党校按照党中央和省委的部署，以干部培训轮训为中心，加快恢复党校工作的常态化。在此背景下，省委党校作为面向全省党政领导干部传播马克思主义基本原理、培养马克思主义思维方法及实践能力的主平台作用日益彰显，为改革开放的顺利推进提供了重要的方向保证及方法论指引。

（1）省委党校复办初期的马克思主义教育传播（1972—1983年）

1972年2月，根据形势需要，省委决定复办党校，并把中共广东省委中级党校改名为中共广东省委党校，分别设置了党委办公室、组织教务处、行政处、哲学教研室、政经教研室、科学社会主义教研室、中共党史教研室及5个学员队部。1974年1月后，省委党校结合全国"批林批孔"运动的需要，先后举办了5期学习班，学员主要是来自县委副书记以上的各级领导干部共1963人。在教学内容上，除了学习中央关于"批林批孔"的文件外，还集中学习了《共产党宣言》《哥达纲领批判》《反杜林论》《唯物主义和经验批判主义》《路德维希·费尔巴哈和德国古典哲学的终结》《国家与革命》等6本马列原著，以及《矛盾论》《实践论》《关于正确处理人民内部矛盾的问题》《新民主主义论》《中国革命战争的战略问题》等5篇毛泽东著作。各个班次都把学习马列原著和毛泽东著作作为主要内容来安排，占学习时间的60%以上，使得学员在较短的时间内掌握了一定的马克思主义基础理论，比较系统地掌握了辩证唯物主义和历史唯物主义的基本原理，增强了学习和运用马克思主义世界观和方法论的自觉性，提高了分析和解决现实问题的能力。

粉碎"四人帮"后，一直到1983年，省委党校开展以拨乱反正为主要内容的大规模干部轮训。这一时期，省委党校开办的班次主要为各种短训班，几年间，共培训干部10871人，其中全省92%的县委正副书记参加了轮训班学习。

1976年10月至1979年1月，省委党校主要举办了县委副书记以上领导干部轮训班3期，理论宣传干部训练班1期，理论宣传干部学习班 7 期，组织干部学习班、贫协干部学习班、揭批林彪"四人帮"第三批材料宣讲骨干班各 1 期，轮训干部共 2576 人。教学内容上，以揭批"四人帮"为中心，主要开设了哲学、政治经济学、科学社会主义、党的学说等 4 门课程。[①]

1979 年 2 月至 1981 年 7 月，主要举办了县委副书记以上领导干部轮训班 5 期，理论宣传干部学习班 4 期，政法干部学习班 1 期。共轮训干部 2310 人。教学内容上，主要围绕党的十一届三中全会重新确立的马克思主义思想路线、政治路线和组织路线，着重学习辩证唯物主义，坚持实践是检验真理的唯一标准，批判"两个凡是"的错误方针，端正思想路线；学习科学社会主义，弄清我国现阶段的阶级状况和主要矛盾，明确现阶段的政治路线的理论基础、客观依据；学习社会主义政治经济学，着重解决在贯彻执行党的政治路线、实现社会主义现代化中如何运用客观经济规律的问题；学习党的学说、党章修改草案和《关于党内政治生活若干准则》等，解决增强党性，搞好党风，把党建设好的问题。[②]

1981 年 8 月至 1983 年 3 月，主要举办了县委副书记以上领导干部轮训班 3 期，厅、局级领导干部读书班 7 期，省直机关科级以上干部走读班 3 期，部门干部学习班 6 期。共轮训干部 5985 人。教学内容上，着重领会和掌握马克思关于再生产理论的基本观点和陈云关于我国经济建设的基本观点，让学员深刻理解我国社会主义经济的特点和我国社会主义现代化的道路问题。着重学习党的十一届六中全会《决议》，统一对毛泽东和毛泽东思想的历史地位、中华人民共和国成立以来工作、"文化大革命"、党的十一届三中全会以

---

① 梁钊主编：《中共广东省委党校志 1950—1990》，1990 年编印，第 64—65 页。

② 梁钊主编：《中共广东省委党校志 1950—1990》，1990 年编印，第 67 页。

来路线方针政策等问题的思想认识。着重提高学员对召开党的十二大重大意义的认识，加深对建设有中国特色的社会主义的认识，并进一步认识建设高度社会主义精神文明和加强新时期党的建设的重要意义。

此外，为了适应干部培训和理论教育的需要，以解决各级党委宣传部门、党校系统急需理论宣传骨干和理论师资的问题，省委党校还在全国党校系统中率先举办了理论师资培训班，于 1981 年 11 月招收学员 108 人（其中哲学专业 21 人、政治经济学专业 36 人、科学社会主义 19 人、中共党史 15 人、党的建设 17 人），学制三年，课程设置为理论基础课（开设哲学、科学社会主义、政治经济学、中共党史和党的建设 5 门课程）、专业课、科学文化课 3 类。理论师资班的举办为全省各级党委宣传部门、党校培养了一批理论、师资骨干，同时，也为接下来的党校正规化教育积累了经验。

（2）正规化进程中省委党校的马克思主义教育传播（1983—1999 年）

1983 年 2 月，中共中央召开第二次全国党校工作会议，着重研究了在新时期如何实现党校教育正规化的问题。在此背景下，中共广东省委党校加大办学方式和课程设置的改革力度，持续推进干部培训的班次、学制、教材、课程内容、课程设置及考试考核制度的规范化建设，党校各项工作进入全面发展的新时期。

这一时期，省委党校主要担负县级党政主要领导骨干及后备干部的培训任务，以及县级党校师资、党委宣传部门理论骨干的培训工作。在学制设置上，主要采取了长期班与短期班结合的方式。

长期班次。长期班次一般学习时间都在一年以上，以较为系统的理论知识教育和能力培养为目标，以分专业、系统化的课程设置为特点。主要班次有：其一，党政干部培训班。主要培训县级后备干部和部分新上任的现职领导干部。在学制设计上，1—3 期学制为两年，发大专毕业文凭；4—5 期招收大专以上学历，学制一年，取得党校本科学历。5 期共培养学员 461 人。其二，理论（师资）班。主要面向全省各级党委部门和党校、干部管理学院培养理论骨干、党务人才和理论师资。该班次从 1981 年开办至 1994 年停办，共举办 13 期，招收学员 937 人。其三，在职研究生班和硕士研究生班。省委党校从 1994 年起开办在职研究生班，招生条件为大学本科毕业或具有同等学力者，学制三年，开设哲学、政治经济学、科学社会主义、中共党史、党的建设和经济管理等 6 个专业，发研究生毕业证书，2000 年停办。1993 年，经国务院学位委员会批准，省委党校获马克思主义哲学、政治经济学、中共党史（党的学说和党的建设）等 3 个学科硕士学位授予权；1996 年，又获得科学社会主义与国际共产主义运动专业硕士学位授予权。招收大学本科毕业，参加全国硕士研究生入学统考过线的学生。

短期班次。主要是一年以下的培训班次，主要包括厅局级干部进修班、中青年干部培训班、县委书记县长进修班、省直处级干部进修班及各类部门进修班（如高校班、宣传部长班、政协主席班、农村基层干部培训示范班、国有大中型企业领导干部班等）。学员主要是在职党政领导干部及其后备人员，课程设置上除了突出马克思主义基本理论课程的学习外，还紧密结合党在各个时期的中心任务和干部队伍建设要求开展培训。截至 1999 年年底，各短期班次共培训学员 21661 人。[①]

除此之外，从 1985 年春开始，省委党校增设函授部，开展函授

---

① 校志编写组：《中共广东省委党校六十年发展历程 1950—2010》，2010 年编印，第 65—67 页。

大专班的招生，在全省范围招收具有高中毕业文化程度或同等学力的县区级以上党政机关及企事业单位具有一定工作经验的党员干部，学制三年。至 2000 年停办招生，函授培养学员共 182707 人。

（3）21 世纪以来的省委党校马克思主义教育传播（2000 年至党的十八大以前）

进入 21 世纪后，省委党校认真贯彻落实中央关于大规模培训干部、大幅度提高干部马克思主义理论修养和科学素养的指示精神，围绕省委中心工作，不断调整完善班次设置，加大培训力度，扩大和提升培训规模质量，培训轮训了大批领导干部和理论骨干。基本情况如下：其一，常规班次。2000—2009 年，省委党校共举办调训类常规班 413 期，培训轮训干部 60406 人。其二，部门委托班次。2000—2009 年，共举办各类部门班次 252 期，培训轮训干部 30698 人次。其三，省委、省政府交办的专题学习班。2000—2009 年，共举办以县处级以上领导干部为主要培训对象的专题研讨类班次 130 期，培训轮训干部 63166 人次。10 年间，共培训轮训各级各类党员领导干部 154270 人。[①] 此外，省委党校还在函授教育、网络干部培训方面发力，2000—2009 年，共招收省委党校函授大专 69401 人、省委党校函授本科 41193 人，中央党校函授大专 689 人，中央党校函授本科 42422 人，中央党校在职研究生 2149 人。[②]

省委党校已经成为全省学习、研究、传播马克思主义、毛泽东思想和中国特色社会主义理论体系的重要阵地和干部增强党性锻炼的熔炉，在全省干部教育培训、传播马克思主义方面发挥了不可替

---

① 校志编写组：《中共广东省委党校六十年发展历程 1950—2010》，2010 年编印，第 102—108 页。

② 校志编写组：《中共广东省委党校六十年发展历程 1950—2010》，2010 年编印，第 134 页。

代的重要作用。

（三）学校思想政治教育对马克思主义的传播

改革开放后，各大中小学校教学逐步恢复常态化，课程改革与时俱进。随着改革开放进程的深入，学校教育改革发展与时俱进，思想政治理论课（简称思政课）改革以及高校马克思主义理论专业建设以党的理论创新为契机，不断创新发展，培养社会主义建设者和接班人，成为马克思主义传播的一个重要渠道。

1. 高校思政课传播马克思主义

改革开放后，各大高校陆续恢复思政课教学，并在改革开放进程中结合时代发展需要不断发展完善。总的来说，从改革开放之初至党的十八大之前，高校思政课的改革发展大致经历了 4 个阶段，即恢复建设阶段、"85 方案"课程改革方案阶段、"98 方案"课程改革方案阶段、"05 方案"课程改革方案阶段。广东高校思政课改革的进程与全国进程一致，成为改革开放新时期马克思主义全国传播的重要一部分。

（1）高校恢复思政课教学

粉碎"四人帮"后，思想界的混乱依然严重，高等学校亟待恢复高校马列主义理论教育，正确传播马克思主义。1978 年 4 月，教育部办公厅印发《关于加强高等学校马列主义理论教育的意见》（征求意见稿），指出马列主义理论课是社会主义各类高等学校的必修课，高校要在恢复马列主义课的基础上，设置 4 门马列主义必修课（即政治经济学、辩证唯物主义与历史唯物主义、国际共产主义运动史、中国共产党党史）。此外，在教材选择、教师队伍建设、教学方法的应用等方面也提出了新的意见和要求。

马列主义理论课逐步恢复正常教学。为了使马列主义理论课更好地适应党的十一届三中全会以后社会主义现代化建设新形势的需要，教育部还先后印发了《高等学校政治理论课的基本情况和存在问题》（1979 年 5 月）、《关于加强高等学校学生思想政治工作的意见》（1980 年 4 月）、《改进和加强高等学校马列主义课的试行办法》（1980 年 7 月），要求各类专业都要把马列主义理论课作为必修课程，其中本科高校要根据现有条件，开设哲学、中共党史、政治经济学 3 门必修课，文科类专业还要加开国际共产主义运动史课程。两年制专科至少开设 1～2 门马列主义课程、三年制专科开设 2～3 门马列主义课程，具体课程门类由各校根据专业性质自定。

（2）"85 方案"：课程改革逐步规范化

1982 年 10 月，为了贯彻落实党的十二大精神，推动学生思想政治教育工作，教育部印发《关于在高等学校逐步开设共产主义思想品德课程的通知》，通知指出，有计划地进行共产主义思想品德教育，是实现高等学校培养目标的需要。为了培养学生成为有革命理想、讲革命道德、守革命纪律、有文化的又红又专的人才，有必要把共产主义思想品德课作为一门必修课，纳入教学计划。各高等学校可根据本校的实际情况，逐步开设这门课程。

1984 年 9 月，中宣部和教育部联合印发《关于加强和改进高等院校马列主义理论教育的若干规定》，指出马克思主义是我们党和国家的行动指南，是培养学生无产阶级世界观和共产主义道德的理论基础……所有的大学生都必须认真学好这门课程。规定提出将在全国高等院校增设"中国社会主义建设基本问题"课程，使大学生进一步了解中国社会主义建设的情况；同时，要求高校应该逐步开设经济思潮、政治思潮等评论讲座，以提高学生的思想素质，帮助学生增强鉴别能力，坚定正确的政治方向。此外，还对教材建设、教学方法改革、教师队伍建设等问题提出要求。

1985 年 8 月，中共中央印发《中共中央关于改革学校思想品德和政治理论课程教学的通知》（即"85 方案"），对课程进行了较大调整，"中国革命史"课程成为历史教育的重点内容。通知要求对于马克思主义理论课要注意适时地穿插时事教育，既要开拓大学生的视野，又要培养他们在复杂环境中具备较强的适应能力和坚定的立场。此外，还要求把马克思主义基本理论与政策、专业知识结合起来，培养全面发展的综合性人才。此后，教育部专门成立了全国马克思主义思想理论课教材编审委员会，来统筹教材编写、审核等相关工作。

20 世纪 80 年代后期，社会主义建设受到资产阶级自由化思潮的影响，暴露出高校思想政治工作的问题。1986 年 3 月，国家教育委员会（简称国家教委）印发《关于在高等学校进一步贯彻〈中共中央关于改革学校思想品德和政治理论课教学的通知〉的意见》，确定高校政治理论课为 4 门：中国革命史、中国社会主义建设、马克思主义原理、世界政治与国际关系，其中"世界政治经济与国际关系"课程只在文科专业开设。1987 年 3 月，国家教委印发的《关于进一步改革高等学校马克思主义理论课（公共课）教学的意见》，对如何进一步加强和改进马克思主义理论课教学进行了部署。1991 年 8 月，国家教委印发《关于加强和改进高等学校马克思主义理论教育的若干意见》，强调加强和改进高校的马克思主义理论教育的重要性和紧迫性。意见对本科、专科开设中国革命史、中国社会主义建设、马克思主义原理课程提出具体要求，同时，对思政课教学课时也做了适当的调整。

总的来说，"85 方案"推动了高校思想政治工作和思政课的进一步发展，使得高校马克思主义传播更加贴合实际，更加为青年大学生所乐于接受。

（3）"98 方案"：形成"两课"体系

1992 年 10 月，党的十四大召开，报告指出："建设有中国特色社会主义的理论是马克思主义同中国实际相结合的最新成果，是当代中国的马克思主义，是指引我们实现新的历史任务的强大思想武器。学习马克思列宁主义毛泽东思想，中心内容是学习建设有中国特色社会主义的理论。"在此背景下，教育部门致力于推动将建设有中国特色社会主义理论"三进"（进教材、进课堂、进学生头脑）工作。1993 年 6 月，国家教委思教司召开了新形势下高校思想政治教育课程建设座谈会，把思想教育课改名为"思想政治教育课程"。1995 年 10 月，国家教委印发《关于高校马克思主义理论课和思想品德课教学改革的若干意见》，提出思政课课堂教学内容必须以党的理论创新最新成果为中心，意见指出，"两课"教学的根本目标，是引导和帮助学生树立马克思主义的世界观、人生观、价值观，确立为建设有中国特色社会主义而奋斗的政治方向，增强抵制错误思潮和拜金主义、享乐主义、极端个人主义等腐朽思想侵蚀的能力。在课程设置上，要通过教学改革，逐步形成结构合理、功能互补的"两课"课程体系，即四年制本科马克思主义理论教育仍设置马克思主义基本原理、有中国特色社会主义建设、中国革命史论，思想品德教育仍设置思想道德修养、法律基础、形势与政策。二年制和三年制大专，应分别各开设 2～3 门马克思主义理论教育课程和思想品德教育课程。

1997 年 9 月，党的十五大将邓小平理论确立为党的指导思想，明确指出邓小平理论是马克思主义中国化的最新成果。1998 年，中宣部和教育部先后联合印发《关于普通高等学校开设〈邓小平理论概论〉课的通知》和《关于普通高等学校"两课"课程设置的规定及其实施工作的意见》（即"98 方案"），指出"两课"课程设置必须着眼于引导和帮助学生掌握马克思主义的立场、观点、方法，树立正确的世界观、人生观和价值观，确立建设有中国特色社会主义的共同理想，为他们坚持党的基本理论和基本路线不动摇，打下坚实的思想理论基础。要以邓小平理论为中心内容，比较系统地进行马克思主义基本原理和爱国主义、集体主义、社会主义的教育。意见还对本专科马克思主义理论课（包括马克思主义哲学原理、马克思主义政治经济学原理、毛泽东思想概论、邓小平理论概论及文科类专业开设当代世界经济与政治）、思想品德课（包括思想道德修养、法律基础）的课程设置进行了具体的规定。

此外，意见还对硕士研究生和博士研究生的马克思主义理论课进行了设置，并且指明课程的教学目标和教学内容等。

（4）"05 方案"：思政课程建设的进一步推进

2004 年 10 月，中共中央、国务院印发《中共中央 国务院关于进一步加强和改进大学生思想政治教育的意见》（即中央 16 号文件），意见强调，加强和改进大学生思想政治教育是一项重大而紧迫的战略任务，必须坚持到底，常抓不懈。意见提出了加强和改进大学生思想政治教育的指导思想、基本原则及主要任务，指出要充分发挥课堂教学在大学生思想政治教育中的主导作用，努力拓展新形势下大学生思想政治教育的有效途径，通过开展社会实践、建设校园文化、占领网络思想政治教育新阵地、开展思想政治教育工作和心理健康教育，解决大学生的实际问题。

此后，为了贯彻落实中央 16 号文件精神，深入解决高校思想政治教育面临的问题，中宣部和教育部先后于 2005 年 2 月和 3 月联合印发了《关于进一步加强和改进高等学校思想政治理论课的意见》和《〈关于进一步加强和改进高等学校思想政治理论课的意见〉实施方案的通知》（即"05 方案"），来推动高校思想政治教育工作和思政课进一步改革。

相比"98 方案"，"05 方案"在许多方面进行了调整和改进。课程设置上，将原来"邓小平理论概论"调整为"邓小平理论和'三个代表'重要思想概论"，将原来的思想品德课"思想道德修养""法律基础理论"整合为"思想道德修养与法律基础"课。此外，"05 方案"要求本科开设 4 门必修课以及"当代世界经济与政治"等选修课，专科要求开设 2 门必修课（即毛泽东思想、邓小平理论和"三个代表"重要思想概论和思想道德修养与法律基础），并要求本、专科学生都开设"形势与政策"课，以此来加强对国际形势和国内大政方针的学习。思想政治理论课的教材统编工作也受到前所未有的重视，教材的修订体现了与时俱进的鲜明特质。教育主管部门先后印发了《进一步加强高等学校思想政治理论课教材编写管理、规范教材使用的通知》（教育部，2006 年 4 月）、《关于重申高校思想政治理论课教材编写、出版、使用要求的通知》（教育部办公厅，2008 年 3 月）。在此背景下，"毛泽东思想、邓小平理论和'三个代表'重要思想概论"（2008 年，该课程名称调整为"毛泽东思想和中国特色社会主义理论体系概论"）教材的编写修订，就全面反映了当代中国马克思主义发展的最新理论成果。此外，2007 年 3 月《思想道德修养与法律基础》教材第一版修订课题组完成了党的十六届六中全会提出的关于构建社会主义和谐社会和社会主义核心价值体系等理论创新成果内容的修订工作；2008 年 2 月，教材 2007 年修订版出版发行；2009 年 1 月，教材 2008 年修订版出版发行；2009 年 7 月，教材 2009 年修订版出版发行；2010 年 6 月，教材 2010 年修订版出版发行。

2. 马克思主义理论学科建设助力马克思主义传播

改革开放新时期，马克思主义理论的学科建设为马克思主义传播提供了源头活水和可持续发展的基础。改革开放之初，思想政治理论课教学在高校恢复之后，马克思主义理论学科建设随之起步。1984年，教育部印发《关于在十二所院校设置思想政治教育专业的意见》，部署在12所高校设置思想政治教育专业，开办本科班、第二学士学位班、大专起点本科班。中山大学被纳入作为第一批设置思想政治教育学科点的试点院校。1987年12月，国家教委颁布《普通高等学校社会科学本科专科目录》，将"马克思主义理论、思想政治教育"置于政治学一级学科下，作为政治学下属的二级学科。1988年9月，国内10所院校招收首批思想政治教育专业硕士研究生，马克思主义理论学科和专业建设基本成型。

广东作为改革开放的前沿阵地，马克思主义理论学科建设也较早地体现出了把学科建设与改革开放实践融合的发展自觉。一方面，学科建设高度重视对马克思主义经典著作和基本原理的深入研究；另一方面，将学科发展与改革开放环境下人们思想、观念的变化、需要结合起来，较早地树立了马克思主义理论学科建设为思想政治教育服务、为马克思主义教育传播服务的使命意识。进入20世纪90年代后，广东的马克思主义理论学科建设加速发展，学科建设成效位居全国同行前列。1990年，华南师范大学获批成为马克思主义理论学科硕士点。1995年，中山大学获得马克思主义理论、思想政治教育专业硕士学位授予权。1997年，在国家教委的统一部署下，中山大学合并马克思主义理论教育与思想政治教育学科，形成了"马克思主义理论与思想政治教育"学科（下设4个研究方向）。1998年，中山大学马克思主义理论与思想政治教育学科获得博士学位授予权，并于2002年被评定为国家级重点学科，成为全国3所获得国家级重点学科的学校之一。华南师范大学也于2000年获得二级学科博士授予权。

　　进入 21 世纪，"05 方案"实施后，国务院学位委员会和教育部正式在《授予博士、硕士学位和培养研究生的学科、专业目录》中增设马克思主义理论一级学科及所属二级学科，这为马克思主义理论学科的发展带来了新的重大机遇。广东及时抓住这一机遇，大力推进马克思主义理论一级学科建设，实现了马克思主义理论学科的跨越式发展。截至 2008 年年底，广东省高校共有思想政治理论课学科点 31 个，其中省部级重点学科 2 个。除了中山大学、华南师范大学拥有马克思主义理论一级学科博士学位授予权外，全省共有思想政治理论课博士学位授予点 13 个，硕士学位授予点 30 个。

　　在学科建设获得重要突破的同时，广东还开展思政课教师及马克思主义研究与传播人才可持续发展计划，精准发力人才队伍建设。一是依托高校马克思主义理论学科点，做好硕士生、博士生和专业学位研究生的培养及培训工作。二是完善教师准入、培训制度。全面实行思想政治理论课教师资格准入制度、青年教师初训制度、教师全员培训制度和骨干教师研修制度，努力实现教师队伍的专业化、专家化。三是开展"名教师骨干教师培养工程"等计划，培养学科领军人才和骨干人才队伍。"名教师骨干教师培养工程"以课程为划分，在全省思想政治理论课专任教师中选拔具有较高学术研究能力和教学能力的教师，以 4 年为周期，为他们提供教学研讨和学术研究平台，帮助他们开拓学术视野，增强教学科研能力，使其成为教育教学和学科建设的领军人物和骨干人才。经过"名教师骨干教师培养工程"，教师们在教学能力、学术影响力以及教学资源开发能力等方面均有了明显提高，形成了良好的示范效应，带动了全省马克思主义理论学科的教学质量和科研水平。

　　改革开放新时期，广东思政课人才队伍建设成效卓著，全省形成了稳定而富有特色的研究领域，培养了一大批思想政治理论课的专业人才，为推动广东的马克思主义研究与传播做出了重大贡献。

3. 中小学思政课对马克思主义的传播

"文化大革命"的动荡10年不仅给经济社会发展带来极大损害，同样严重的还有在价值观念和社会价值体系上所造成的巨大破坏。针对学校德育存在的问题，1979年的4月22日至5月7日，教育部召开全国中小学思想政治教育工作座谈会，对改革开放初期学校德育工作开展深入讨论，并明确提出了当前思想政治工作的任务和基本思路。1980年9月12日，教育部发出了《改进和加强中学政治课的意见》，对学校政治课的性质和任务、改进课程设置、编写教材、保证教学时数、改进教学，提高教学质量、加强教师队伍建设以及加强政治课教学的领导等方面做了明确的规定。意见对中学政治课体系做了如下建议：初一开设"青少年修养"，初二开设"政治常识"，初三开设"社会发展简史"，高一开设"政治经济学常识"，高二开设"辩证唯物主义常识"。1981年，国家教委印发《关于小学开设思想品德课的通知》，要求从当年秋季开始，小学各年级普遍设立了思想品德课，并于1982年5月颁发《全日制五年制小学思想品德课教学大纲（试行草案）》，这是中华人民共和国成立以来的第一个思想品德课教学大纲。

1985年8月，中共中央发出《关于改革学校思想品德和政治理论课程教学的通知》，对前一阶段中小学思想政治课教材中存在的理论性太强，教材编写多从概念出发，内容偏多、偏深；对联系社会发展与学生思想实际不够；大中小学德育课程体系的衔接性不足，以及内容简单重复等问题予以修正。接着，国家教委召开了中学思想政治课改革实验大纲的讨论会，颁布了《中学思想政治课改革实验教学大纲（初稿）》，明确规定了中学阶段思想政治课程设置依年级顺序为"公民""社会发展简史""中国社会主义建设常识"

"科学人生观""经济常识""政治常识"。

1992 年 8 月，国家教委颁布《九年义务教育全日制小学思想品德课教学大纲》，并于 1993 年正式颁发《小学德育纲要》。1993 年，国家教委制定《九年义务教育全日制中学思想政治课教学大纲》，于 1995 年正式颁布《中学德育大纲》，明确了中学德育目标、内容、途径、评定和管理等问题。为贯彻落实中共中央于 1994 年颁发的《关于进一步加强和改进学校德育工作的若干意见》，国家教委用"课程标准"取代了原有的"教学大纲"的称谓，先后颁发了《全日制普通高级中学思想政治课课程标准》（1996 年）、《九年义务教育小学思想品德课和初中思想政治课课程标准（试行）》（1997 年，这是中华人民共和国成立后第一次将九年义务教育作为一个有机的系统进行整体的综合设计，是对克服小学与中学德育相脱节问题的一次主动尝试）。

其中，《全日制普通高级中学思想政治课课程标准》明确要求全日制普通高级中学思想政治课要"以邓小平建设有中国特色社会主义理论为中心内容"，"帮助学生确定正确的政治方向，树立科学的世界观、人生观、价值观，形成良好的道德品质起着重要的导向作用"。如该课程标准政治学部分，第一课至第四课分章逐节论述我国的发展道路、社会主义本质、社会主义的根本保证、人民代表大会制、中国共产党领导的多党合作和政治协商制度、改革开放是我国的基本国策、"一国两制"、和平与发展是世界的两大主题等邓小平建设有中国特色社会主义理论的几个方面，使其成为中国特色社会主义理论的一部简易读本。经济学部分则以马克思主义生产关系的 4 个环节即生产、交换、分配、消费为主线统率全册，突出社会主义市场经济体制改革发展这一主题。

进入 21 世纪以来，教育部又先后颁布了《九年义务教育小学思想品德课和初中思想政治课课程标准（修订）》（2001年）、供小学使用的《全日制义务教育品德与生活课程标准（实验稿）》和《全日制义务教育品德与社会课程标准（实验稿）》（2002年），以及供初中使用的《全日制义务教育思想品德课程标准（实验稿）》（2003年）、供高中使用的《普通高级中学思想政治课程标准（实验稿）》（2004年）。这几个新课程标准的出台，标志着我国德育课程建设在专业化方向上实现了重大的突破。比如，2004年颁布的《普通高级中学思想政治课程标准（实验稿）》就明确指出，高中思想政治是以马克思主义、列宁主义、毛泽东思想、邓小平理论和"三个代表"重要思想为指导，以社会主义物质文明、政治文明和精神文明建设常识为基本内容，引导学生紧密结合与自己相关的政治、经济、文化生活，经历学习与社会实践过程，领悟马克思主义的基本观点和方法，树立建设中国特色社会主义的共同理想，初步形成正确的世界观、人生观和价值观，切实提高参与现代化生活的能力，为他们的终生发展奠定思想政治素质的基础。

2005年4月，教育部制定发行《教育部关于整体规划大中小学德育体系的意见》，提出要"根据不同教育阶段学生身心特点、思想实际和理解接受能力，准确规范德育目标和内容，科学设置德育课程，积极开展德育活动"，从而整合、深化了20世纪90年代制定的《小学德育纲要》《中学德育大纲》及《中国普通高等学校德育大纲》的内容，使之成为21世纪中小学德育的行动指南。《教育部关于整体规划大中小学德育体系的意见》明确了"德育主要是对学生进行政治、思想、道德、法制、心理健康教育"，规定了德育作为政治、思想、道德、法制和心理5项内容的教育。其中，思想教育的内容："五爱"——热爱集体、关心集体，热爱劳动、艰苦奋斗，热爱科学、勇于创新；集体生活的规范和技能，团结、谦让、互助、合作的品质；理解各行各业的劳动者；正确看待周围的人和事，合理地处理和解决学习、生活中的问题。政治教育的内容：主要是公民教育，具体内容包含国旗、国徽、国歌、国家版图等常识；认识祖国历史、文化传统和民族精神，增强民族自尊心和责任感；尊重民族习惯和不同国家文化，形成开放的国际意识。

（四）学术交流与论坛对马克思主义的传播

改革开放新时期，国内社科理论界以强烈的责任感、突出的问题意识和问题导向，通过学术研讨、交流及论坛等形式，在推动马克思主义中国化理论创新的同时，还有力地促进了马克思主义的传播。

1. 研讨、交流推动马克思主义传播

从改革开放之初的真理标准问题大讨论、人性（人道主义）与异化问题讨论（1979—1984 年），到 20 世纪 80 年代中后期姓"社"姓"资"的讨论、20 世纪 90 年代中后期姓"公"姓"私"的讨论，乃至 2004 年前后开始的关于改革开放成败的讨论等，这些讨论基于当代改革开放的具体实践，"涉及经济、政治、文化、社会、生态等各个领域，比如，社会转型问题、现代化模式和道路、市场经济及其负面效应、现代性弊端及其重建、全球化走向及其风险、可持续发展及其代价、生态问题及其应对、利益问题、公平与效率的关系问题、资本与权力的问题、理性精神与主体精神建设的问题、深化改革的问题、价值冲突问题等"①。通过这些问题的讨论，中国马克思主义的发展问题引发了广泛而深刻的思考，有力地推动

---

① 陈曙光：《中国马克思主义研究 40 年：1978—2018》，《教学与研究》2018 年第 10 期，第 7 页。

了马克思主义的传播。

广东作为改革开放的先行地，社科理论界更早地对马克思主义中国化的命题给予了高度的关注和探讨。最早取得较大影响力的是马克思主义哲学领域。20世纪70年代中后期，广东率先在中山大学哲学系本科开设马克思主义哲学史课程，较早地凝聚和培养了一批以马克思主义哲学史为研究方向的学者，成为国内较早开展马克思主义哲学史研究的省份。其间，中山大学还受教育部的委托，连续举办了两期各为时半年的马克思主义哲学史师资讲习班。全国包括许多重点高校和科研院所近200名专业研究和教学人员参加学习，这些学员后来成为中国马克思主义哲学史的第一批学术骨干。中山大学因此而有"中国马克思主义哲学史人才摇篮"的美称。1981年，广东同时成立了马克思主义哲学发展史研究会、广东历史唯物主义研究会和广东辩证唯物主义研究会。研究会的成立，极大地推动了马克思主义在广度和深度上的传播。比如，广东马克思主义哲学发展史研究会与中国马克思主义哲学史学会等单位先后联合主办了全国"马克思主义哲学体系的形成和发展"学术研讨会（1988年8月）、全国"恩格斯与现时代"哲学学术讨论会（1991年3月），在全国学术界引起了很大的关注和兴趣。

改革开放以来，广东经济学界对中国特色社会主义市场经济的理论创新和观念传播做出了巨大的贡献。早在20世纪70年代，卓炯就提出了市场化改革的思路。1979年年初，他以论文《破除产品经济，发展商品经济》参加在江苏无锡召开的学术讨论会，提出要从财政体制、物资体制、国有企业体制、工资体制、计划体制、商业体制和银行体制等方面，把产品经济体制改革成商品经济体制，获得重要的学术反响。卓炯作为我国社会主义商品经济理论的先驱，他的观点、主张在广东理论界以及党政干部中产生了广泛而深刻的影响。改革开放全面推开后，广东社会科学界在社会主义市场经济问题上进行了长期的深入研究和探索，并通过持续的研讨交流推动了创新理论的传播与接受。比如，1988年广东经济学界对社会主义条件下的市场经济问题进行了一次系统而广泛的研讨。1988年1—12月，先后举行了6次研讨会，参与发起并联合主办的单位有广东省社科院、广东经济学会、广东省人民政府社会经济发展研究中心、广州市经济社会发展研究中心、广州市社科院、广州市经济研究院。6次研讨会共收到二百多篇论文和调研报告（后形成了两本论文集），参与讨论的学者有五百多人。①

　　1991年11月，广东省社科联、省社科院、省委党校、省政府经济发展研究中心、省体改委、广东经济学会等16家单位联合举办了社会主义市场体系理论研讨会。研讨会收到论文六十余篇，近百名与会专家学者、企业家就社会主义市场体系建设的有关问题进行了广泛而深入的探讨，取得了广泛的社会影响。1992年，在邓小平发表南方谈话和十四大召开的背景下，广东社科界举行了两次大型的理论研讨会。一次是1992年8月，由广东省社会科学院举办的"珠江三角洲发展与建设中国特色社会主义"理论研讨会；另一次是1992年12月，由省委宣传部、省委组织部、省委政策研究室、省政府经济发展研究中心、省体改委等单位联合举办的"珠江三角洲的实践与中国特色社会主义道路"理论研讨会。这两次研讨会，收到论文与调研报告共一百五十多篇。另外，在十四大召开前夕，广东经济学界于1992年7—9月连续举行了三场关于市场经济问题的座谈会，通过总结广东在马克思主义指导下坚持市场取向改革的经

---

① 曾牧野：《广东社科界对社会主义市场经济的探索》，《广东社会科学》1993年第3期，第3页。

验，建议应该把市场经济写上十四大报告，并作为我国经济体制改革的目标模式。广东部分学者相应在省内报刊上公开发表文章，阐述建立社会主义市场经济新体制的必要性，取得了广泛的社会共识。

1993 年 5 月，由广东省社科联、省社科院、广东经济学会等 14 个单位联合发起的"市场经济与产权制度改革"理论研讨会，近百名专家学者和实际工作者联系当前我国改革开放遇到的深层次矛盾，在全国率先对市场经济与产权制度改革进行探讨，并提出产权制度改革是深化企业改革的关键。[①] 1996 年年初，广东省《资本论》研究会和广东经济学会共同举行了"马克思主义社会主义所有制理论与实践"研讨会。会议收到论文七十多篇，来自全省各高校、学术界党政机关和新闻媒介的近八十名代表参加了这次会议。与会代表结合广东公有制经济改革的实践，对马克思主义社会主义所有制理论的一些基本问题开展了热烈而富有成效的探讨。[②]

高校基于马克思主义理论学科专业建设开展的学术交流，对马克思主义的传播也起到了积极的推动作用。广东高校发挥毗邻港澳的地理优势，积极搭建学术交流平台，营造宽松、活跃的学术研究氛围，极大地推动了马克思主义的传播。一方面，支持和鼓励专家学者到其他地方讲学、参加学术会议和培训，同时利用学科点的资源和平台，积极开展社会服务工作。另一方面，通过主办国际、国内学术会议，接受国内外学者来访等方式广泛开展学术交流合作。如中山大学与香港中文大学、香港教育学院、台湾中原大学、日本创价大学等多所院校形成了良好的学术互动关系，与北京大学等多

---

① 《产权制度改革是深化企业改革的关键——市场经济与产权制度改革研讨会综述》，《南方经济》1993 年第 3 期，第 86 页。

② 张炳申、朱卫平：《广东"马克思主义社会主义所有制理论与实践"研讨会综述》，《当代经济研究》1996 年第 4 期，第 70 页。

所国内知名高校展开合作研究，举办了"全国青年思想政治教育工作者"理论研讨会（2001 年）、"全国马克思主义理论与思想政治教育发展"研讨会（2004 年）等具有较大影响力的学术会议，对马克思主义的传播起到了积极的作用。

2. 论坛活动传播马克思主义

论坛作为基于专家、专业人员面向大众讲解、讲授知识信息的面对面在场式交流平台，其在马克思主义传播中有着主题集中、沟通高效的特征。改革开放新时期，广东各级宣传部门、高校等单位通过开设论坛平台传播马克思主义，取得了良好的成效。鉴于全省相关统计数据的缺失，在此，以广东学习论坛和岭南大讲坛为典型案例做简要分析。

（1）广东学习论坛

广东学习论坛最早成立于 2003 年 10 月。党的十六大后，广东省委提出要建设学习型班子，并建立了定期理论学习会制度。党委中心组每个月集中学习一次，报告主题以马克思主义理论与中国特色社会主义建设为重点，主要涉及国际国内政治经济形势、广东改革发展稳定等重大问题，如科技创新与全面建设小康社会、信息化与现代化、中国经济增长与经济发展、全面加强党的执政能力建设等。以 2014 年下半年的选题为例，题目分别有《推进依法行政，建设法治政府》《环境保护与全面、协调、可持续发展》《世界军事变革和我国军事斗争准备》《区域经济协调发展》《关于改善党的领导、提高执政能力问题》《新时期统一战线的若干理论与政策问题》等。

广东学习论坛是一个高规格的马克思主义学习传播平台，参加论坛学习的对象，最初是省委中心组成员，后来扩大到全省厅局级领导干部，每期听众都有三百多人。邀请的主讲嘉宾也多为中央、国家部委的有关领导、国内知名专家学者。至 2012 年年底，已经开展了90次学习活动，参与学习达数万人次。省委宣传部还把论坛报告编辑出版，先后出版了四辑《广东学习论坛报告选》（广东人民出版社出版）。在广东学习论坛的影响下，全省各地各部门纷纷开设学习论坛，如"广东高校学习论坛""工商学习论坛""潮州学习论坛"等，自觉学习马克思主义，运用马克思主义基本原理来分析、研判问题，一时成为风气。

（2）岭南大讲坛

岭南大讲坛是省委宣传部、省社科联于2005年起创办的一个公益性的社会化论坛。自成立以来，它秉承"弘扬人文精神，传播先进文化，构建和谐氛围，倡导社会理性"的理念，以每月一期学术热点系列、每周一期社科普及系列以及覆盖全省的地方特色系列，坚持高品质、大众性，深受社会各界的关注，也成为广东传播马克思主义的一个重要的社会化平台。

根据百度百科"岭南大讲坛"词条的介绍，岭南大讲坛主要包括四大版块：论坛类版块、研讨类版块、访谈类版块、读物类版块。

第一是论坛类版块。该版块包括6个系列，即学术论坛、公众论坛、地市论坛、巡回论坛、艺术论坛、企业论坛。其中，学术论坛主要邀请国内具有较高知名度的学术热点专家、学者型高层领导及海外知名学者，对学术前沿理论和当前重大时政热点以及海外最新学术资讯进行传播。听众主要是高校师生和科研人员。论坛每月举办一场，每场听众300～1000人不等，现场互动非常活跃，深受全省高校师生的欢迎。公众论坛主要邀请省内外知名专家学者跟踪解读公众关心的社会时事政治热点、难点问题，努力打造社会科学家与公众沟通的时事政治平台。该论坛于2005年2月启动，每周举办一次（每周六上午），听众主要是广州市民，地点在广东省科技图书馆学术报告厅。该论坛深受广大市民的欢迎，几乎场场爆满。

地市论坛于 2006 年 4 月正式启动，后来发展为涵盖全省的系列论坛：广州市的"岭南大讲坛·羊城学堂"、深圳市的"岭南大讲坛·深圳市民文化大讲堂"、珠海市的"岭南大讲坛·珠海文化大讲坛"、佛山市的"岭南大讲坛·南风讲坛"、肇庆市的"岭南大讲坛·星湖讲坛"、湛江市的"岭南大讲坛·市民读书论坛"、中山市的"岭南大讲坛·中山大讲坛"、东莞市的"岭南大讲坛·东莞市民讲坛"、梅州市的"岭南大讲坛·开放梅州论坛"、茂名市的"岭南大讲坛·油城论坛"、汕头市的"岭南大讲坛·鮀岛论坛"、揭阳市的"岭南大讲坛·榕江论坛"、潮州市的"岭南大讲坛·韩江论坛"、江门市的"岭南大讲坛·五邑论坛"、惠州市的"岭南大讲坛·惠州论坛"、汕尾市的"岭南大讲坛·海陆风论坛"、云浮市的"岭南大讲坛·大众论坛"、阳江市的"岭南大讲坛·漠江讲坛"、韶关市的"岭南大讲坛·历史文化论坛"、清远市的"岭南大讲坛·北江论坛"、河源市的"岭南大讲坛·河源论坛"。该版块的活动非常有效地带动了全省各地的社会科学普及工作的开展，为广东马克思主义的传播提供了一个全省联动、广泛覆盖的重要平台。巡回论坛包括两个专题系列：一个是"国事省情"专题，选择善于理论联系实际的社科普及专家到各地市巡回讲授，直接面向全省基层管理者，重点介绍时政热点和解读广东省政治、经济、文化与民情的基本状况及管理对策，力求让基层管理者对省委、省政府的工作目标有更多的了解与理解。另一个是"合格公民素质教育"专题，主要是邀请擅长给普通老百姓授课的专家学者不定期地到全省各地巡回讲授，努力让群众了解个人怎样在和谐社会建设中实现多彩的人生价值。该论坛于自 2007 年 4 月启动，受到全省各地市委、市政府，市委宣传部、市社科联以及市私营企业协会的高度重视，许多讲座均由市委领导或市政府领导亲自主持，每场听众 300～2000 人不等，深受基层干部群众的欢迎。艺术论坛与企业论坛分别于2007年9月、11月启动，以文化艺术和企业发展热点、难点问题为主题，邀请知名专家主讲，受到广东市民和中小企业管理者的欢迎。

第二是研讨类版块，即岭南学术论坛，主要采取研讨形式。论坛采取小型研讨会的形式，每月一次。研讨的主题既有包括马克思主义中国化等学术界关心的重大理论问题，也有广东省委、省政府领导所关注的重大现实问题。研讨形式是每次邀请2~3名专家做主题发言，其他专家围绕研讨主题发表意见，相互交流和讨论。

第三是访谈类版块，主要采取访谈形式。该版块利用南方网的网络平台，在理论频道开设"岭南大讲坛·热点网谈"节目。版块紧密结合网上热点社会问题及广东省重大新闻事件，以"网上讲坛"的形式邀请嘉宾与网友在线交流，用贴近网民的话语引导网民用马克思主义理论和正确的世界观来讨论、思考及理解在我国、我省经济发展和社会变革时期出现的各类问题，充实网上理论宣传内容，创新宣传方式，加强理论宣传的能动性，为我国、我省构建一片全新的主流舆论强势的网上理论宣传阵地。该栏目基本固定每两周举行一期，每期邀请1~2名对网络媒体特点和网民价值取向有一定了解的省内中青年专家学者。访谈室设在南方网内，访谈实行全程网上直播并接受网上提问。该版块于2007年9月启动，每期在线收看和参与访谈的网友逾万，取得了良好的社会反响和社会效益。

第四是读物类版块，主要采取编辑出版文字、音像出版物形式。该版块将岭南大讲坛的优质内容，通过刊物、文集、丛书以及音像制品等形式予以公开发表。其中包括每月一期的《岭南学术论坛文本（研讨版块）》，每年结集出版的《岭南大讲坛·学术论坛年度文集（研讨版块）》《岭南大讲坛·公众论坛年度文集（研讨版块）》《岭南大讲坛·地市论坛年度文集（研讨版块）》《岭南大讲

坛·巡回论坛年度文集（研讨版块）》《岭南学术论坛年度文集
（研讨版块）》等，每年录制出版的《岭南大讲坛系列讲座光盘
（论坛版块）》，以及不定期出版的《社会科学普及丛书》等。

经过多年的摸索与实践，岭南大讲坛的品牌效应日显，并初步
形成了网络、报纸、电视、广播等立体传播态势。如《南方日报》
《羊城晚报》《南方都市报》及广东电视台、广东卫星广播电台、南
方新闻网等对论坛各版块的活动进行追踪报道，南方新闻网对每场
岭南大讲坛都进行文字直播或文字播报，广东电视台对每月一场的
岭南大讲坛系列进行现场采访和报道，《羊城晚报》《南方都市报》
开设专栏全文报道，广东卫星广播电台安排每星期两小时的时段对
岭南大讲坛的系列讲座进行广播，"岭南大讲坛·巡回论坛"实行
省市媒体联动报道等。

三、中国特色社会主义理论体系的广东传播

改革开放新时期马克思主义的传播，一个重要现象就是作为中
国化马克思主义的中国特色社会主义理论体系被广为接受。在全国
改革开放事业整体推进的背景下，广东的马克思主义传播呈现了自
身的特点：一方面，广东"先行一步"的改革开放实践，特别是经
济特区建设的成功实践，因其为中国特色社会主义理论体系的形成
和发展所提供的丰富的时代素材和现实依据，成为人们主动了解和
接受马克思主义的重要诱因；另一方面，包括邓小平理论、"三个
代表"重要思想、科学发展观、习近平新时代中国特色社会主义思
想在内的中国特色社会主义理论体系，经由广泛而深入的传播，又
反过来为广东改革开放和现代化建设提供方向指引和理论支持。

（一）邓小平理论在广东的传播

"文化大革命"结束后，在全国上下普遍的"中国向何处去"的焦虑中，邓小平以其远见卓识、丰富的政治经验以及高超的领导艺术，推动了拨乱反正在各领域的深入展开，使得中国的发展重新回归到正确的方向和轨道上来。从党的十一届三中全会到党的十三大，邓小平围绕着什么是社会主义、怎样建设社会主义这个主题开展持续的调研、研究和思考，逐步形成了"建设有中国特色的社会主义"的思路，并在党的十三大正式宣告，走建设有中国特色的社会主义的道路。从党的十三大到党的十四大，经过国内风波和国际局势的严峻考验，以 1992 年年初南方谈话为标志，邓小平对中国建设什么样的社会主义、怎样建设中国特色社会主义的思考趋于成熟，邓小平建设有中国特色社会主义理论形成科学体系。邓小平理论作为马克思列宁主义基本原理与当代中国实际相结合的产物，用新的思想、观点，继承和发展了马克思主义。它第一次比较系统地初步回答了在中国这样一个经济文化比较落后的国家如何建设社会主义、如何巩固和发展社会主义的一系列基本问题，从而成为中国特色社会主义理论体系的首创和奠基，成为继毛泽东思想之后马克思主义中国化的第二次历史性飞跃的理论成果，也成为世界社会主义发展的第四次历史性飞跃。

1. 广东媒体发出"南方谈话"最强音

1992 年 1 月 18 日至 2 月 21 日，邓小平到武昌、深圳、珠海、上海等地考察，其间发表了一系列讲话，这就是后来广为传播的"南方谈话"。1992 年春节之后，广东省委召开厅局级以上干部会议，传达了邓小平谈话的记录稿。2 月 28 日，邓小平的南方谈话作为中共中央文件，正式向全党做了传达。《人民日报》《南方日报》《解放日报》《深圳特区报》等中央和地方报纸相继连续发表社论、评论，传达和阐述邓小平南方谈话的精神。

可是，邓小平南方之行的消息，仍然未见之于报端。原因是在来广东之前，邓小平已经让工作人员向广东宣布了四个"不"：不听汇报，不要陪餐，不题词，不见报。但随着时间的推移，邓小平南方之行的消息已经在民间特别是港澳及海外传得沸沸扬扬，在此背景下，《南方日报》于1992年3月18日以整版篇幅彩色印刷，刊登了邓小平在广东的照片。接着，《羊城晚报》《广州日报》也先后以整版篇幅刊登了邓小平在广东的照片。邓小平南方之行就这样以照片形式最先见诸报端。

1992年3月26日，《深圳特区报》以头条位置刊出长篇通讯《东方风来满眼春——邓小平同志在深圳纪实》，详细报道邓小平视察深圳的经过和重要谈话内容，这是国内外媒体第一次公开报道邓小平南方视察及有关谈话。同日下午，向来以抢抓新闻"快、准、狠"闻名全国新闻界的《羊城晚报》，马上决定对基本定版的26日报纸的主要新闻版面做重大调整，成为第一家转载《东方风来满眼春——邓小平同志在深圳纪实》的报纸。此后，全国其他各大媒体纷纷转载和报道，在海内外引起强烈反响：3月28日，上海《文汇报》及北京《中华工商时报》全文转载。30日，新华社当日以A级稿向海内外播发，并配发五百多字的消息；《光明日报》《北京日报》全文转载。31日，《人民日报》《解放军报》《经济日报》《解放日报》《中国青年报》《工人日报》等全国主要报纸都予以刊登；中央电视台在新闻联播之后用45分钟的时间全文播发。4月2日的《参考消息》头版头条以《外电外报评中国报道邓小平深圳之行》为题，译发了美、英、日三国媒体的部分反应。所谓"一石激起千层浪"，《东方风来满眼春——邓小平同志在深圳纪实》的广为传播打碎了一段时间以来姓"社"姓"资"的精神桎梏，推动了又一次思想大解放，对中国的改革开放和现代化建设都产生了重大作用。

此外，根据邓小平南方谈话，《深圳特区报》从 1992 年 2 月 20 日到 3 月 6 日，连续发表《扭住中心不放松》《要搞快一点》《要敢闯》《多干实事》《两只手都要硬》《共产党能消灭腐败》《稳定是个大前提》《我们只能走社会主义道路》等 8 篇猴年新春评论。《深圳商报》从 3 月 12 日到 4 月 3 日分别刊登《为进一步解放思想鸣炮》《快马再加鞭》《防右、更防"左"》《实事求是贵在"敢"》《敢用他山之石》《险处敢登攀》《胸怀大局才敢闯》《借鉴香港互利共荣》等文，以评论形式八论敢闯，及时地传播邓小平南方谈话的精神，在南方掀起了一股舆论冲击波，引起了国内外新闻媒介的高度重视，有力地推动了邓小平理论这一改革开放新时期中国化马克思主义的广泛传播。

2. 广东持续深入推动邓小平理论传播

邓小平理论的传播是伴随着邓小平理论形成的进程而逐步推进的。以 1992 年年初南方谈话的发表为时间划界，南方谈话成为邓小平理论科学体系正式形成的标志。在此之前，邓小平理论的传播多以讲话、指示、文件等原著的形式，通过从中央到地方各级党委政府以及各级党校层层传导学习贯彻，并通过党报党刊和广播电视的宣传和介绍，不断把邓小平理论推向社会和大众。

1992 年 10 月，党的十四大以邓小平南方谈话精神为指引确立了邓小平建设有中国特色社会主义理论在全党的指导地位。① 此后，

---

① 1987 年 10 月，中共十三大召开，会议系统阐述了邓小平社会主义初级阶段理论，从而使建设有中国特色的社会主义理论有了比较清晰的轮廓。

学术界、理论界的研究、阐释大量出现，对邓小平理论的传播、学习进入一个更加丰富、多元有序的阶段。早在 1992 年 3 月，中共中央政治局在北京召开全体会议，讨论中国改革和发展的若干重大问题。会议认为谈话不仅对中国当前的改革和建设，对开好十四大，具有十分重要的指导作用，而且对中国整个社会主义现代化建设事业具有重大而深远的意义。会议还提出："全党同志特别是各级领导干部，要认真学习邓小平同志的谈话，认真学习邓小平同志关于建设中国特色社会主义的一系列重要论述，进一步提高全国贯彻执行党的基本路线的自觉性。"[①] 与此同时，中共中央还下达了《中共中央关于传达学习邓小平同志重要谈话的通知》，提出要用邓小平建设有中国特色社会主义理论武装全党和全国人民的要求。党的十五大，邓小平建设有中国特色社会主义理论被正式命名为"邓小平理论"。1998 年 6 月，中共中央发出《关于在全党深入学习邓小平理论的通知》。通知指出，深入学习邓小平理论是一项重大而紧迫的任务；要把全党的理论学习提高到新水平，进一步加强对邓小平理论的研究和宣传。

在中央的统一要求和部署下，全国形成了空前的传播、学习邓小平建设有中国特色社会主义理论的高潮。广东省委大力推动对邓小平理论的传播，学习邓小平理论成为人们读懂时代的思想之钥。

（1）基于原著的传播

原著能够最全面、准确地反映作者的思想观点，是人们引经据典的根据，原著传播是任何一种思想理论的基本传播形式。从原著文本来说，3 卷《邓小平文选》是一个连续的整体。人民出版社先

---

① 江流、傅青元：《建设中国特色社会主义史纲》，社会科学文献出版社 2008 年版，第 139 页。

后出版了《邓小平文选（1975—1982）》第二卷（1983 年）、《邓小平文选（1938—1965）》第一卷（1989 年）和《邓小平文选》第三卷（1993 年）①，为人们更加集中地了解邓小平的科学论述提供了便利，极大地推动了邓小平理论的传播。其中，第三卷以及 1983 年出版的第二卷展现了邓小平建设有中国特色社会主义理论逐步形成的历史全貌，集中体现了改革开放新时期以来当代中国马克思主义的精华。

《邓小平文选》第三卷出版后，中共中央在人民大会堂举行学习《邓小平文选》第三卷的报告会，号召全党认真学习建设有中国特色社会主义理论，积极、全面、正确地贯彻执行党的基本路线，并决定分期举办省部级主要领导干部学习《邓小平文选》第三卷的理论研讨班，以带动全党的理论学习。

1994 年，在《邓小平文选》第三卷出版一周年之际，《邓小平文选》的前两卷再次修订出版②。中宣部、中组部发出关于学习《邓小平文选》第一卷、第二卷的通知，邓小平理论学习不断向广

---

① 《邓小平文选》第三卷收录了邓小平 1982—1992 年期间的重要著作，共 119 篇，很大一部分是第一次公开发表。曾经在《建设有中国特色的社会主义》（增订本）、《邓小平同志重要谈话（1987 年 2—7 月）》等小册子和报纸上发表过的著作，这次编入文选时，又做了文字整理，许多篇根据记录稿增补了重要内容。文选以《中国共产党第十二次全国代表大会开幕词》作为开卷篇，以 1992 年 1 月 18 日至 2 月 21 日《在武昌、深圳、珠海、上海等地的谈话要点》作为结束篇。

② 收入邓小平自 20 世纪 30 年代末至 90 年代初长达半个多世纪的主要著作共 222 篇，所收著作均经作者审定。1983 年出版《邓小平文选（1975—1982）》，1989 年出版《邓小平文选（1938—1965）》。1993 年将邓小平 1982 年 9 月至 1992 年 2 月这段时间内的主要著作编辑为《邓小平文选》第三卷，出版后经作者同意，对前两卷文选做了增订，于 1994 年出版第二版，并按时间次序改称第一卷、第二卷。其中第一卷编入邓小平 1938 年 1 月至 1965 年 12 月的主要著作 43 篇，第二卷编入邓小平 1975—1982 年这段时间内的主要著作 60 篇。

度和深度发展。与此同时，为帮助广大干部群众学习、研究和掌握这一理论，中宣部编写了《邓小平同志建设有中国特色社会主义理论学习纲要》（1995 年）、中共中央文献研究室编辑出版了《邓小平关于建设有中国特色社会主义的论述专题摘编》（1995 年）等书，供广大读者开展学习。在此背景下，广东省各级党委政府、各级党校、干部培训机构和各高等学校根据中央的精神要求，认真开展邓小平理论"进教材、进课堂、进学生头脑"的"三进"工作，不断推动和改进邓小平理论传播与学习的落地见效。

（2）基于理论研究和再阐释的传播

更多样的传播形式是在基于邓小平理论研究和再阐释基础上展开的。广东作为改革开放的前沿阵地，也是传播、学习与践行邓小平建设有中国特色社会主义理论的排头兵。1992 年南方谈话后，特别是党的十四大、十五大后，广东各级党委政府按照中央的部署要求，采取各种形式，利用报纸、广播电视、出版、讲座、培训班等多样化形式，推动学习邓小平理论活动不断走向深入。理论界和学术界出现了大批阐发、研究邓小平理论的著作、辅导读物及阐释文章，全省学习邓小平理论蔚然成风，使得邓小平理论的传播变得更具系统性、完整性。在邓小平理论的传播过程中，广东各界充分发挥创造性，助力邓小平理论进入各行各业、千家万户。

首先是大力开展邓小平理论的研究、阐释。省内各高校、党校、社科院、党史研究室等机构形成了一支稳定的邓小平理论研究队伍，与此同时，广东还基于高校、科研院所成立邓小平理论研究中心、广东省邓小平理论研究会等机构与社团，持续撰写相关理论阐释著作与文章，出版发表了大量研究成果。代表性的成果如《邓小平理论与广东实践研究丛书》《邓小平理论在广东》《邓小平理论与广东改革发展新阶段》《东方风来 20 年：邓小平南方谈话的理论贡献》《南方谈话与中国特色社会主义新发展》等。大力开展学术研讨交流活动，助力邓小平理论的传播。影响比较大的如广东省党校系统邓小平理论研讨会（1998 年）、"纪念邓小平南方谈话发表10 周年"理论研讨会、"邓小平理论与广东改革开放"研讨会（2004 年）等。

其次是邓小平理论在高校的"三进"工作。高校是传播、学习邓小平理论的重要阵地和平台。在中央的统一部署下，邓小平理论"进教材、进课堂、进学生头脑"的"三进"工作持续展开。

党的十五大后，教育部对"两课"课程设置进行调整，于1998 年 4 月 28 日，教育部联合中宣部印发《关于普通高等学校开设〈邓小平理论概论〉课的通知》，要求各普通高校从 1998 年秋季开始普遍开设"邓小平理论概论"课程。1998 年 6 月 10 日，中宣部、教育部印发《关于普通高等学校"两课"课程设置的规定及其实施工作的意见》。意见指出，当前要积极贯彻落实党的十五大精神，进一步解决好邓小平理论"进教材、进课堂、进学生头脑"这一主要任务；"两课"课程设置要以邓小平理论为中心内容。

随着邓小平理论"三进"工作在高校的推进，全国各高校认真贯彻落实党中央的有关指示，编写了适应自学考试、成人教育、大学教育及各种入学考试的有关邓小平理论的教材。据不完全统计，仅 1998 年以来，全国不同地区编写的《邓小平理论概论》不少于30 种。[①] 广东省部分高校也纷纷组织师资，编写自己的教辅读本，供不同层次学生使用的教材。此外，教育主管部门和各高校为了使邓小平理论真正进学生头脑，除了致力于做好"进教材""进课堂"

---

① 秦宣主编：《邓小平理论研究述评》，中国人民大学出版社 2002 年版，第 9 页。

工作外，还积极探索，把邓小平理论教育向"第二课堂"、向"进网络""进学生公寓"方面延伸、拓展，形成了课堂教学与课外理论学习、社团活动、社会实践、学生党建团建工作有机结合的多渠道、多层次理论教育格局，并不断向广度、深度发展，"三进"工作的覆盖面和受益面进一步扩大。

最后是以文艺形式传播邓小平理论。报纸、广播电视及出版面向大众承担着邓小平理论传播、教育的功能。广东电视台、广东人民广播电台及各地市电视台、广播电台纷纷以专栏节目、专题形式，开展邓小平理论的大众化传播。其中最受欢迎的则是以文艺形式呈现的邓小平理论传播。自改革开放以后，邓小平先后两次亲临广东视察，其理论的形成与成熟，也与广东的改革开放紧密相关。其一，以口述史为代表的亲历者的著述成为广东邓小平理论传播的一大特色。代表性的作品如亲历者的《1992·邓小平南方之行》（陈开枝，中国文史出版社 2004 年版）、《邓小平南方谈话真情实录：记录人的记述》（吴松营，人民出版社 2011 年版）、《南方谈话亲历者访谈录》（田炳信，广东人民出版社 2012 年版）和《南行纪：1992 年邓小平南方谈话全记录》（牛正武，广东人民出版社 2012 年版）等。其二，画册也是直观呈现邓小平及其理论思想的理想载体，广东先后出版了不少反映邓小平与广东改革开放的画册。具有代表性的如《邓小平在广东》[①]（1992 年）、《永远的春天：邓小平与广东改革开放》（2004 年）等。其三，影视作品以其形象再现与深度解读相结合的特质，成为传播邓小平理论的重要形式。就全国而言，与邓小平理论阐释密切相关的影视作品，主要是纪录

---

① 该画册收录了多帧邓小平 1977—1992 年视察广东留下的珍贵照片，是首部反映邓小平与广东改革开放的画册。

片、电视专题片等形态。如中共中央文献研究室和中央电视台联合摄制的 12 集电视文献纪录片《邓小平》（1997 年）、中共中央文献研究室和中央新闻纪录电影制片厂出品的电影纪录片《丰碑》（1998 年）、中共中央电视台拍摄的 12 集电视文献纪录片《改革开放 20 年》（1998 年）、中央文献研究室和香港凤凰卫视推出的《永远的小平》（2002 年）、上海电视台的电视专题片《人间正道——"发展才是硬道理"纵横谈》（1997 年）、中共中央组织部组织局出品的电视专题片《第二次飞跃：邓小平理论与实践》（1999 年）、中央电视台推出的 18 集大型理论专题片《伟大的旗帜》（1999 年）等。此外，有着较大影响的还有教育部社会科学研究与思想政治工作司同高等教育出版社联合制作的 18 集邓小平理论教学片《新时期的旗帜》（1999 年）、上海人民艺术剧院编排的话剧《小平，你好》（2001 年）等。

广东在省委和宣传部门的主导下，先后拍摄了不少有关的作品，受到观众的普遍好评。代表性的分别有 1996 年深圳拍摄的纪录片《邓小平南巡纪实》、1999 年广东省委宣传部拍摄的理论专题片《春风绿南粤——邓小平理论与广东实践》①、2003 年珠江电影制片公司与中共中央文献研究室等单位联合制作的电影故事片《邓小平》②、2004 年广东省委推出的《永远的春天——邓小平与广东改革开放》等。

---

① 该片以中共中央宣传部组织编写的《邓小平建设有中国特色社会主义理论学习纲要》为蓝本，全面系统地介绍了邓小平理论形成、发展的基本过程，阐述了邓小平理论的主要观点，揭示了邓小平理论深刻的现实意义和深远的历史意义。

② 影片以邓小平作为"改革开放总设计师"的丰功伟绩为主线，按时间的先后顺序再现了邓小平从 1977 年复出至 1992 年视察南方这段重要历程中的光辉形象。

（二）"三个代表"重要思想在广东的传播

"三个代表"重要思想是继毛泽东思想、邓小平理论之后马克思主义中国化的又一重大理论成果，是具有中国作风和中国气派的发展着的马克思主义的体现。"三个代表"重要思想最早在广东完整地提出，此后，又在广东大地广泛传播、落地，广东是实践"三个代表"重要思想的排头兵、示范地。

1. "三个代表"重要思想在广东提出

"三个代表"重要思想在广东的提出，缘于中共中央对县（市）一级"三讲"教育的安排。"三讲"教育始于1996年。1996年10月，党的十四届六中全会做出决定，对县处级以上领导干部进行一次为期三年的以讲学习、讲政治、讲正气为主要内容的党性党风教育。世纪之交，中央政治局常委决定，每位常委同志到一个县（市）就县级领导班子、领导干部开展"三讲"教育的情况做深入的调查研究，并对县（市）领导干部进行"三讲"教育动员。

1999年年底，广东省委接到中央有关部门通知，告知有中央领导同志（江泽民）将到广东一个县（区）做党建调研，并开展县级"三讲"动员讲话。广东省委经过综合考虑，报送了茂名高州市及另外三个发展情况较好的县（区），供中央选定。江泽民最终选定了高州市作为"三讲"教育动员和党建调研的点。

2000年2月20日上午，江泽民一行来到高州市孙中山纪念堂，在会议室亲自主持召开了有市、镇、村干部三十余人参加的党建工作座谈会。在听取了当地干部的汇报之后，江泽民提出了"当前群众最关心的是什么？""群众最希望我们党组织做什么？""基层党组织建设到底怎样搞？"等问题，请大家畅所欲言。最后，江泽民做了重要讲话，他指出，基层党的建设是我们党的工作基础，"基础不牢，地动山摇"。他勉励大家兢兢业业地做好工作，搞好团结，带领群众发展生产，走致富之路。他还就社会主义是相当长的历史时期，以及关于完善基层选举等问题进行了剖析。①

2月20日下午，"三讲"教育动员大会在高州市礼堂召开，近四百名干部参加了会议。在大会上，江泽民指出，我们要正确应对国内外错综复杂的环境，坚定不移地完成改革和建设的各项任务，必须进一步从思想、组织和作风上把党建设好。改革开放以来，我们的党员、干部队伍的构成情况发生了很大的变化，提出了许多新的课题。我们要使党始终保持工人阶级先锋队性质，始终代表最广大人民群众的利益，始终成为社会先进生产力的代表，始终领导全国各族人民促进社会生产力的发展，始终坚强有力地发挥好领导核心作用，也必须结合新的历史条件进一步从思想上、组织上和作风上把党建设好。他强调，每一个领导干部都应该想一想，参加革命是为什么？在领导岗位上应该做什么？将来身后应该留点什么？他勉励大家做到"四个坚持"：坚持不懈地加强学习，坚持党的解放思想、实事求是的思想路线，坚持深入实际、深入群众，坚持共产党人的革命气节。②

江泽民对如何搞好县（市）"三讲"教育提出了明确的要求，他指出，县（市）领导班子、领导干部应以讲政治为核心，着重从坚定对马克思主义的信仰和对建设有中国特色社会主义的信念，增强全面贯彻落实党的路线方针政策的自觉性和坚定性，牢固树立全心全意为人民服务的思想，严格遵守民主集中制的各项规定，树立

---

① 陈弘君：《江泽民在广东发表"三个代表"重要讲话的历史考察》，《岭南学刊》2002年第4期，第10页。

② 成龙、郭丽兰、张伟东：《马克思主义中国化在广东——历史·理论·实践》，北京大学出版社2012年版，第222—223页。

求真务实、埋头苦干、依靠群众、发扬民主的好作风等方面查找和解决问题。县（市）领导干部责任重大，要坚持不懈地认真刻苦地学习马克思列宁主义、毛泽东思想、邓小平理论。全国两千多个县（市）的领导同志，如果都能不断地提高自己的思想理论素质，都能全面正确地理解和贯彻落实党的路线方针政策，对于实现和保持全党思想上的统一、政治信念上的坚定、组织上行动上的一致，其意义是十分重大的。①

高州"三讲"教育动员大会后，江泽民一行还先后视察了深圳、顺德及广州等地并召开座谈会。2000 年 2 月 22 日，江泽民深入深圳市龙岗区布吉镇南岭村，与村党支部成员、村民党员代表就基层党的建设进行座谈。23 日上午，江泽民在顺德市主持召开企业党建工作座谈会，听取了顺德市委和部分国有企业、合资企业、私营企业党组织负责人的汇报，详细了解顺德市企业党建的做法和经验。24 日下午，江泽民在广州市主持召开党建工作座谈会，与部分企业事业单位和街道党组织负责人，共同探讨新时期如何加强党的建设。

2 月 25 日上午，江泽民在听取广东省委的工作汇报后表示，广东省委、省政府坚持以邓小平理论为指导，坚决贯彻落实党的十五大精神和中央的各项工作部署，按照增创新优势和在全国率先基本实现现代化的要求，带领全省广大干部群众艰苦奋斗，开拓进取，两个文明建设都取得了新的成绩。他希望广东省的各级领导干部，团结一致，同舟共济，带领广大群众为增创新优势，更上一层楼，基本实现社会主义现代化，继续解放思想，实事求是，大胆探索，开拓进取，不断创造新的业绩。他进而指出，总

---

① 《江泽民出席"三讲"教育会议并发表重要讲话》，新华通讯社，2000 年 2 月 21 日。

结我们党七十多年的历史，可以得出一个重要的结论，这就是，我们党之所以赢得人民的拥护，是因为我们党作为中国工人阶级的先锋队，在革命、建设、改革的各个历史时期，总是代表着中国先进社会生产力的发展要求，代表着中国先进文化的前进方向，代表着中国最广大人民的根本利益，并通过制定正确的路线方针政策，为实现国家和人民的根本利益而不懈奋斗。……所有的共产党员和领导干部，都要深刻认识和牢牢把握这三个"代表"，用以指导自己的思想和行动，这样才能使自己真正成为一个合格的党员，合格的党的领导干部。[①]

这是江泽民第一次明确和完整地提出"三个代表"重要思想的表述。此后，他在不同场合、不同条件下多次谈到"三个代表"的重要思想的表述。2000 年 5 月，在江苏、浙江、上海考察工作时指出："始终代表中国先进生产力的发展要求、中国先进文化的前进方向、中国最广大人民的根本利益，是我们党的立党之本、执政之基、力量之源。"2001 年 7 月，在庆祝中国共产党成立 80 周年大会讲话中，他全面阐释了"三个代表"重要思想的科学内涵和基本内容，深刻回答了在新的历史条件下"建设什么样的党，怎样建设党"这一重大问题。党的十六大把"三个代表"重要思想同马克思列宁主义、毛泽东思想、邓小平理论一道，确立为党必须长期坚持的指导思想并写进了党章。2004 年，"三个代表"重要思想写入宪法。

---

① 《江泽民强调：紧密结合新的历史条件加强党的建设　始终带领全国人民促进生产力的发展》，新华社广州，2000 年 2 月 25 日。

2. 广东全面开展"三讲"教育，传播、学习"三个代表"重要思想

江泽民"三个代表"的重要讲话发表后，在全国掀起了持续深入的传播、学习活动。广东作为江泽民首次完整发表"三个代表"重要思想的省份，广东省委、省政府迅速行动，周密部署"三个代表"重要思想的传播、学习教育工作。江泽民高州重要讲话和视察广东系列重要讲话后，广东省委立即响应，分别于 2000 年 2 月 20 日和 25 日召开省委常委会议，传达和部署学习"三个代表"重要思想活动。3 月 1 日，广东省委发出《关于认真组织学习贯彻江泽民同志视察广东重要讲话精神的通知》。通知要求：各地各单位要迅速组织认真学习江泽民的重要讲话；努力增创广东发展新优势，推动经济建设上新水平；大力推进社会主义精神文明建设，着力建立文明法治环境；全面加强党的建设，为广东率先基本实现现代化提供有力保证；紧密结合实际，精心研究制定贯彻措施，狠抓落实。3 月 30—31 日，省委召开全省党员领导干部会议，集中学习"三个代表"重要思想，强调全省各级党组织要把"三个代表"重要思想作为党的建设的总要求、总目标，切实增强责任感和紧迫感，全面加强党的建设。7 月 6—7 日，省委召开八届五次全会，审议通过《中共广东省委关于深入学习贯彻江泽民同志"三个代表"重要思想的决议》。决议要求全省各级党组织和广大党员要认真学习、深刻领会和全面落实"三个代表"重要思想，把它当作一项事关全局的根本大事来抓。会议制定了在率先基本实现社会主义现代化的实践中落实"三个代表"的重要思想，按照"三个代表"重要思想的要求切实加强党的建设的措施。要求各级党员领导干部带头贯彻落实"三个代表"重要思想，在思想上、政治上和行

动上同党中央保持高度一致。8月25日，省委组织部、宣传部联合发出《关于在全省党员中广泛深入开展"三个代表"教育活动的意见》的通知，就开展教育活动的意义、指导思想、目的要求、遵循原则和方式方法以及组织领导等问题提出了明确的要求。12月，省委召开三级干部会议，贯彻落实中央关于在农村开展"三个代表"重要思想学习教育活动的决定。会议确定了在广东农村开展"三个代表"重要思想学习教育活动的指导思想、原则、基本要求、方法步骤和时间安排。

在省委、省政府的统一安排下，"三个代表"重要思想学习教育活动迅速在全省推行开来，形成了多层次、多渠道、多形式的传播、学习的良好态势。

（1）全省各级党委领导班子、广大党员领导干部开展"三个代表"重要思想学习教育活动

2000年5月19日，广东省委召开常委会议，专题学习"三个代表"重要思想。各市、县党委和省直各单位、高校、大中型企业党委也都以召开党委扩大会议、学习中心组学习、学习报告会等形式进行了学习讨论。省委将省农业厅、司法厅、电力集团公司和海丰县、博罗县、雷州市等6个单位作为"三个代表"重要思想学习教育活动试点单位，认真总结摸索经验，指导面上的学习教育活动。

从2002年上半年开始，省委组织部、省委宣传部、省直机关工委在省政府礼堂联合举办了省直单位学习中心组成员重大理论与实践问题系列报告会，围绕"七一"讲话中广大党员干部关心的热点、难点问题，邀请北京和省内专家进行专题辅导。同时，省委组织部、省委宣传部、省直机关工委联合在星海音乐厅组织了省直单

位"三个代表"重要思想系列讲座大型党课活动。党课采取专题辅导、朗诵、演唱、演奏交响乐相结合的形式进行。授课中台上与台下联动，教育者与被教育者统一，场面气势恢宏，体现了思想性、艺术性和群众性的完美结合，令听课者耳目一新。其中中国先进文化专题讲座采用的是专题辅导和演奏交响乐《黄河大合唱》形式。这场党课所制作的音像光盘，获得了中组部授予的全国党员教育电教片一等奖。[①]

（2）强化研究阐释，深化"三个代表"重要思想的传播

广东省委大力推动"三个代表"重要思想的研究阐释，提出"三着眼"深化"三个代表"重要思想研究：一是着眼于邓小平理论和"三个代表"重要思想在广东的实践和发展；二是着眼于在广东改革开放和现代化建设走在全国前列的实践基础上，推进马克思主义的理论创新；三是着眼于用邓小平理论和"三个代表"重要思想统一全省人民的思想，凝聚人心，凝聚力量，努力在全省营造一种思想解放、与时俱进、奋发有为、大胆创新的思想氛围。

一是广东省委以"三个代表"重要思想为指导开展对重大理论和实践问题的研究，先后编写出版《与时俱进的社会主义》和《马克思主义的当代价值》两套丛书。二是组织专家学者召开理论研讨会，推动"三个代表"重要思想理论研究的交流、传播。2001年2月，"三个代表"重要思想发表一周年之际，茂名市主办了以广东学者为主的全国性"三个代表"重要思想理论研讨会。7月由省委宣传部、组织部、党史研究室等单位联合在广州召开了广东省学习

[①]　杨汉卿：《"三个代表"重要思想与广东》，《广东青年干部学院学报》2002年第4期，第12页。

江泽民"七一"重要讲话理论研讨会。2002年10月,省委组织部、宣传部联合召开"'三个代表'重要思想与广东实践经验交流和理论"大型研讨会;广东社会科学界各学会也相继召开了"三个代表"重要思想学术研讨会。这些研讨会产生了全省理论和实际工作者撰写的一大批理论研究文章,有力地推动了"三个代表"重要思想在广东的学习研究。与此同时,一批高质量、有特色的理论成果在《人民日报》《光明日报》《求是》杂志和《南方日报》等国家和省内主要报刊发表,有力地推动了"三个代表"重要思想在广东的传播。

(3)以多样化形式推动"三个代表"重要思想的社会传播

通过报刊、广播影视、互联网、展览展演等形式,多层次多渠道传播"三个代表"重要思想,在全省形成了强大的宣传声势,引起了强烈的社会反响。

其一,充分发挥报纸和网络媒体广泛覆盖的优势,以理论专栏、深度报道等多样化形式持续报道"三个代表"重要思想学习教育活动的成效。如广东组织省直主要新闻单位一百名记者深入基层采访,采访情况在各新闻媒体开设的"'三个代表'在广东百名记者大型采访活动"专栏刊播。如在南方网开办了《南方论坛》专栏,围绕"三个代表"重要思想组织专家和网民进行专题讨论。全省各新闻单位网站和综合性非新闻单位网站的新闻页面上,大都开辟了宣传"三个代表"重要思想的专栏。网信部门还针对互联网思想理论类网站进行跟踪,编辑《网上理论动态》,为有针对性地开展网上理论宣传提供参考。

其二,发挥广电媒体形象传播、动态传播的优势,开辟《"三个代表"在广东》广播电视专题节目,制作电视专题片。广东电视台及各地市电视台设立《"三个代表"在广东》新闻栏目与理论宣传专题。广东电台在新闻频道、珠江经济台和城市之声的新闻专辑中设立《学习实践"三个代表"在广东》专栏。组织创作拍摄重点电视理论专题片。由省委宣传部牵头，与广东电视台、中央电视台等单位联合拍摄《新世纪宣言——"三个代表"与伟大复兴》《社会主义四百年》等电视理论专题片。

其三，开展形式多样的主题传播、宣传活动。一是发起征文活动。2003年6月，由广东省委组织部、宣传部组织，《南方日报》《羊城晚报》《广州日报》《学术研究》《广东社会科学》共同发起的领导干部谈"三个代表"征文活动，吸引了全省县（处）级以上领导干部242篇来稿，文章撰写学习"三个代表"重要思想，贯彻十六大精神，创造性地开展工作的体会文章，介绍本地区、本部门全面建设小康社会，加快率先基本实现社会主义现代化的新思路、新举措和新经验，为促进领导干部带好头，在全省兴起学习贯彻"三个代表"重要思想新高潮，起到了推动作用。此外，《南方日报》《羊城晚报》《广州日报》《深圳特区报》及其他地级市委机关报和主要理论刊物等报刊也纷纷发起征文活动，开辟专栏，刊发优秀文章，形成了良好的社会反响。二是组织实践"三个代表"先进典型巡回报告。省委宣传部、省委组织部共同组织学习实践"三个代表"重要思想先进典型报告团，报告团有来自国有企业、民营企业、基层党组织、机关等各个方面的代表。2002年7月报告团在广州组织首场报告会，随后到全省各地巡回报告。各市、县参照省的做法进行，新闻媒体同时大力报道巡回报告的先进典型。三是利用重大纪念活动进行图片展览和电影展播等活动。如2002年10月，由省委宣传部、省委组织部联合主办的"'三个代表'重要思想在广东的实践"大型图片展在广州正式开幕，随后到全省各地巡回展览。①

（三）科学发展观在广东的传播

党的十六大以来，在中国经济高速增长持续二十余年、经济社会发展不平衡问题日益成为全局性突出问题的背景下，以胡锦涛为代表的中国共产党人创造性地提出了科学发展观。广东作为改革开放先行先试的地区，一方面，广东实践为当代中国马克思主义的理论发现提供了至关重要的基本经验；另一方面，广东发展的先行一步，也更早地体会到发展的不平衡所带来的问题，基于此，人们对于理论指导的高度重视，也使广东成为传播科学发展观的先行之地。

1. 科学发展观率先在广东提出

2003 年 4 月，"非典"肆虐中国的春天，广东人民万众一心抗击"非典"疫情的关键时期，胡锦涛乘专机直抵广东，先后视察了湛江、深圳、东莞、广州四市。

4 月 15 日，胡锦涛在省委招待所珠岛宾馆红棉厅听取广东省委、省政府的工作汇报。在这里，胡锦涛首次提出了"全面的发展观"的说法。他指出："在新世纪新阶段，包括广东在内的东部地区正处在一个新的发展起点上，面临着新机遇、新挑战、新任务。我们要认清形势，进一步增强加快发展、率先发展、协调发展的历史责任感和使命感。要积极探索加快发展的新路子，通过完善发展思路不断增强创新优势；着力深化改革，通过制度创新不断增强创

---

① 杨汉卿：《"三个代表"重要思想与广东》，《广东青年干部学院学报》2002 年第 4 期，第 13—14 页。

新优势；进一步发展外向型经济，通过扩大对外开放不断增强创新优势；大力实施科教兴国战略和人才战略，通过科技创新和发挥人才效应不断增强创新优势；坚持全面的发展观，通过促进三个文明协调发展不断争创新优势。要在全面建设小康社会、率先基本实现社会主义现代化的进程中，努力在社会主义物质文明、政治文明、精神文明建设方面都交出优异的答卷。"[①]

"全面的发展观"，这是胡锦涛第一次较为完整地就科学发展观提出总的看法和基本定位。2003 年 8 月 28 日至 9 月 1 日，胡锦涛在江西考察工作时，正式把全面、协调和可持续的发展观表述为科学发展观，并明确地使用了"科学发展观"这一概念。他指出："要牢固树立协调发展、全面发展、可持续发展的科学发展观，积极探索符合实际的发展新路子……努力走一条生产发展、生活富裕、生态良好的文明发展道路。"[②]

此后，在 2003 年 7 月 28 日的全国防治"非典"工作会议上，胡锦涛对科学发展的思想有了更为清晰的表述："我们要更好地坚持全面发展、协调发展、可持续发展的发展观，更加自觉地坚持推动社会主义物质文明、政治文明和精神文明协调发展，坚持在经济社会发展的基础上促进人的全面发展，坚持促进人与自然的和谐。在促进发展的进程中，我们不仅要关注经济指标，而且要关注人文指标、资源指标和环境指标；不仅要增加促进经济增长

---

① 胡锦涛：《抓住战略机遇期，乘势而上，加快发展》，《人民日报》2003 年 4 月 16 日，第 1 版。

② 《胡锦涛考察江西：发扬井冈山精神全面建小康》，《江西日报》2003 年 9 月 3 日，第 1 版。

的投入，而且要促进社会发展的投入，增加保护资源和环境的投入。"① 这是胡锦涛关于科学发展观思想的内涵第一次集中而明确的表述。在这里，他重点强调了"全面发展、协调发展、可持续发展的发展观"。

2003 年 10 月，党的十六届三中全会是公认的胡锦涛第一次明确而且较为完整地提出"科学发展观"说法的场合。在《中共中央关于完善社会主义市场经济体制若干问题的决定》中，科学发展观被表述为"坚持以人为本，树立全面、协调、可持续的发展观，促进经济社会和人的全面发展"，坚持"统筹城乡发展、统筹区域发展、统筹经济社会发展、统筹人与自然和谐发展、统筹国内发展和对外开放的要求，推进改革和发展"。② 在这里，增加了"以人为本"的提法，形成了"坚持以人为本，树立全面、协调、可持续的发展观"的完整表述。这也是我们党的文件第一次正式阐明科学发展观的内涵（但这里还没有出现"科学发展观"的具体字眼）。同日，在中共十六届三中全会第二次全体会议讲话中，胡锦涛指出："树立和落实全面发展、协调发展和可持续发展的科学发展观，对于我们更好地坚持发展才是硬道理的战略思想具有重大意义。树立和落实科学发展观，这是二十多年改革开放实践的经验总结，是战胜'非典'疫情给我们的重要启示，也是推进全面建设小康社会的迫切要求。"③ 第一次在党的全会上正式提出、明确使

---

① 胡锦涛：《树立和落实科学发展观》，《十六大以来重要文献选编》（上），人民出版社 2005 年版，第 396—397 页。

② 胡锦涛：《树立和落实科学发展观》，《十六大以来重要文献选编》（上），人民出版社 2005 年版，第 465 页。

③ 胡锦涛：《树立和落实科学发展观》，《十六大以来重要文献选编》（上），人民出版社 2005 年版，第 483 页。

用"科学发展观"的概念，这也是在中央正式文件中第一次使用了"科学发展观"的提法。至此，科学发展观已经形成了完整的理论表述①。

2. 广东掀起传播、学习科学发展观的热潮

科学发展观提出后，在全党全国人民中迅速形成了广泛认同。广大干部群众积极主动地深入学习科学发展观，形成了推动科学发展观传播、实践的强大动力。广东作为改革开放的前沿，从改革开放之初的贫穷落后，到21世纪以来经济社会文化等各领域的突破性进步，人们在马克思主义的思想指导和经济社会发展的相互印证中，进一步强化了对马克思主义、中国特色社会主义的信心和实践自觉。

（1）突出问题导向，开展科学发展观传播、学习活动

有什么样的发展观，就会有什么样的发展道路、发展模式、发展战略和发展政策，就会对发展的实践产生根本性的、全局性的重大影响。科学发展观提出后，广东全省上下自觉与学习胡锦涛视察

① 2007年6月25日，胡锦涛在中央党校省部级干部进修班上发表重要讲话，进一步完善了对科学发展观的内容阐述："科学发展观的第一要义是发展，核心是以人为本，基本要求是全面协调可持续发展，根本方法是统筹兼顾。"这一表述和后来胡锦涛在党的十七大报告上关于科学发展观的表述完全一样。与此同时，党的十七大报告还第一次将改革开放以来所形成的、包括科学发展观在内的马克思主义中国化重大理论成果进行了系统化的梳理，明确提出"中国特色社会主义理论体系"的说法。报告指出："中国特色社会主义理论体系，就是包括邓小平理论、'三个代表'重要思想以及科学发展观等重大战略思想在内的科学理论体系。""改革开放以来我们取得一切成绩和进步的根本原因，归结起来就是：开辟了中国特色社会主义道路，形成了中国特色社会主义理论体系。高举中国特色社会主义伟大旗帜，最根本的就是要坚持这条道路和这个理论体系。"报告还创造性地指出："中国特色社会主义理论体系是不断发展的开放的理论体系。""在当代中国，坚持中国特色社会主义道路，就是真正坚持社会主义。""坚持中国特色社会主义理论体系，就是真正坚持马克思主义。"

广东的重要讲话精神结合起来,与广东经济社会发展的实际结合起来,广泛开展科学发展观传播和学习活动。

广东省委、省政府率先垂范,科学部署科学发展观学习、教育与传播活动。2003年8月,广东省委结合科学发展观学习部署,在深入调查研究、广泛征求意见的基础上,专题分析、全面梳理了群众生产生活中存在的突出问题,确定在全省实施全民安居、扩大与促进就业、农民减负增收、教育扶贫、济困助残、外来员工合法权益保护、全民安康、治污保洁、农村饮水、城乡防灾减灾等十项民心工程,受到广大群众普遍的好评,科学发展观的传播、学习活动顺利推进。

2004年4月5—7日,广东举办全省领导干部树立和落实"科学发展观"专题研讨班,省领导、省委各部委、省直各单位、省各人民团体、中直驻粤各单位现职副厅以上领导干部参加,共约一千二百人。此外,省主会场的专题报告实况还通过全省党校系统远程教育网络系统传输至各地级以上市和各县(市),由各地组织县以上领导班子成员集中收看。

此外,广东各地纷纷召开高规格的理论研讨会,学习、交流、传播科学发展观。2004年4月8—9日,广东省社会科学界联合会、广东省邓小平理论和"三个代表"重要思想研究中心联合求是杂志社政治编辑部在广东省珠海市联合召开了"科学发展观与全面小康社会"理论研讨会。来自北京和广东的六十多位专家学者和实际工作者就如何更好地宣传和贯彻落实科学发展观展开研讨。2005年8月30—31日,由中共广东省委宣传部、广东省社科院、广东省社科联和中共茂名市委、市政府联合举办的"科学发展观与构建和谐广东"理论研讨会在茂名召开,来自省内外一百二十多位专家学者和实际工作者围绕科学发展观和构建社会主义和谐社会的理论展开学习交流。2006 年 10 月 27—28 日，由中共中央党校、人民日报社、求是杂志社和中共深圳市委联合主办，深圳市委宣传部、深圳邓小平理论"三个代表"和科学发展观中心、深圳市委党校承办的"科学发展观与社会主义和谐社会建设"理论研讨会在深圳举行。这是党的十六届六中全会做出构建社会主义和谐社会的重大战略部署后召开的首次全国性理论研讨会，来自全国党校系统和全国社会科学院系统的专家学者共一百五十多人出席了研讨会。

社科类社会组织也纷纷结合各自专业领域，积极开展科学发展观的学习、研讨交流活动。如广东经济学会举办岭南经济论坛暨完善社会主义市场经济体制（双月）系列研讨会，并于 2004 年 2 月 28 日召开了第一次会议，四十多位专家学者就落实科学发展观问题进行交流讨论。2006 年年初，广东省科学社会主义学会在中山市召开了"落实科学发展观，构建和谐广东"学术研讨会，来自全省党校系统、各高校、科研院所的四十多位专家学者参加了研讨会。

科学发展观理论研究成果及通俗读物的出版是传播工作的重要部分。在宣传部门、组织部门主导下，有关科学发展观的主题出版成果丰富。2004 年年底，由中共广州市委宣传部组织编写的《科学发展观——与时俱进的执政理念》一书由广州出版社出版发行。2006 年 4 月，由中共广东省委宣传部、广东省邓小平理论和"三个代表"重要思想研究中心组织编写的《科学发展观与广东现代化建设研究丛书》由广东人民出版社正式出版发行。该丛书第一辑共 9 本，包括《当代中国科学发展观论纲》《广东全面建设小康社会发展战略》《广东新型工业化发展道路研究》《广东城市化发展战略》《广东国际竞争力研究》《粤港澳经济关系走向研究》《广东民营经济发展研究》《广东"三个文明"协调发展战略》《广东建设文化大省的理论与战略》等，对于推动广大干部群众进一步深入理解和实践科学发展观产生了重要作用。

中共广东省委组织部、中共广东省委党校、广东省人事厅组织编写的《马克思主义中国化最新成果与广东实践丛书》（广东人民出版社2008年版）作为全省干部培训教材，内容涵盖了党的十六大以来，广东省在贯彻落实中央提出的科学发展观等一系列重大战略思想的实践和理论思考，突出了着眼于提高干部的综合素质，帮助广大干部完善科学知识结构、提高科学文化素养和工作能力特别是提高公共管理能力的目的。

《在科学发展的道路上阔步前进——十六大以来广东经济社会发展成就》（广东人民出版社2007年版）以科学发展观为主题，全方位呈现了广东自党的十六大以来学习宣传研究党的重大理论创新成果取得的显著成效；坚持转变经济发展方式，率先走上又好又快发展轨道；强化科学发展的体制机制保障，体制改革不断深化；积极推动经济国际化战略，对外开放水平不断提高；大力加强精神文明建设，公民思想道德素质显著提高等内容。

《广东年鉴·2007》也增加了宣传、传播科学发展观的内容，特设《和谐广东建设全面推进》《经济社会实现又好又快发展》《社会主义新农村建设迈出坚实步伐》《百届广交会谱写对外经贸华章》等专文，全面展现了2006年广东省深入贯彻落实科学发展观、构建和谐社会的新成就新风貌，突出年度特色和地方特色。

各级党政媒体纷纷开设专栏，开展征文活动，传播、报道科学发展观的理论与动态，吸引更多群众的社会参与。例如，南方网开通《科学发展观》《科学发展观与广东》《提高执政能力，建设和谐广东》等主题专栏，多角度宣传科学发展观。2004年3—7月，省委宣传部、南方日报社、羊城晚报社和南方网联合举办"科学发展观与广东"征文活动。在全省范围内征集有关科学发展观在理论上的新突破新贡献，全省各地、各单位学习实践科学发展观的经验做法，各级领导干部深入学习科学发展观的心得体会，以科学发展观为指导推进广东全面建设小康社会和率先基本实现社会主义现代化事业的新思路新举措等的学习、研讨文章。

（2）掀起新一轮解放思想大讨论大学习

党的十七大后，广东部署开展全省解放思想学习讨论活动。从2008 年年初开始，前后用半年时间在全省范围内开展了"继续解放思想，坚持改革开放，争当实践科学发展观排头兵"学习大讨论，取得了强烈的社会反响。

广东省委高度重视这次解放思想学习讨论活动，专门成立了以省委书记为组长的学习讨论活动领导小组。各地、各部门也相应成立了活动领导机构，一级抓一级，层层抓落实。学习讨论活动领导小组制定了开展活动的"四个重在"原则，即重在联系实际明确主题、重在抓好领导干部、重在破解科学发展难题、重在激发科学发展的积极性。具体来说：一是通过务虚学习交流、调研成果交流会等活动，把深入学习科学发展观贯穿于学习讨论活动的全过程。全省先后召开县处级以上领导班子专题座谈会二万一千多次，党委（党组）理论学习中心组学习会一万八千多次，专题组织生活会三万六千多次，举办"解放思想大家谈"活动三万八千多次。[①] 二是通过深入调查研究，在解放思想基础上研究制定推动广东科学发展的政策措施。省委确立了"深化粤港澳合作""建立现代产业体系"等12 个重点调研课题，通过"沉下去"深入调研、"走出去"学习考

---

① 中共广东省委宣传部、《求是》杂志社政治编辑部联合调研组：《在继续解放思想中推动科学发展——广东省开展解放思想学习讨论活动的调研与思考》，《求是》2008 年第 16 期，第 12 页。

察、"请进来"共同研究等方式，完成了一大批理论结合实际、富有创新思维的调研报告，其中，省领导牵头的重大调研课题主报告13项，市厅级领导调研报告2601篇，县处级领导干部调研报告14203篇。先后出台《中共广东省委关于开展深入学习实践科学发展观活动的实施意见》《中共广东省委关于争当实践科学发展观排头兵的决定》《落实科学发展观重点行动纲要》等政策文件。各地、各部门也出台政策性文件或措施6159项。① 三是抓好社会传播和理论引导，扩大社会参与。活动期间，通过举办讲坛、讲座、演讲等活动，广泛开展宣讲。省市两级共组织宣讲团1566个，深入基层宣讲辅导一万三千五百多场，听众达二百多万人次。省内主要媒体发表理论（评论）文章三万三千多篇，推出专栏一万二千多个，报纸报道六千多篇，电视电台报道三万八千多则。利用网络平台引导网民有序参与。通过省委书记、省长与网友见面会，引起社会各界强烈反响，通过"我为广东科学发展建言献策"网上征文活动共收到网民建言三万多篇（条），点击率达九千多万次。②

　　广东省这次解放思想学习讨论活动，历经学习宣传、讨论调研和决策部署三个阶段，全省上下形成了人人关心解放思想、人人关注科学发展的生动局面，取得了"突破阻碍科学发展的思维定式、突破影响科学发展的利益格局、突破制约科学发展的体制机制"的良好成效。

---

① 中共广东省委宣传部、《求是》杂志社政治编辑部联合调研组：《在继续解放思想中推动科学发展——广东省开展解放思想学习讨论活动的调研与思考》，《求是》2008年第16期，第13页。

② 中共广东省委宣传部、《求是》杂志社政治编辑部联合调研组：《在继续解放思想中推动科学发展——广东省开展解放思想学习讨论活动的调研与思考》，《求是》2008年第16期，第12—13页。

（3）开展全省性的深入学习实践科学发展观活动

在解放思想大讨论大学习活动之后，按照党的十七大的部署，全党将从 2008 年 9 月至 2010 年 3 月开展一次历时一年半的科学发展观学习实践活动。广东由此又紧锣密鼓地展开了新一轮的深入学习实践科学发展观活动。这次学习活动，主要是围绕着学习贯彻胡锦涛在全党深入学习实践科学发展观活动动员大会暨省部级主要领导干部专题研讨班上的重要讲话精神而展开。在 2008 年 9 月 27 日的动员大会上，省委书记汪洋指出，在全党开展深入学习实践科学发展观活动，是党的十七大做出的战略决策，是在世情、国情、党情发生深刻变化的条件下，更好地用中国特色社会主义理论体系武装和统一全党思想的重大举措，是坚持改革开放、推动科学发展、促进社会和谐的迫切需要，是提高党的执政能力、保持和发展党的先进性的必然要求。

从 2008 年 9 月至 2010 年 3 月，前后历时一年半，全省二十多万个党组织、四百多万名党员分三批开展了深入学习实践科学发展观活动。2010 年 3 月 17 日，全省"深入学习实践科学发展观活动"总结大会在广州召开。会议指出，在一年半的时间里，全省各级党组织和广大党员在解放思想学习讨论活动的基础上，以"人一之、我二之"的精神，坚持实践第一、质量第一、群众满意第一，系统谋划，周密部署，精心组织，圆满完成了学习实践活动各项任务，实现了中央提出的"党员干部受教育、科学发展上水平、人民群众得实惠"的总要求。学习实践活动的成功开展再一次证明，科学发展观这一马克思主义中国化的最新成果具有强大的真理力量，党中央关于在全党开展深入学习实践科学发展观活动的决策是完全正确的。学习实践活动的成功开展为我们积累了宝贵经验，提供了有益启示。

第五章

新时代马克思主义在广东的传播

党的十八大以后，中国特色社会主义进入新时代。中国特色社会主义新时代的横坐标是世界百年未有之大变局，纵坐标是中华民族伟大复兴的战略全局，这是新时代马克思主义在广东传播的时代环境。广东作为改革开放的排头兵、先行地、实验区，正在奋力实现"四个走在全国前列"和当好"两个重要窗口"，为中华民族伟大复兴做出重要贡献。在此背景下，新时代马克思主义在广东的传播呈现新特点。

一、新时代马克思主义在广东传播的时代环境

世界正在经历百年未有之大变局，这是新时代马克思主义在广东传播的国际环境。广东正在奋力实现"四个走在全国前列"和当好"两个重要窗口"，则是马克思主义在广东传播的内在环境。

（一）国际大变局孕育新的发展机遇

当前，全球呈现出这样的图景：国际格局正在发生深刻调整，世界经济中心"自西向东"正在加快位移，全球治理话语权向发展中国家倾斜，全球治理体系正在向着更加公平合理的方向发展。与此同时，世界面临的不稳定性、不确定性突出，高新科技迅猛发展伴随安全风险上升，世界正在进入百年未有之大变局。

1. 世界百年未有之大变局的提出历程

2017 年 12 月 28 日，习近平总书记在接见回国参加 2017 年度驻外使节工作会议的全体使节时强调："放眼世界，我们面对的是百年未有之大变局。"[①] 这是习近平总书记首次正式提出"百年未有之大变局"重要论断。

2018 年 6 月 23 日，习近平总书记在中央外事工作会议上提出："当前，我国处于近代以来最好的发展时期，世界处于百年未有之大变

---

① 《习近平接见 2017 年度驻外使节工作会议与会使节并发表重要讲话》，《光明日报》2017 年 12 月 29 日，第 1 版。

局。"① 在党的十九大报告中，习近平总书记指出，世界正处于大发展大变革大调整时期，世界多极化、经济全球化、社会信息化、文化多样化深入发展，全球治理体系和国际秩序变革加速推进，各国相互联系和依存日益加深，和平发展大势不可逆转。同时，世界面临的不稳定性不确定性突出，人类面临共同挑战。这表明了世界百年未有之大变局的基本特征。

2019 年 5 月 21 日，习近平总书记在推动中部地区崛起工作座谈会上的讲话指出，领导干部要胸怀两个大局，一个是中华民族伟大复兴的战略全局，一个是世界百年未有之大变局，这是我们谋划工作的基本出发点。② 10 月 25 日，习近平主席在北京人民大会堂同巴西总统博索纳罗会谈时指出，当今世界正经历百年未有之大变局，但和平、发展、合作、共赢的时代潮流没有变，中国、巴西等发展中国家和新兴市场国家整体崛起的势头没有变。③ 10 月 31 日，习近平总书记在党的十九届四中全会上指出，当今世界正经历百年未有之大变局，我国正处于实现中华民族伟大复兴关键时期。④

2020 年 1 月 8 日，习近平总书记在"不忘初心、牢记使命"主题教育总结大会上的重要讲话指出，当今世界正经历百年未有之大变局，我国正处于实现中华民族伟大复兴关键时期，我们党正带领人民进行具有许多新的历史特点的伟大斗争，形势变化之快、改革

---

① 《习近平在中央外事工作会议上的重要讲话》《光明日报》2018 年 6 月 24 日，第 1 版。

② 《习近平在江西考察并主持召开推动中部地区崛起工作座谈会的重要讲话》，《光明日报》2019 年 5 月 23 日，第 1 版。

③ 《习近平同巴西总统博索纳罗会谈》，《人民日报》2019 年 10 月 26 日，第 1 版。

④ 《中共中央关于坚持和完善中国特色社会主义制度、推进国家治理体系和治理能力现代化若干重大问题的决定》，新华社，2019 年 10 月 5 日。

发展稳定任务之重、矛盾风险挑战之多、对我们党治国理政考验之大前所未有。① 6月29日，习近平总书记在中央政治局第二十一次集体学习时强调，面对复杂形势和艰巨任务，我们要全面把握世界百年未有之大变局和中华民族伟大复兴战略全局，有力应对重大挑战、抵御重大风险、克服重大阻力、化解重大矛盾，进行具有许多新的历史特点的伟大斗争，实现中华民族伟大复兴，最根本的保证还是党的领导。② 党的十九届五中全会指出，全党要统筹中华民族伟大复兴战略全局和世界百年未有之大变局，深刻认识我国社会主要矛盾变化带来的新特征新要求，深刻认识错综复杂的国际环境带来的新矛盾新挑战，增强机遇意识和风险意识，立足社会主义初级阶段基本国情，保持战略定力，办好自己的事，认识和把握发展规律，发扬斗争精神，树立底线思维，准确识变、科学应变、主动求变，善于在危机中育先机、于变局中开新局，抓住机遇，应对挑战，趋利避害，奋勇前进。③

世界正在经历百年未有之大变局，是习近平总书记纵观世界百年风云变幻、洞察当今世界深层脉络做出的重大战略判断。

2. 百年未有之大变局的丰富内涵

世界处于百年未有之大变局，深刻认识这一变局的丰富内涵，是新时代开拓广阔发展空间、实现"两个一百年"奋斗目标的现实要求，其核心是一个"变"字，本质是世界秩序重塑，全球治理机

---

① 《以主题教育为新的起点　持续推动全党不忘初心牢记使命》，《光明日报》2020年1月9日，第1版。

② 《贯彻落实好新时代党的组织路线　不断把党建设得更加坚强有力》，《人民日报》2020年7月1日，第1版。

③ 《中共中央关于制定国民经济和社会发展第十四个五年规划和二〇三五年远景目标的建议》，《人民日报》2020年11月4日，第1版。

制完善。

一是经济全球化趋势深入发展。马克思、恩格斯指出："各民族的原始封闭状态由于日益完善的生产方式、交往以及因交往而自然形成的不同民族之间的分工消灭得越是彻底，历史也就越是成为世界历史。"[①] 经济全球化是一把"双刃剑"，一方面，在全球的产业价值链中，发达国家长期占据高端地位，发展中国家在其中攀升越发艰难。另一方面，经济全球化也为世界经济增长和人类文明进步提供了强劲动力，促进了科技和文明进步，这已经成为人类社会发展的必然趋势，是不可逆转的时代潮流。正如习近平总书记所指出："经济全球化符合生产力发展要求，符合各方利益，是大势所趋。"[②]

二是世界多极化在曲折中发展。2018 年 9 月 3 日，习近平主席在 2018 年中非合作论坛北京峰会上指出，全球治理体系和国际秩序变革加速推进，新兴市场国家和发展中国家快速崛起，国际力量对比更趋均衡，世界各国人民的命运从未像今天这样紧紧相连。同时，我们也面临前所未有的挑战。霸权主义、强权政治依然存在，保护主义、单边主义不断抬头，战乱恐袭、饥荒疫情此伏彼现，传统安全和非传统安全问题复杂交织。[③] 世界多极化格局有利于遏制霸权主义和强权政治，有利于推动建立公正合理的国际政治经济新秩序。

三是信息技术渗透社会生活各个领域。从技术社会形态来看，

---

① 《马克思恩格斯文集》第 1 卷，人民出版社 2009 年版，第 540—541 页。

② 《习近平出席亚太经合组织第二十四次领导人非正式会议并发表重要讲话》，《人民日报》2016 年 11 月 20 日，第 1 版。

③ 《习近平在 2018 年中非合作论坛北京峰会的重要讲话》，《光明日报》2018 年 9 月 4 日，第 1 版。

人类社会迄今大体经历了渔猎社会、农业社会、工业社会和信息社会。在当今世界和平与发展的大背景下，信息化已然成为21世纪的典型特点之一。这是社会的进步，也是一种新的变革。社会信息化不仅让世界逐渐成为一个整体，而且是世界创新驱动发展的动力。

四是文化多样化持续推进世界大融合。每个民族、每个国家都有自己独特的文化，民族文化是民族身份的重要标志。世界各国各民族无论强弱大小，思想文化都是本民族本国家智慧结晶，都应该得到尊重。在经济全球化持续推进的今天，世界各种文化的碰撞也变得日益频繁，社会的信息化程度加深与文化的多样化融合让国际不同思想领域、不同意识形态间的斗争也日趋复杂。

五是生态环境问题得到全球广泛关注。马克思指出："自然界，就它本身不是人的身体而言，是人的无机的身体，人靠自然界生活。"① 人与自然是生命共同体，保护自然就是保护人类自身，伤害自然就是伤害人类自身。生态环境成为21世纪人类面临的一个重大挑战，严重影响了人类的生存和发展。地球是人类共同的家园，环境治理是我们每一个人共同的责任和使命。

六是新兴科技产业革命正在重塑世界。科学技术的进步和发展是人类文明持续进步和世界不断前行的不竭动力。生产力决定生产关系，经济基础决定上层建筑。科技和产业的不断创新是世界格局和国际秩序演进的最根本的动力。我们必须努力解决好科技领域长期存在的问题，大力发展科学技术。

当前，世界处于百年未有之大变局，"坚持公正合理，破解治理赤字；坚持互商互谅，破解信任赤字；坚持同舟共济，破解和平

---

① 《马克思恩格斯文集》第1卷，人民出版社2009年版，第161页。

赤字；坚持互利共赢，破解发展赤字"①，这是习近平总书记为破解全球治理问题提供的中国方案和中国智慧。

（二）广东"四个走在全国前列"的使命担当

2018 年 3 月 7 日，习近平总书记在参加十三届全国人大一次会议广东代表团审议时发表重要讲话，要求广东继续深化改革扩大开放，认真落实新时代党的建设总要求，在构建推动经济高质量发展的体制机制、建设现代化经济体系、形成全面开放新格局、营造共建共治共享社会治理格局上走在全国前列。"四个走在全国前列"既是习近平总书记对广东提出的重要要求，也是广东破解发展瓶颈的根本出路。2018 年 6 月 9 日，广东省委十二届四次全会审议通过《中共广东省委关于深入学习贯彻落实习近平总书记重要讲话精神奋力实现"四个走在全国前列"的决定》，进一步明确了广东全面深入学习贯彻习近平总书记重要讲话精神、实现"四个走在全国前列"、当好"两个重要窗口"的目标要求和任务举措。

1. 在构建推动经济高质量发展体制机制上走在全国前列

高质量发展就是"能够很好满足人民日益增长的美好生活需要的发展，是体现新发展理念的发展，是创新成为第一动力、协调成为内生特点、绿色成为普遍形态、开放成为必由之路、共享成为根本目的的发展"②。以新发展理念为引领，深化供给侧结构性改革，坚决破除一切不符合高质量发展要求的思想观念、体制机制和管理方式。"构建推动经济高质量发展的体制机制是一个系统工程，要

① 《习近平出席中法全球治理论坛闭幕式并致辞》，《人民日报》2019 年 3 月 27 日，第 1 版。

② 《习近平谈治国理政》第三卷，外文出版社 2020 年版，第 238 页。

通盘考虑、着眼长远，突出重点、抓住关键。要全面推进体制机制创新，提高资源配置效率效能，推动资源向优质企业和产品集中，推动创新要素自由流动和聚集，使创新成为高质量发展的强大动能，以优质的制度供给、服务供给、要素供给和完备的市场体系，增强发展环境的吸引力和竞争力，提高绿色发展水平。"① 为了实现经济高质量发展，广东必须从以下方面着手：

一是构建资源高效配置的市场机制。党的十九届五中全会指出，坚持和完善社会主义基本经济制度，充分发挥市场在资源配置中的决定性作用，更好发挥政府作用，推动有效市场和有为政府更好结合。② 市场在资源配置中起决定性作用，但市场调节具有自发性、盲目性、滞后性等缺陷，因此，必须把有效市场和有为政府结合起来，提高资源配置的效率。

二是构建创新发展的动力机制。2014 年 5 月 9 日，习近平总书记在河南考察时指出："一个地方、一个企业，要突破发展瓶颈、解决深层次矛盾和问题，根本出路在于创新，关键要靠科技力量。"③ 坚持创新发展就是要把创新摆在发展全局的核心位置，加强基础研究，强化原始创新、集成创新和引进消化吸收再创新。

三是构建绿色安全发展的约束机制。绿色发展的要义是要解决人与自然和谐共生问题。习近平总书记指出："要坚定推进绿色发展，推动自然资本大量增值，让良好生态环境成为人民生活的增长

---

① 《习近平参加广东团审议，充分肯定党的十八大以来广东工作并要求以新的更大作为实现"四个走在全国前列"》，《南方日报》2018 年 3 月 8 日，第 A01 版。

② 《中共中央关于制定国民经济和社会发展第十四个五年规划和二〇三五年远景目标的建议》，《人民日报》2020 年 11 月 4 日，第 1 版。

③ 《深化改革发挥优势创新思路统筹兼顾　确保经济持续健康发展社会和谐稳定》，《人民日报》2014 年 5 月 11 日，第 1 版。

点、成为展现我国良好形象的发力点，让老百姓呼吸上新鲜的空气、喝上干净的水、吃上放心的食物、生活在宜居的环境中、切实感受到经济发展带来的实实在在的环境效益。"① 为了推动绿色发展，广东必须构建绿色安全发展的约束机制，"强化绿色发展的法律和政策保障，发展绿色金融，支持绿色技术创新，推进清洁生产，发展环保产业，推进重点行业和重要领域绿色化改造"②。

2. 在建设现代化经济体系上走在全国前列

广东作为全国第一经济大省，经济体系的构成要素比较健全，建设现代化经济体系基础比较好，但产业整体水平仍然不高，科技创新的驱动力亟待加强。习近平总书记洞察广东经济体系的突出短板，明确指出："建设现代化经济体系，事关我们能否引领世界科技革命和产业变革潮流、赢得国际竞争的主动，事关我们能否顺利实现'两个一百年'奋斗目标。"③ 广东必须牢牢抓住现代产业体系这个突出短板，构建以实体经济为主体、科技创新为引领、现代金融和人力资源协同支撑的现代产业体系，建设综合制造基地和科技创新中心。

一是夯实实体经济发展之基。实体经济是建设现代化经济体系的重中之重。广东要把发展经济的着力点放在以先进制造业为主体的实体经济上，强化广东综合制造优势。"推动互联网、大数据、人工智能等同各产业深度融合，推动先进制造业集群发展，构建一

---

① 习近平：《在省部级主要领导干部学习贯彻党的十八届五中全会精神专题研讨班上的讲话》，人民出版社 2016 年版，第 20 页。

② 《中共中央关于制定国民经济和社会发展第十四个五年规划和二〇三五年远景目标的建议》，《人民日报》2020 年 11 月 4 日，第 1 版。

③ 《习近平参加广东团审议，充分肯定党的十八大以来广东工作并要求以新的更大作为实现"四个走在全国前列"》，《南方日报》2018 年 3 月 8 日，第 A01 版。

批各具特色、优势互补、结构合理的战略性新兴产业增长引擎，培育新技术、新产品、新业态、新模式。"①

二是加强人才资源支撑作用。2016 年 4 月 19 日，习近平总书记主持召开网络安全和信息化工作座谈会时指出："人才是第一资源。"② 广东必须完善人才服务保障体系，深化科研制度和职称评审制度改革，提升科技人才的科研积极性，着力解决人才落户、住房、配偶工作、子女入学等问题，营造国际一流人才环境和科研创新环境。

3. 在形成全面开放新格局上走在全国前列

习近平总书记指出："要以更宽广的视野、更高的目标要求、更有力的举措推动全面开放，加快发展更高层次的开放型经济，加快培育贸易新业态新模式，积极参与'一带一路'建设，加强创新能力开放合作。要抓住建设粤港澳大湾区重大机遇，携手港澳加快推进相关工作，打造国际一流湾区和世界级城市群。"③ 广东必须以粤港澳大湾区为主平台，以参与"一带一路"建设为重点，全方位扩大对外开放，在形成全面开放新格局上走在全国前列。

一是全力推进粤港澳大湾区建设。广东举全省之力推进粤港澳大湾区建设。一方面，严格遵循中央顶层设计和统筹安排，携手港澳构建更高层次更加紧密的新型合作模式，建立广东省大湾区建设协调机构和三地协作机制，加强规划实施的协同和衔接，共同打造

---

① 《中共中央关于制定国民经济和社会发展第十四个五年规划和二〇三五年远景目标的建议》，《人民日报》2020 年 11 月 4 日，第 1 版。

② 《习近平在网络安全和信息化工作座谈会上的重要讲话》，《光明日报》2016 年 4 月 26 日，第 2 版。

③ 《习近平参加广东团审议，充分肯定党的十八大以来广东工作并要求以新的更大作为实现"四个走在全国前列"》，《南方日报》2018 年 3 月 8 日，第 A01 版。

国际一流湾区和世界级城市群。① 另一方面，推进经济、文化、医疗、旅游、人才、创业、生态环保等领域合作交流，建设一批粤港澳青年创新创业示范基地，打造宜居宜业宜游的优质生活圈。

二是积极参与"一带一路"建设。"一带一路"建设是中国在新时代实行全方位对外开放的重大举措、推行互利共赢的重要平台。2016 年 8 月 17 日，习近平总书记出席推进"一带一路"建设工作座谈会时指出："总结经验、坚定信心、扎实推进，聚焦政策沟通、设施联通、贸易畅通、资金融通、民心相通，聚焦构建互利合作网络、新型合作模式、多元合作平台，聚焦携手打造绿色丝绸之路、健康丝绸之路、智力丝绸之路、和平丝绸之路，以钉钉子精神抓下去，一步一步把'一带一路'建设推向前进，让'一带一路'建设造福沿线各国人民。"② 广东应当充分发挥海外华侨的优势，借助华人华侨产业交易会和中国进出口商品交易会扩展与"一带一路"沿线国家的经贸、科技、教育合作和人文交流。

三是培育贸易新业态新模式。中国海关总署广东分署 2021 年 1 月 21 日发布数据显示，2020 年，广东外贸进出口 7.08 万亿元人民币，同时，新业态蓬勃发展，保税物流进出口 1.1 万亿元，同比增长 6.4%。市场采购出口 2944.5 亿元，大幅增长 23%。广东通过跨境电商管理平台进出口 1107.9 亿元，增速达 45.8%，规模位居全国第一，占全国比重近六成。其中，跨境电商出口总值占全国近八成。③ 广东继续积极推动外贸创新发展，培育壮大市场采购、跨境

①　《中共广东省委关于深入学习贯彻落实习近平总书记重要讲话精神奋力实现"四个走在全国前列"的决定》，《南方日报》2018 年 7 月 30 日，第 A01 版。

②　《习近平在推进"一带一路"建设工作座谈会上的重要讲话》，《人民日报》2016 年 8 月 18 日，第 1 版。

③　《2020 年广东外贸蝉联全国第一》，《南方日报》2021 年 4 月 21 日，第 A06 版。

电商、服务贸易等新业态新模式。

4. 在营造共建共治共享社会治理格局上走在全国前列

党的十九大报告提出，"打造共建共治共享的社会治理格局。"习近平总书记在参加十三届全国人大一次会议广东代表团审议时提出，广东要在营造共建共治共享社会治理格局上走在全国前列，并要求"创新社会治理体制，把资源、服务、管理放到基层，把基层治理同基层党建结合起来，拓展外来人口参与社会治理途径和方式，加快形成社会治理人人参与、人人尽责的良好局面"①。广东应加强和创新社会治理，推动社会治理人人参与、人人尽责，实现政府治理和社会调节、居民自治良性互动。

一是创新社会治理体制。党的十九届五中全会指出，完善社会治理体系，健全党组织领导的自治、法治、德治相结合的城乡基层治理体系，完善基层民主协商制度，实现政府治理同社会调节、居民自治良性互动，建设人人有责、人人尽责、人人享有的社会治理共同体。② 为此，一方面要加强党委领导，主要是以集体领导的方式把方向、抓大事、谋全局。另一方面要充分发挥群团组织和社会组织在社会治理中的作用，畅通和规范市场主体、新社会阶层、社会工作者和志愿者等参与社会治理的途径。

二是以基层党建引领基层治理。要把基层治理和基层党建结合起来，以基层党建引领基层治理，努力提高基层党组织的组织力和战斗力，充分发挥基层党组织在基层治理中的领导核心作用，确保

---

① 《习近平参加广东团审议，充分肯定党的十八大以来广东工作并要求以新的更大作为实现"四个走在全国前列"》，《南方日报》2018年3月8日，第A01版。

② 《中共中央关于制定国民经济和社会发展第十四个五年规划和二〇三五年远景目标的建议》，《人民日报》2020年11月4日，第1版。

党的路线方针政策在基层全面贯彻落实，推动社会治理重心向基层下移，向基层放权赋能，加强城乡社区治理和服务体系建设，减轻基层特别是村级组织负担。

三是实现全省人民共享改革发展成果。稳妥推进教育、医疗、住房、养老等民生项目工程，实现幼有所育、学有所教、劳有所得、病有所医、老有所养、住有所居、弱有所扶。

总之，中华民族伟大复兴的战略全局和世界百年未有之大变局，不仅是谋划工作的基本出发点，而且是理论创新的基本出发点。这两个大局的交汇，构成了新时代马克思主义在广东传播最为宏观、最为根本、最为深远的时代背景。

二、新时代马克思主义基本理论在广东的传播

新时代马克思主义基本理论传播呈现出载体多样化的特点，表现为在其传播过程中，传统纸质媒体和新兴媒体相互融合、取长补短，使其传播更具影响力、凝聚力和穿透力。融媒体时代，党校和高校承担着传播马克思主义基本理论的重要作用。

（一）大众媒体对马克思主义基本理论的传播

马克思主义在融媒体时代得到了更为广泛的传播，迎来了新的发展机遇，其中包括新时代已出版和发行的马克思主义理论研究成果以及促进马克思主义基本理论传播的党报、广电媒体和网络新媒体。

1. 马克思主义理论研究成果的出版和发行

党的十八大以来，广东对马克思主义基本理论的研究取得了丰

硕成果，出版了《经典悦读系列丛书》（16 册）以及《中国共产党纪念活动史》《党性是什么》《马克思道德理论与现实》《列宁"帝国主义论"与当代垄断资本主义》《建设社会主义文化强国与广东实践》等重要著作。

2014 年，广东人民出版社出版中共广东省委党校组织编写的《经典悦读系列丛书》（10 册），该套丛书用深入浅出的理论分析，立足于当前的现实问题，对马克思、恩格斯、列宁、毛泽东和邓小平的 10 篇经典著作进行全面解读，生动形象地传播了马克思主义基本理论。2018 年在马克思诞辰 200 周年之际推出该系列丛书的典藏版，缅怀马克思的伟大人格、崇高精神和光辉思想，纪念马克思为全人类解放做出的重要贡献。2017 年 9 月，社会科学文献出版社出版《中国共产党纪念活动史》，该书基于马克思主义政党理论，从历史脉络的视角考察了中国共产党纪念活动，以马克思主义经典作家纪念、抗日战争纪念、中国共产党建党周年纪念、中华人民共和国成立以来国庆纪念等为例，阐述了对当代中国共产党开展纪念活动的启示。2016 年，广东人民出版社出版《党性是什么》，围绕"党性"一词，基于马克思主义政党理论，回答和阐述了"究竟党性是什么"这一重大问题的本质，促进了马克思主义基本理论的传播。《马克思道德理论与现实》立足于马克思主义道德理论，与当前中国的现实问题相结合，坚持以道德问题和现实问题为导向剖析当前社会中存在的问题。2018 年，广东人民出版社出版《列宁"帝国主义论"与当代垄断资本主义》，该书准确把握列宁关于帝国主义的根本经济特征和实质的论述，并结合新时代资本主义的新发展、新变化、新情况论证列宁帝国主义论的准确性、科学性和预见性。2018 年 6 月，广东人民出版社出版《社会主义核心价值观的多维视域》，该书从社会主义核心价值观的文化、价值、道德和教育四个维度阐明社会主义核心价值观的内在逻辑、内涵要求和对现实社会的价值意义。

总之，这些著作的出版推动了新时代马克思主义基本理论在广东的传播，其出版和发行使得马克思主义基本理论研究成果得以全民共享。

2. 党报对马克思主义基本理论的传播

党报具有权威性和党性优势，在马克思主义传播领域起到了极为重要的作用，对马克思主义基本理论的传播功能主要在于宣传基本理论和对大众开展理论教育。

在融媒体蓬勃发展的当今社会，党报深度融合传统媒体和新媒体技术，在传播马克思主义基本理论的过程中发挥着更为积极的作用。党报在保持自身竞争优势的同时，不断加强媒体融合的深度，重视马克思主义基本理论传播渠道的深化拓展。例如，《南方日报》推出了"报网融合"，实现了线上与线下的双向良性互动，有利于党报利用融媒体传播马克思主义基本理论；《羊城晚报》将传统媒体融合进新媒体技术，积极打造线上电子媒介，进而对马克思主义基本理论与中国实践方面开展报道传播，提升了党报和马克思主义对读者的吸引力。

（1）《南方日报》

《南方日报》是中共广东省委的机关报，是广东省委、省政府指导全省工作的重要舆论阵地。近些年以其权威性和公信力，得到了以行政人员、商人和专业人士为主体的读者群的青睐，进而确立了其华南地区党报的主流媒体地位。随着融媒体技术的快速发展，《南方日报》利用亮风台 AR 云打造融媒体新体验，使得其在传播马克思主义过程中更加深入人心。AR 新技术给《南方日报》传播马克思主义基本理论注入了新鲜活力。例如，扫描马克思的雕像可以显示出马克思的一生及其成就，用生动具体、潜移默化的方式传播马克思主义基本理论，使用户在获取信息过程中得到丰富的感官体验。同时，该报在和其党报网站"南方网"融合过程中获得了成功，挖掘出了更多大众喜闻乐见、有价值且有利于传播马克思主义理论的新产品。

（2）《羊城晚报》

《羊城晚报》作为中共广东省委领导下的党报，在新闻实践中始终坚持马克思主义新闻观，坚持做到把党性摆在第一位，坚持内容和形式贴近时代、贴近群众、贴近生活，并以其鲜明独特、新鲜活泼的风格让读者倍感亲切，在传播马克思主义基本理论的效果上力求群众喜闻乐见。在融媒体建设发展领域，羊城晚报报业集团目前正在打造一个主媒体平台、微信群、微博群、云平台等多种多样交融发展的立体化媒体群，并且为了实现体制机制创新，打造出了一个有特色的移动客户端——"羊城派"。人们可以通过手机、平板等电子设备下载"羊城派"移动客户端来获取及时的新闻资讯，进而使得马克思主义基本理论能够通过该平台得到更为广泛的传播，走进千家万户。

因此，在融媒体时代，中国共产党可以通过勇于自我改革创新的党报媒介平台不断提升舆论宣传和引导能力，推动马克思主义基本理论面向时代、面向大众传播。

3. 广电媒体对马克思主义基本理论的传播

如何利用广电媒体促进马克思主义理论传播往深里走、往实里走，特别是往群众的内心走，走进千家万户和人民群众心里，成为新时代广电媒体传播马克思主义理论问题的重中之重，也成为广大人民群众的理论需求。

随着新旧媒体相互融合、优势互补，广电媒体在传播马克思主义基本理论中积极运用电视台、电台、视频网络等平台，使马克思主义得到更直观更形象的广泛传播。广电媒体利用融媒体传播占领主流舆论的思想主阵地，例如，广东电视台以新闻联播的方式报道马克思诞辰 200 周年的纪念活动，在各大新媒体平台上可以观看直播，运用融媒体来传播马克思主义理论。广电媒体在传播马克思主义基本理论过程中，以新闻的形式增强报道的时效性和客观性，以大众能够普遍接受的方式传播马克思主义，恰当运用媒介手段增强了马克思主义传播的大众化，并且通过图文、视频等生动活泼的媒体介质，让马克思主义基本理论在心中潜移默化，做到润物细无声。

广东广电媒体充分利用广播、电视等媒介和电视新闻、纪录片等载体传播马克思主义基本理论，用马克思主义理论思维讲好中国故事，用群众喜闻乐见的形式讲好中国故事。

4. 网络新媒体对马克思主义基本理论的传播

网络新媒体依托互联网技术和相关新兴传播手段，借助移动网络、智能手机等载体，以党报网站、网络虚拟平台、手机 APP 等新兴表现形式进行信息的传播扩散，使马克思主义基本理论得到更为广泛的传播。

一是党报网站。党报网站作为融媒体时代党报的延伸，继承了党报长期以来坚持的优良传统，又携带着与生俱来的互联网基因，已经发展成传播党的理论和路线方针政策的新阵地，促进了马克思主义基本理论的传播。《南方日报》建立了数字报和电子版的党报网站，《羊城晚报》成立了华南地区最出色的新闻网站"金羊网"，不断拓展渠道以传播马克思主义理论。新时代党报网站在传播马克思主义基本理论过程中充分发挥了主导和引领作用。

二是网络平台。网络平台作为网络载体的一种重要形式，能够突破时空的局限，甚至超越不同地域之间的文化差异，为传播马克思主义基本理论注入新鲜活力。例如，"马克思主义理论研究""当代马克思主义国际研究平台"和广东高校马克思主义学院的微信公众号以微信作为网络平台传播马克思主义基本理论，以及微博平台上拥有忠实的马克思主义者和广东各大高校马克思主义学院的官方微博账户，运用微博这个网络平台传播马克思主义基本理论。网络平台改变了传统的单一灌输形式，因其隐匿性也为马克思主义基本理论提供了一个畅所欲言的平等交流平台。这种非直面性的交流，更能促进大众之间马克思主义基本理论的交流传播。

三是"学习强国"广东学习平台。随着智能移动设备的发展，客户端平台已经渗入人们生活的每个角落，对传播马克思主义基本理论起着积极的作用。例如，"学习强国"广东学习平台是中共广东省委宣传部主导的、以贯彻落实习近平总书记关于建设学习大国重要指示精神、推动全党大学习的重点平台，是新时代融媒体发展下强化广东传播马克思主义基本理论的创新实践探索移动客户端平台。充分运用好"学习强国"广东学习平台的移动客户端，有助于建设马克思主义学习型政党和促进马克思主义基本理论的传播。

（二）党校等干部培训机构对马克思主义基本理论的传播

党的十八大以来，广东各级党校（行政学院）、社会主义学院大力开展干部培训、公务员轮训，对马克思主义基本理论的传播发挥了重要的平台作用。在此，试以中共广东省委党校为例做简要分析。

《中国共产党党校（行政学院）工作条例》明确规定了党校的性质："党校（行政学院）是党领导的培养党的领导干部的学校，是党委的重要部门，是培训党的各级领导干部的主渠道，是党的思想理论建设的重要阵地，是党和国家的哲学社会科学研究机构和重要智库。"① 党校要把党校姓党的根本原则贯穿于一切教学活动、一切科研活动、一切办学活动。党校应成为马克思主义理论学习、研究、宣传的主要阵地，用马克思主义教育党员干部，为党培养高素质的干部人才队伍。

中共广东省委党校（广东行政学院）是中共广东省委直接领导的培训党员干部的学校，是省委的重要部门，是学习、研究马列主义、毛泽东思想、中国特色社会主义理论体系的重要阵地。中共广东省委党校始终高举中国特色社会主义伟大旗帜，以马列主义、毛泽东思想、邓小平理论、"三个代表"重要思想、科学发展观和习近平新时代中国特色社会主义思想为指导，紧紧围绕省委、省政府的决策部署和中心工作，面向全省党员领导干部传播马克思主义基本理论，加强对马克思主义的理论研究，开展硕士生教育，培养造就马克思主义理论人才。

1. 重视对党员干部的马克思主义基本理论的教育培训

习近平总书记指出："党校姓党，决定了党校工作的重心必须是抓党的理论教育和党性教育。"② 马克思主义理论教育和党性教育是党校的主课，是必须重点抓好的教学内容。各级党校要按照理论教育课和党性教育课不低于总课时70%的规定，强化理论教育。省委党校在主体班次教学中突出党的理论教育和党性教育的主课地位，将马克思主义经典原著与基本理论、习近平新时代中国特色社会主义思想、习近平总书记对广东重要讲话和指示批示精神、党性教育与党性修养、领导干部能力提升作为主体班次教学培训的

---

① 《中国共产党党校（行政学院）工作条例》，《光明日报》2019年11月4日，第1版。

② 习近平：《在全国党校工作会议上的讲话》，《求是》2016年第9期，第6页。

内容。

省委党校高度重视对党员干部的马克思主义基本理论的教育培训，将马克思主义经典著作导读课程作为重要课程。近年来持续加大精读经典著作的教学分量，开设的原著课程数量在全国省级党校中居于前列。目前已经开设《共产党宣言》《矛盾论》《实践论》《路德维希·费尔巴哈和德国古典哲学的终结》《德意志意识形态（第一章)》《资本论》导读等马克思主义经典著作研读课程。① 党员干部通过读原著、学原文、悟原理，有助于提高自身的马克思主义理论素养和理论水平，系统化掌握马克思主义基本理论，用马克思主义的立场、观点、方法解决工作和生活中的实际问题。

2. 加强马克思主义基本理论研究

作为广东省马克思主义理论研究的重要阵地，省委党校在以教学培训为核心的同时，还高度重视科研工作，加强马克思主义理论研究。

校院定期举办"黄华园学术论坛"大型学术交流平台，邀请省社科领域和知名高校的专家学者参加会议，在全校营造浓厚的科研氛围。此外，还组织各类理论研讨会和专家学者座谈会。如举行广东省党校（行政学院）系统召开纪念《共产党宣言》发表170周年座谈会，学习贯彻习近平总书记在纪念马克思诞辰200周年大会上重要讲话精神专家座谈会。

校院扎实推进马克思主义基础理论研究，承担国家社科基金项目。2018年、2019年、2020年实现国家社科基金项目立项16项，立项数位居全国党校（行政学院）系统前列。此外还有全国党校（行

---

① 中共中央党校组织编写：《春潮——十八大以来党校事业大发展纪实（上）》，中共中央党校出版社2016年版，第348页。

政学院）系统重点调研课题立项、中国特色社会主义理论体系研究中心重大项目，全校上下掀起马克思主义理论研究的热潮。

3. 开展硕士研究生教育

硕士研究生教育是党校工作的重要组成部分。省委党校坚持"以培养马克思主义理论人才为主要目标，在国家批准的学科和专业学位类别内开展学位研究生教育"[①]，抓好马克思主义理论教育，加强对硕士研究生的培养，为党和国家培养输送大批德才兼备的高层次人才。

省委党校不断加强学科建设，目前有理论经济学、政治学、马克思主义理论三个一级学科硕士学位授权点和马克思主义哲学、伦理学两个二级学科硕士学位授权点。硕士研究生培养质量也不断提高，2018 年、2019 年、2020 年三年来，共培养全日制学术型毕业生 112 名，其中有 21 位同学考取博士研究生，多人被录用为各级公务员、事业单位和国有企业工作人员等。随着党校硕士研究生办学的影响力不断扩大，2020 年，学校全日制学术型硕士研究生招生规模扩大到 50 人，生源质量也创下了近年来的新高。

在办学过程中，省委党校始终坚持国家标准，坚持党校姓"党"的办学方针和原则，注重对研究生的政治立场、马克思主义理论功底与实践能力的培养，不断推动研究生教育事业高质量发展，为新时代中国特色社会主义建设事业培养马克思主义教学研究和理论宣传的人才。

4. 充分发挥校刊理论研究阵地的作用

省委党校坚持以习近平新时代中国特色社会主义思想为指导，

---

① 《中国共产党党校（行政学院）工作条例》，《光明日报》2019 年 11 月 4 日，第 1 版。

办好《岭南学刊》《广东行政学院学报》。

党校（行政学院）结合自身特点，将《党的建设》《马克思主义理论》《公共行政》等栏目的建设置于整个刊物建设的重点；校刊院报服务于党校行政学院教学科研，是展示校院学术研究成果的窗口平台，院校教师积极利用两刊进行理论交流、发表科研成果；同时校刊院报坚持定期召开期刊和专家学者学术交流会，加强与同行及专家学者间的学习与交流。[①] 两刊利用新媒体在信息传播中速度快、范围广、互动性强的优势，开通两刊微信公众平台，搭建作者、读者、专家、编辑的交流平台，扩宽马克思主义理论传播范围。

两刊始终以马克思主义为指导，坚守马克思主义理论阵地，自觉地将马克思主义立场、观点、方法运用到学术之中，坚持学术性与政治性相统一，不断增强马克思主义理论传播力。

（三）高校与中小学对马克思主义的传播

党的十八大以来，习近平总书记高度重视高校在马克思主义传播中发挥的积极作用，并把高校作为思想理论传播的重要阵地。广东省各大高校如中山大学、华南理工大学、暨南大学、华南师范大学、广州医科大学等高校相继成立了马克思主义学院，通过不同形式对学生进行积极引导，为其在高校传播营造出良好的环境，同时教学条件得到了不断的完善发展，师资队伍建设逐渐庞大，在其传播过程中不断涌现出"热潮"。与此同时，全省各地中小学校与全国中小学校一道，通过思想政治课教育大力传播马克思主义，极大

---

① 李云：《立时代之潮头　发思想之先声——〈岭南学刊〉〈广东行政学院学报〉两刊：回顾与展望》，《岭南学刊》2017 年第 4 期，第 7—9 页。

地提升了广东精神文明建设的水平。

1. 高校的思想政治理论课程

思想政治理论课是各大高校推进马克思主义基本理论传播的主要渠道，对于帮助学生树立正确的世界观、人生观、价值观，运用马克思主义立场、观点、方法分析和解决问题等方面具有重要作用。广东高校在运用思政课传播马克思主义基本理论过程中，做到了不断丰富课程内容，推进课程内容改革。

2018 年 6 月，"新时代、新思想、新教材"广东省高校思想政治理论课教学改革发展研讨会召开，研讨内容包括高校思想政治教学要时刻关注两个方面的工作：一是要研究教材，善于将教材体系转变为教学体系、知识体系，再转变成学生的认知体系；二是要在使用新教材的同时关注 5 个"贴近"，分别是贴近改革开放的伟大社会实践、贴近学校实际、贴近学生实际、贴近学科依托、贴近教师专业程度。以广州大学的"中国近现代史纲要"慕课教学视频方式创新为例，教学采用《锵锵三人行》和《百家讲坛》相结合的视频拍摄与制作方式，把教材体系转变为教学体系，再转变为问题体系，最终落脚到价值观体系，以问题为导向开展教学。

2018 年，广东省教育厅办公室根据教育部统一部署，组织开展高校思想政治教育理论课 2018 年版教材使用培训，发布了《广东省教育厅办公室转发关于做好高校思想政治理论课 2018 年版教材使用培训的通知》，帮助广大师生更好地准确把握高校思想政治理论课新版教材的指导思想、基本精神、核心内容、修订重点和教学难点等，切实以新教材来推动广东高校思想政治理论课传播马克思主义基本理论。

2019 年 6 月，中共广东省委教育工作领导小组印发《广东省学校思想政治理论课建设行动计划（2019—2021 年)》，明确推出党政领导干部常态化为师生讲思政课、建立齐抓共管思政课建设的工作机制、落实专职思政课教师配备要求、按照"六要"标准加强思政课教师培养培训、用好兼职思政课教师资源、健全思政课教师激励保障机制、按照"八个相统一"要求加强思政课教学改革、推进课程思政建设取得突破、注重实践教学、建设网络新课堂、建设21世纪马克思主义理论精品课程、建设思政课成果交流展示平台、提升思政课教研工作水平、重视在实际工作中检验思政课效果、落实马克思主义学院"第一学院"和思政课堂"第一课堂"、加强党对思政课建设的领导共16项举措,推动思想政治理论课改革创新,提高思想政治理论课质量。

2. "第二课堂"载体

"第二课堂"是高校实现马克思主义传播的有效途径和载体。"第二课堂"包括社团活动、课外实践、讲座论坛等多种具体形式,由学生工作部门组织开展。创新优化"第二课堂",是由单一理论课宣传向多载体渠道宣传转变,由学校为主体向学校为主导、突出学生的主体地位转变,由"接受者"向"传播者"转变。对于高校推动马克思主义基本理论的传播具有重要意义。

2017年,共青团广东省委员会颁布《关于推行高校共青团"第二课堂成绩单"制度的通知》,主要通过工作内容、项目供给、评价机制等方面对学生参与"第二课堂"活动的经历和成果进行系统设计和整合拓展,以更为客观的记录和认证的方式推动"第二课堂成绩单"成为高校打造优秀校园文化、扶持理论社团发展、开展丰富学习活动的重要依据。广东各高校建有专门的马克思主义理论教学网站,积极开设当代中国马克思主义基本理论教育专栏,如学习动态、理论前沿、在线解答和理论辅导等。

党的十八大以来,广东高校组建"红色社团"推进思想理论的传播，将社团、高校、社会三方统一起来，建立传播新平台。广东高校理论社团数量日益增加，各个专业均有涉及，广泛推动了马克思主义基本理论的传播。例如，广东高校举办红色诗歌朗诵、马克思主义思想演讲比赛等丰富多彩的活动，使各个专业的学生都参与其中。

3. "青马工程"培训班

"青年马克思主义者培养工程"是团中央于2007年启动的一项青年人才培养的战略性工程，简称"青马工程"。共青团广东省委积极响应团中央指示，举办广东大学生骨干培养学校暨广东大学生"青马工程"培训班，以提高广东大学生骨干的思想政治素质、政策理论水平、创新能力和实践能力为培训重点，集中对全省大学生骨干开展理论研究、信仰教育、社会调查、素质拓展、青年对话等形式多样、内容丰富的教育活动，努力将大学生骨干培养成为中国特色社会主义事业的合格建设者和接班人。

目前，"青马工程"在广东省高校已实现全覆盖，每年培养"省—校—院"三级"青马"学员超过7万名。其中，省级"青马工程"学员培训班已累计举办19期，覆盖4600余名大学生骨干。2020年，由团省委、省学联主办，省团校承办的2020年广东大学生"青马工程"培训班顺利举办。2018年5月4日下午，广东高校"青马工程"学员代表学习习近平总书记在马克思诞辰200周年大会和在北京大学师生座谈会上的重要讲话精神座谈会在中山大学举行，共同开展"青年大学习"活动。

广东大学生"青马工程"紧扣时代主题开展学习活动，认真学习宣传马克思主义基本理论和习近平新时代中国特色社会主义思想，对学员开展党性修养、理论学习、政治实习、实践锻炼、社会调研、能力训练等形式多样、内容丰富的思想政治教育活动。

4．改革中小学思想政治课

党的十八大前后，根据义务教育德育课程实验所暴露出的问题，依据《国家中长期教育改革和发展规划纲要（2010—2020年)》提出的"以德为先""坚持能力为重"等任务要求，教育部组织专家对义务教育课程标准进行了修订，颁发了《全日制义务教育品德与生活课程标准（2011 年版)》《全日制义务教育品德与社会课程标准（2011 年版)》《全日制义务教育思想品德课程标准（2011 年版)》。

此后，为贯彻落实《中共中央关于全面推进依法治国若干重大问题的决定》的精神，自 2016 年起，将义务教育小学《品德与生活》《品德与社会》和初中《思想品德》教材统一更名为《道德与法治》，教育部组织编写义务教育《道德与法治》教材，并于 2017年秋季学期在全国所有地区小学和初中起始年级使用。在普通高中方面，为了落实党的十八大以来党和国家提出的关于立德树人的精神和要求，教育部组织专家对普通高中课程方案和普通高中思想政治课程标准进行修订，于 2017 年 12 月底印发《普通高中课程方案（2017 年版)》和《普通高中思想政治课程标准（2017 年版)》，于 2018 年秋季学期在全国开始实施。在 2018 年教师节召开的全国教育大会上，习近平总书记明确提出要"坚持把立德树人作为根本任务"，"要把立德树人融入思想道德教育、文化知识教育、社会实践教育各环节，贯穿基础教育、职业教育、高等教育各领域"。① 2019 年 2月，中共中央、国务院印发《中国教育现代化 2035》，文件明确提出"将习近平新时代中国特色社会主义思想融入中小学教育"，强

---

① 《坚持中国特色社会主义教育发展道路　培养德智体美劳全面发展的社会主义建设者和接班人》，《光明日报》2018 年 9 月 11 日，第 1 版。

调要"全面落实立德树人根本任务，广泛开展理想信念教育，厚植爱国主义情怀，加强品德修养，增长知识见识，培养奋斗精神，不断提高学生思想水平、政治觉悟、道德品质、文化素养"。① 此外，中共中央办公厅、国务院办公厅印发的《加快推进教育现代化实施方案（2018—2022 年)》也明确要求"实施新时代立德树人工程"，"把习近平新时代中国特色社会主义思想贯穿课程教材建设全过程，把教材体系、教学体系有效转化为学生的知识体系、价值体系"，"增强中小学德育针对性实效性"。②

党的十八大以来，习近平总书记有关重要讲话和重要指示，以及相关部门印发的文件规定，为新时代中小学德育课程改革和建设指明了方向。

三、习近平新时代中国特色社会主义思想在广东的传播

习近平新时代中国特色社会主义思想在广东的传播呈现一些特点：传播主体多元化，形成了省、市、县、镇四级党校多层次系统化的传播系统和充分发挥高校主阵地作用；传播媒介多样化，充分发挥传统媒介和新媒体的作用；传播话语方式不断创新；传播对象具有广泛性，包括党员干部、各民主党派、工商业者、广大学生、知识分子和基层群众；传播内容十分丰富；传播效果显著。

---

① 《中共中央、国务院印发〈中国教育现代化 2035〉》，《光明日报》2019 年 2 月 24 日，第 1 版。

② 《中办、国办印发〈加快推进教育现代化实施方案（2018—2022 年)〉》，《光明日报》2019 年 2 月 24 日，第 1 版。

（一）多元化的传播主体

1．形成省、市、县、镇四级党校多层次系统化的传播系统

《中国共产党党校（行政学院）工作条例》规定了党校（行政学院）的其中一项重要的基本任务是加强马克思主义基本理论研究，重点研究宣传习近平新时代中国特色社会主义思想。[①] 广东有 1 所省级党校、2 所副省级党校、19 所地级市党校、108 所县级党校、1626 所镇街党校，形成了省、市、县、镇四级党校全面联动的多层次系统化传播系统，是宣传习近平新时代中国特色社会主义思想的主阵地。

（1）省委党校（行政学院）

省委党校（行政学院）主要培训厅局级领导干部、县处级领导干部、企事业单位领导人员和乡镇（街道）党（工）委书记。省委党校（行政学院）承担的主体班次培训包括：市厅级干部进修班、县处级干部进修班、中青年干部培训班、省直单位处级干部进修班、乡镇（街道）党政正职进修班、政法领导干部进修班、县（市、区）委书记专题研讨班、党校系统骨干教师研修班等。同时还承担省委、省政府及有关部门交付的专题培训任务。例如，2019 年，省委党校（行政学院）在省委的领导下，开设了广东省管干部学习贯彻党的十九届四中全会精神专题研讨班、广东省管干部学习贯彻《关于支持深圳建设中国特色社会主义先行示范区的意见》专题研讨班、广东省管干部学习贯彻《粤港澳大湾区发展规划纲要》专题研讨班。

[①] 《中国共产党党校（行政学院）工作条例》，《光明日报》2019 年 11 月 4 日，第 1 版。

（2）地级市党校（行政学院）

市（地、州、盟）委党校（行政学院）主要培训县处级领导干部、企事业单位领导人员和乡科级领导干部。广东省各地级市党校，立足于本地区经济社会发展的实际，开展教育和培训工作。各地级市党校围绕市委、市政府的安排部署，以学习宣传贯彻习近平新时代中国特色社会主义思想为首要任务。同时，通过对省情、市情的考察和对本地区热点难点问题的研究，坚持不懈强化理论武装，不断提高党员干部党性修养和能力水平，为建设忠诚干净担当的高素质干部队伍做出重要贡献。

（3）县级党校

县级党校作为地市级党校的分校，是党校系统中的基层党校。县（市、区、旗）委党校（行政学校）主要培训乡科级领导干部、企事业单位领导人员、村（社区）党组织书记和基层党员。2015年12月11日，习近平总书记在全国党校工作会议上明确指出："市县两级党校大约承担了90%以上基层党员干部教育培训任务，是教育培训基层党员干部的主力军。"① 因此，办好市县基层党校对党的事业具有重要意义。广东省各区县级党校在开展工作中，始终坚持面向基层、服务基层，紧密结合实际情况，教育培训基层党员干部和普通党员，为本地区社会经济发展服务和为人民群众服务。

（4）镇街党校

镇街党校是为解决基层党员干部培训难、效果不佳等难题，打通学习宣传贯彻习近平新时代中国特色社会主义思想的"最后一公里"而建设的。作为最基层的一级，镇街党校坚持以习近平新时代中国特色社会主义思想作为培训教育的主要内容。广东各镇街党校

---

① 习近平：《在全国党校工作会议上的讲话》，人民出版社2016年版，第29页。

结合基层实际开展工作，发挥着教育培训基层党员和服务群众的主阵地作用。例如，广东省江门市双水镇委党校向农户推出"新会柑种植"系列课程，丰富农户们柑橘种植、施肥、销售等专业知识。各镇街党校还开展"流动课堂"，把党校课堂延伸到家门口，不管在田间还是在街区院落，都可以展开教学，更贴近基层党员群众。例如，广东省东平镇委党校在渔民休渔期间，举办"送党课上渔船"活动。

2. 充分发挥高校的主阵地作用

2016 年 12 月 7—8 日，习近平总书记在全国高校思想政治工作会议上强调："要坚持不懈传播马克思主义科学理论，抓好马克思主义理论教育，为学生一生成长奠定科学的思想基础。要坚持不懈培育和弘扬社会主义核心价值观，引导广大师生做社会主义核心价值观的坚定信仰者、积极传播者、模范践行者。"① 思想政治课教师承担着传播习近平新时代中国特色社会主义思想的时代任务，引导广大青年自觉融入中国特色社会主义事业发展之中，自觉融入实现中华民族伟大复兴的奋斗之中。

（1）具有马克思主义理论一级学科博士学位点、硕士学位点的高校

马克思主义理论一级学科博士学位授权点和一级硕士学位授权点的设置，是培养优秀的理论师资的重要渠道。因而，具有马克思主义理论一级学科博士学位点和硕士学位点的高校除了对本科生进行马克思主义理论教育之外，还进行马克思主义理论学科硕士和博士培养，为全省乃至全国输送从事马克思主义理论教学、科研和理

---

① 《把思想政治工作贯穿教育教学全过程开创我国高等教育事业发展新局面》，《光明日报》2016 年 12 月 9 日，第 1 版。

论传播方面的高级人才。以华南师范大学为例，该校成立习近平新时代中国特色社会主义思想博士生宣讲团，充分发挥博士研究生对马克思主义理论学习、宣传、实践的引领、示范和辐射带动作用，使其真正成为新时代新思想的领讲人。

（2）其他高校

没有马克思主义理论学科博士学位点和硕士学位点的高校不用承担马克思主义理论学科博士生和硕士生的培养任务，主要承担思想政治理论课的建设，围绕思想政治教育课"立德树人"这一根本任务，以习近平新时代中国特色社会主义思想为指导，把思想政治教育贯穿大学教育的全过程，不断加强大学生理想信念教育。以深圳职业技术学院为例，学校开展"不忘初心、牢记使命"主题教育活动，从日常的学习、生活对学生进行党性教育。各学生党支部组织多次专题活动，例如，商务外语学院学生党支部认真阅读《习近平的七年知青岁月》《习近平在正定》，坚持每天开展"早读三分钟"活动；博达学院、电信学院学生党支部等举办了"不忘初心、牢记使命"主题演讲和知识竞赛。

从传播主体来看，除了以党校和高校作为主阵地的多层次传播系统之外，还包括各级党委宣传部门、省委讲师团、工会、共青团、妇联等传播主体。

（二）多样化的传播媒介

广东地处改革开放和意识形态斗争"两个前沿"，宣传思想工作任务重、要求高。因此，必须充分利用多种传播媒介宣传好习近平新时代中国特色社会主义思想，推动广东各项工作切实取得成效。

1．充分发挥传统媒介的主导性作用

图书、报纸、杂志等传统媒介在宣传习近平新时代中国特色社会主义思想上发挥着重要的作用。

（1）书籍传播

广东围绕学习宣传贯彻习近平新时代中国特色社会主义思想出版了一系列重要著作。这主要包括：《科学指南　行动纲领：广东学习习近平总书记重要讲话精神辅导读本》，这是广东第一本学习贯彻习近平总书记重要讲话精神的辅导读本；《牢记嘱托　再创新局——学习贯彻习近平总书记对广东工作重要批示精神辅导读本》，该读本是深入学习领会贯彻习近平总书记对广东做出"四个坚持、三个支撑、两个走在前列"重要指示批示精神的辅导读本；《牢记使命　走在前列——以新的更大作为开创广东工作新局面》和《"四个走在全国前列"系列学习读本》（共四册）是广东深入学习贯彻习近平总书记在参加十三届全国人大一次会议广东代表团审议时对广东提出"四个走在全国前列"的要求的辅导读本；《习近平改革开放思想研究》是广东深入学习宣传贯彻习近平总书记关于改革开放重要论述的重要理论成果，是首部系统阐释习近平总书记关于改革开放思想的理论著作；《广东改革开放史（1978—2018年）》《广东：改革开放的"窗口"》和《转型与跨越——广州改革开放四十年》是改革开放40周年之际，广东坚持以习近平新时代中国特色社会主义思想为指导，深入学习贯彻习近平总书记关于改革开放重要论述的理论成果。这些著作为广东奋力实现"四个走在全国前列"和当好"两个重要窗口"提供重要的理论贡献和学术支撑。

（2）报刊传播

《南方日报》是宣传习近平中国特色社会主义思想的重要平台。党的十八大以来，《南方日报》把学习宣传贯彻习近平总书记对广东重要讲话和重要指示批示精神作为首要政治任务，认真做好宣传报道，为广东发展营造良好的舆论氛围。2018 年 3 月 7 日，习近平总书记参加十三届全国人大一次会议广东代表团的审议。《南方日报》推出 16 个版的"沿着总书记指引的道路奋勇前进"特别报道，推出"四个走在全国前列"系列深调研。2018 年 10 月，习近平总书记视察广东并发表重要讲话，《南方日报》用 15 个版的特别报道，大篇幅、详尽细致地报道展示了党中央新时代坚持改革开放的决心，以及对改革开放前沿阵地所担负使命的殷殷嘱托。2019 年 10 月 28—31 日党的十九届四中全会期间，《南方日报》开设《学习贯彻十九届四中全会精神》专栏，专门刊登相关稿件，并从 11 月 5 日起连续发表评论员文章。《论学习贯彻党的十九届四中全会精神》一文从发展道路、制度保障、经济发展、生态文明等多方面结合广东实际，具体全面地阐述十九届四中全会精神。

（3）电视广播传播

广东广播电视台是省级广播电视大型综合传媒机构，是广东省委、省政府重要舆论宣传的主阵地。2019 年 3 月 6 日，广东代表团召开专题学习会，重温习近平总书记 2018 年 3 月 7 日参加十三届全国人大一次会议广东代表团审议时重要讲话精神。广东广播电视台提前谋划、精心组织，全媒体联动，迅速营造起强大的宣传声势。广东卫视、新闻频道、触电新闻客户端当晚联机推出全国两会特别节目《走在前列　当好窗口——习近平总书记参加十三届全国人大一次会议广东代表团审议并发表重要讲话一周年》。触电新闻开辟"牢记总书记嘱托"专区，推出"追梦故事""重温讲话""广东答卷"等新媒体版块以及《今天，他们做了一件特别的事……》等独具新媒体传播优势的推送。广东广播电视台始终以习近平新时代中国特色社会主义思想为指引，坚持正确的政治导向，宣传党中央和省委的决策部署，做到重大关键节点有声音、有回响，当好党和政府的"传声筒"和"扩音器"。

2. 充分利用新媒体进行传播

由于现代信息技术的快速发展，以互联网技术为核心的新媒体兴起，广东省在学习宣传贯彻习近平新时代中国特色社会主义思想的过程中不断创新传播手段和传播方式，使学习宣传往深里走、往实里走、往心里走。

（1）"南方+"客户端

"南方+"客户端是南方报业传媒集团精心打造的一款手机软件，是广东省委、省政府在移动互联网上权威移动发布平台，也是广东规模最大、覆盖最广的政务新媒体聚合平台。"南方+"客户端积极发挥着作为新媒体的传播作用。2018年3月7日，习近平总书记参加了广东代表团审议。"南方+"客户端推出微视频《两会TALKS特别策划》《总书记寄语广东"四个走在全国前列"有何深意?》以及H5产品《2018全国"两会"学习日记》《收好这张思维导图! 一起学习习近平总书记在广东团的重要讲话精神!》等，从各个角度宣传和解读习近平总书记的重要讲话精神。2019年—周年之际，"南方+"客户端推出《典读广东 | 从习近平用典看广东》《视频 | 聆听两会"春之声"! 5位"80后"广东代表玩转"飞花令"》《一年了! 总书记，这份广东新时代答卷请审阅!》。"南方+"客户端始终发挥着作为主流舆论阵地的作用，扎根于广东大地，积极利用多种新媒体产品，宣传习近平新时代中国特色社会主义思想。

（2）"学习强国"广东学习平台

"学习强国"广东学习平台是推动习近平新时代中国特色社会主义思想和习近平总书记对广东系列重要讲话精神和指示批示精神在广东传播的重要平台。广东学习平台立足广东实际，设置了《新思想在广东》《广东联播》《改革开放再出发》《聚焦大湾区》《先行示范区》《决胜小康》《粤论粤明》《广东党建》《广东通》《岭南人物》《岭南印象》等多个栏目，采用文字、图片、音频、视频等多种形式，为广大党员干部和人民群众提供丰富多彩的学习内容。在中华人民共和国成立70周年之际，广东学习平台主办广东乡村微视频大赛，展现了70年来广东新农村建设的巨大成就。广东通过不断加大对"学习强国"广东学习平台的推广力度，丰富平台的栏目内容，打造广东学习品牌，在全省营造崇尚学习、热爱学习的良好氛围，不断推进习近平新时代中国特色社会主义思想深入人心。

（三）创新的传播话语方式

话语表达方式是思想传播的载体。为了进一步学习和宣传习近平新时代中国特色社会主义思想，必须采用政治话语、学术话语、大众话语等多种话语表达方式。习近平总书记指出："要加强传播手段和话语方式创新，让党的创新理论'飞入寻常百姓家'。"[①] 因此，充分利用多种话语表达方式具有重要意义。

1. 政治话语

新时代中国特色社会主义政治话语就是在中国共产党的领导下，以习近平新时代中国特色社会主义思想为指导，植根中国政治实践，反映人民政治愿望的话语表达，政治话语经过一定的方式汇

---

① 《习近平在全国宣传思想工作会议上的重要讲话》，《光明日报》2018 年 8 月 23日，第 1 版。

集在一起，就构成政治话语体系。① 从传播的角度来看，执政党必须形成一套执政党的政治话语体系。

党的十八大以来，以习近平同志为核心的党中央提出了"中国梦""美丽中国""一带一路""人类命运共同体""打铁还需自身硬"等政治话语表达，给人们留下了深刻的印象。2005 年 5 月，习近平总书记在浙江工作时就曾指出："在开展群众工作方面，我们有的领导干部甚至不会说话。有的同志自嘲：与新社会群体说话，说不上去；与困难群众说话，说不下去；与青年学生说话，说不进去；与老同志说话，给顶了回去。很多场合，我们就是处于这样一种失语的状态，怎么能使群众信服呢？"② 这表明党和政府的政治话语表达应充分考虑人民群众的思维习惯和语言习惯，善于将政治话语转化成大众话语。

广东省委深入开展"大学习、深调研、真落实"，切实把习近平总书记重要讲话精神贯彻到广东工作的全过程、各方面。广东深入学习贯彻习近平新时代中国特色社会主义思想，并结合广东实际，提出了"平安广东""法治广东""建设美丽广东""构建'一核一带一区'""'1+1+9'工作部署"等话语。

2．学术话语

广东善于将政治话语转化为学术话语，为习近平新时代中国特色社会主义思想在广东更好地传播提供了学理支撑。广东的学者专家们自觉地运用习近平新时代中国特色社会主义思想去认识问题、

---

① 高振岗、郭婧婧：《实现中国特色社会主义政治话语与学术话语的统一》，《中国党政干部论坛》2019 年第 2 期，第 31—34 页。

② 《习近平强调：要让群众信任　决不仅仅靠权力》，《人民日报》2005 年 5 月 30 日，第 10 版。

分析问题和解决问题，从不同方面深入研究习近平新时代中国特色社会主义思想，进而深刻、全面认识和理解习近平新时代中国特色社会主义思想的历史地位和时代价值。

"四个走在全国前列"是对新时代广东工作的新定位、新要求，是广东社科理论研究新的重大课题。广东省社科联充分发挥社科理论的思想引领作用，引导全省社科界深入学习宣传习近平新时代中国特色社会主义思想。同时，发挥《学术研究》《广东社会科学年鉴》作为创新成果重要推广平台的作用。通过社科规划、社科评奖、学术平台导向作用，构建具有岭南特色、广东风格的哲学社会科学学科体系、学术体系、话语体系，占领社科学术理论高地，为加快构建中国特色哲学社会科学做出广东贡献。

2017 年 12 月，中央批准广东成立习近平新时代中国特色社会主义思想研究中心。自成立以来，中心组织动员全省社科专家参与中心建设，着力将中心打造成为研究阐释新思想的"南方高地"，成立 12 个研究基地、25 个调研基地和 11 个宣传基地，形成覆盖全省重点高校马克思主义学院、研究机构的研究宣传网络，为深入推进习近平新时代中国特色社会主义思想研究提供了有效的载体。研究中心及其研究基地始终高举习近平新时代中国特色社会主义思想伟大旗帜，提高政治站位，聚焦学懂弄通做实，团结带领全省社科工作者，着力加强对习近平新时代中国特色社会主义思想的研究阐释，不断推出高质量研究成果，为推动习近平新时代中国特色社会主义思想在南粤大地落地生根、结出丰硕成果提供理论支持和学术支撑。

3. 大众话语

如果直接以政治话语、学术话语宣传习近平新时代中国特色社会主义思想，可能会使人民群众难以准确理解把握，真正融入日常生活，转化成人民群众的实践。党委宣传部门在宣传的过程中，必须注意将政治理论的抽象性、概括性话语有原则地转换为通俗、具体、日常生活化的大众话语，这样才容易被群众所理解、把握和运用，让党的创新理论"飞入寻常百姓家"。

建设新时代文明实践中心，为深入宣传习近平新时代中国特色社会主义思想提供重要载体。新时代文明实践中心让党的宣传思想工作在基层实起来、强起来，让党的创新理论"飞入寻常百姓家"，打通宣传群众、教育群众、服务群众的"最后一公里"，更好满足人民群众日益增长的精神文化需求。新时代文明实践中心探索实施"6＋X"活动程式，即6个规定动作（学一篇重要讲话、读一段传统经典、唱一首优秀歌曲、看一部视频短片、讲一个身边故事、做一次感想交流）＋X个自选动作，让群众唱主角，把理论宣讲与惠民服务、文化活动相结合，以群众喜闻乐见的方式把故事讲好、把道理讲活。

大众话语就是用老百姓的话语来谈，让老百姓听得懂、能领会、可落实，让老百姓能够深刻领会习近平新时代中国特色社会主义思想。

（四）广泛的传播对象

由于习近平新时代中国特色社会主义思想的传播主体多元化，决定了传播对象的广泛性。

传播对象包括党员干部、各民主党派、工商业者、广大学生、知识分子和基层群众。广东各级党校主要负责各级党员干部的培训，让各级党员干部深入学习贯彻习近平新时代中国特色社会主义思想。广东各级社会主义学院主要负责各民主党派和无党派人士的培训，把习近平新时代中国特色社会主义思想作为重要的学习内容，凝心聚力、真抓实干、开拓进取，为实现中华民族伟大复兴而努力。广东各层次高校不断推进习近平新时代中国特色社会主义思想在进教材、进课堂、进学生头脑，帮助大学生树立正确的世界观、人生观和价值观，增加大学生对中国特色社会主义道路的认同感，从而积极投身于社会主义事业的建设之中，实现中华民族伟大复兴。广东各地级以上市抓好城乡基层宣讲，以驻村干部、扶贫干部、大学生村官、专业技术人员、在农民创业实践中涌现出来的优秀代表、民间艺人、文艺老兵及有基层群众基础的老干部、老党员、老教师等为重点，组建各类百姓宣讲团，把宣讲触角深入最基层，围绕身边人、身边事，讲好中国制度故事。例如，惠州当地成立先锋模范宣讲队、退役军人宣讲队、巾帼宣讲队、好记者宣讲队、驻村干部宣讲队等11支"中国制度故事"百姓宣讲队，深入城乡基层开展百姓宣讲；茂名当地利用"一支部一微宣讲员"平台、微信讲习群、微信公众号，使宣讲内容直达干部群众的手机，做到宣讲随时进行、学习随处可学。

传播对象的广泛性进一步推动习近平新时代中国特色社会主义思想在南粤大地落地生根，结出丰硕成果。

（五）丰富的传播内容

1. 习近平新时代中国特色社会主义思想的传播

党的十八大以来，以习近平同志为主要代表的中国共产党人，顺应时代要求，从理论和实践结合上系统回答了新时代坚持和发展什么样的中国特色社会主义、如何坚持和发展中国特色社会主义等重大问题，形成了习近平新时代中国特色社会主义思想。

习近平新时代中国特色社会主义思想内容非常丰富，涵盖了经济、政治、文化、社会、生态文明、内政外交、国防及治党治国治军方方面面。习近平新时代中国特色社会主义思想核心内容是"八个明确"和"十四个坚持"。"八个明确"就是明确坚持和发展中国特色社会主义，总任务是实现社会主义现代化和中华民族伟大复兴，在全面建成小康社会的基础上，分两步走，在本世纪中叶建成富强、民主、文明、和谐、美丽的社会主义现代化强国；明确新时代我国社会主要矛盾是人民日益增长的美好生活需要和不平衡、不充分的发展之间的矛盾，必须坚持以人民为中心的发展思想，不断促进人的全面发展、全体人民共同富裕；明确中国特色社会主义事业总体布局是"五位一体"，战略布局是"四个全面"，强调坚定道路自信、理论自信、制度自信、文化自信；明确全面深化改革总目标是完善和发展中国特色社会主义制度、推进国家治理体系和治理能力现代化；明确全面推进依法治国总目标是建设中国特色社会主义法治体系、建设社会主义法治国家；明确党在新时代的强军目标是建设一支听党指挥、能打胜仗、作风优良的人民军队，把人民军队建设成为世界一流军队；明确中国特色大国外交要推动构建新型国际关系，推动构建人类命运共同体；明确中国特色社会主义最本质的特征是中国共产党领导，中国特色社会主义制度的最大优势是中国共产党领导，党是最高政治领导力量，提出新时代党的建设总要求，突出政治建设在党的建设中的重要地位。①"十四个坚持"就是坚持党对一切工作的领导，坚持以人民为中心，坚持全面深化改革，坚持新发展理念，坚持人民当家作主，坚持全面依法治国，坚持社会主义核心价值体系，坚持在发展中保障和改善民生，坚持人与自然和谐共生，坚持总体国家安全观，坚持党对人民军队的绝对领导，

---

① 习近平：《决胜全面建成小康社会　夺取新时代中国特色社会主义伟大胜利》，《人民日报》2017 年 10 月 28 日，第 1 版。

坚持"一国两制"和推进祖国统一，坚持推动构建人类命运共同体，坚持全面从严治党。①

"八个明确"和"十四个坚持"有机融合，共同构成习近平新时代中国特色社会主义思想的核心内容。

党的十八大以来，广东全省上下把学习宣传贯彻习近平新时代中国特色社会主义思想作为首要政治任务，迅速兴起学习宣传贯彻热潮，奋力推动习近平新时代中国特色社会主义思想在广东落地生根、结出丰硕成果。例如，关于党的十九大精神的学习宣传贯彻。首先，省委召开常委会传达学习贯彻落实。2017 年 11 月 1 日，省委书记李希主持召开省委常委会（扩大）会议，传达学习十九届中央政治局会议和政治局集体学习精神，审议并通过全省关于党的十九大精神的宣传、宣讲、大学习大培训和调研督导的方案。其次，省委精心组织专题研讨班进行集中轮训。2017 年 11 月 4—7 日，全省举行市厅级主要领导干部学习贯彻党的十九大精神专题研讨班；2017 年 11 月 14 日，第一期全省省管干部学习贯彻党的十九大精神专题研讨班在省委党校开班，本次专题研讨班持续一个月，共分 5 期进行，全省省管干部共二千三百余人参加集中培训，通过专题辅导课程、分组研讨、观看影片、撰写学习心得等方式，推动党的十九大精神入脑入心。最后，召开省委全会落实党的十九大精神。2017 年 11 月 27 日，广东省委十二届二次全会在广州召开，省委书记李希就深入学习宣传贯彻党的十九大精神做专题讲话。会议审议通过了《中共广东省委关于持续深入学习宣传贯彻党的十九大精神推动习近平新时代中国特色社会主义思想在南粤大地落地生根结出

① 习近平：《决胜全面建成小康社会　夺取新时代中国特色社会主义伟大胜利》，《人民日报》2017 年 10 月 28 日，第 1 版。

丰硕成果的决定》和《中国共产党广东省第十二届委员会第二次全体会议决议》。

同时，广东认真学习宣传贯彻习近平新时代中国特色社会主义思想的重要文献。《习近平谈治国理政》第一、第二、第三卷是全面系统反映习近平新时代中国特色社会主义思想的权威著作，是记载习近平新时代中国特色社会主义思想成果的重要文献。广东认真学习宣传贯彻《习近平谈治国理政》第一、第二、第三卷。2017年11月24日，广东省委常委会召开会议，部署《习近平谈治国理政》第二卷学习贯彻工作，传达全国精神文明建设表彰大会精神。2017年12月5日下午，广东省委宣传部在广州召开全省社科理论界学习《习近平谈治国理政》第二卷座谈会。2020年7月15日，广东省委下发《中共广东省委关于认真学习宣传贯彻〈习近平谈治国理政〉第三卷的通知》，要求各地区各部门认真贯彻落实。2020年9月2—4日，根据广东省委工作安排，省领导用3天时间集中学习研讨《习近平谈治国理政》。省领导同志采取个人自学与集中研讨相结合的形式，深入学习贯彻《习近平谈治国理政》第三卷，与第一、第二卷结合起来一齐学习。

总的来说，各级党委（党组）做出专题部署，各级党委宣传部门精心组织新闻报道，加强对习近平新时代中国特色社会主义思想的理论阐释和宣讲工作；各级党校把习近平新时代中国特色社会主义思想列为主体班次、领导干部专题学习班的重要内容，作为"开学"第一课，同时设置"八个明确"专题课；省委讲师团巡回宣讲辅导；专家学者深入基层开展专题培训，指导帮助广大党员提高认识、深化理解。

2. 习近平总书记对广东重要讲话和重要指示批示精神的传播

党的十八大以来，习近平总书记对广东高度重视和寄予厚望，先后对广东做出了一系列重要讲话和重要指示批示。从"三个定位、两个率先"到"四个坚持、三个支撑、两个走在前列"，到"四个走在全国前列"和"两个重要窗口"，再到"四个重要要求"，充分体现了以习近平同志为核心的党中央对广东发展的高度重视和亲切关怀，是习近平新时代中国特色社会主义思想的重要组成部分。习近平总书记对广东的重要讲话和重要指示批示精神一脉相承，思想深刻，内涵丰富，完全符合广东实际，是习近平新时代中国特色社会主义思想在广东的展开和具体化，是做好广东工作的根本指南。

（1）"三个定位、两个率先"

2012年12月，习近平总书记在党的十八大后首次离京考察就来到广东。习近平总书记对广东提出"三个定位、两个率先"的期望，即广东要努力成为发展中国特色社会主义的排头兵、深化改革开放的先行地、探索科学发展的试验区，为率先全面建成小康社会、率先基本实现社会主义现代化而奋斗。① 其中，"三个定位"是习近平总书记立足广东实际，对广东发展做出的精准定位；"两个率先"是广东改革发展的奋斗目标。

广东认真学习宣传贯彻习近平总书记对广东提出的"三个定位、两个率先"要求。2012年12月12日下午，省委书记汪洋主持省委常委会议，学习习近平总书记考察广东重要讲话精神，研究广东省贯彻落实意见；13日上午，广东召开学习贯彻习近平总书记视察广东重要讲话精神电视电话会议，以电视电话会议形式开至各地级以上市。2013年1月17—18日上午在广州召开的广东

---

① 《增强改革的系统性整体性协同性　做到改革不停顿开放不止步》，《南方日报》2012年12月12日，第A01版。

省委十一届二次全会上，如何"落实十八大精神、在改革开放中实现'三个定位、两个率先'"成为核心议题。与会代表立足广东实际，展开充分热烈讨论，找差距，摆问题，寻亮点，畅所欲言，交流经验，统一思想，凝聚共识。概括起来，就是以"六不精神"狠抓落实：一是狠抓发展第一要务不动摇，二是狠抓经济结构战略性调整不松懈，三是狠抓区域协调发展不延误，四是狠抓改革开放不停滞，五是狠抓保障和改善民生不马虎，六是狠抓党建工作不松劲。

广东学习宣传贯彻习近平总书记提出的"三个定位、两个率先"要求具有以下特点：其一，从传播地位来看，广东省委要求把认真学习宣传贯彻习近平总书记系列重要讲话精神作为全省的重大政治任务。其二，从传播内容来看，深入学习宣传贯彻党的十八大精神与贯彻落实"三个定位、两个率先"目标相结合。其三，从传播载体来看，主要采取了传统纸质媒体和新媒体相结合、线上与线下相结合的方式。例如，《南方日报》曾推出《习总书记考察广东一年来》大型系列报道和题为《勇做发展中国特色社会主义排头兵——写在习近平总书记考察广东三周年之际》的长篇通讯。其四，从传播方式来看，有中心组学习、专题学习会议、党支部学习、专题研讨班和宣讲团等。

（2）"四个坚持、三个支撑、两个走在前列"

2017年4月4日，习近平总书记对广东工作做出重要批示，充分肯定党的十八大以来广东各项工作，希望广东坚持党的领导、坚持中国特色社会主义、坚持新发展理念、坚持改革开放，为全国推进供给侧结构性改革、实施创新驱动发展战略、构建开放型经济新体制提供支撑，努力在全面建成小康社会、加快建设社会主义现代化新征程上走在前列。① "四个坚持"是广东改革发展必须坚持的旗帜和方向，是广东发展的前提和条件；"三个支撑"是广东发展的使命担当和发展路径；"两个走在前列"是新时代广东全面深化改革开放的奋斗目标，是"两个率先"的延续和深化。

2017年4月11日，广东省委发出《中共广东省委关于认真学习宣传贯彻习近平总书记重要批示精神的通知》，要求各地各部门迅速行动起来，认真学习宣传贯彻。4月14日，省委书记胡春华主持召开省委常委会议，审议并原则通过《学习宣传贯彻习近平总书记重要批示精神总体工作方案》，强调要把学习宣传贯彻习近平总书记重要批示精神作为首要政治任务来抓，确保重要批示精神为广大干部所掌握、为全省人民所了解。2017年5月22日，广东省第十二次党代会在广州召开，省委书记胡春华做重要讲话，提出要以习近平总书记系列重要讲话精神、治国理政新理念新思想新战略、对广东工作的重要批示为统领，做好广东工作。为深入贯彻落实习近平总书记对广东工作的重要批示精神，迅速兴起学习贯彻习近平总书记重要批示精神的热潮，按照省委部署，在省委组织部指导下，2017年4月19—24日，省委党校连续承办11期省直单位副处级以上领导干部学习贯彻习近平总书记重要批示精神培训班，培训学员1.5万人，圆满完成了对省直单位副处级以上干部的轮训工作。

学习宣传贯彻习近平总书记重要批示精神具有以下特点：其一，从传播地位来看，把学习宣传贯彻习近平总书记重要批示精神，作为当前和今后一个时期全省的首要政治任务。其二，从传播内容来看，把重要批示精神与习近平总书记系列重要讲话精神以及

---

① 《习近平总书记对广东工作做出重要批示》，《南方日报》2017年4月12日，第A01版。

对广东历次重要指示一体认识把握。其三，从传播方式来看，采取党委（党组）理论中心组学习会、学习论坛、专题组织生活会、专题培训班、巡回宣讲等方式。其四，从传播主体来看，各级党委（党组）加强组织领导，做出专题部署；各级党委宣传部门精心组织新闻报道，切实加强理论阐释和宣讲工作；各级党校把学习重要批示精神列为主体班次、领导干部专题学习班的重要内容；省委讲师团巡回宣讲辅导；专家学者深入基层开展专题培训，指导帮助广大党员提高认识、深化理解；工会、共青团、妇联等人民团体要发挥自身优势，开展各具特色的学习宣传贯彻活动。其五，从传播目的来看，全省党员干部能够深入理解和领会"四个坚持、三个支撑、两个走在前列"的内涵，自觉以习近平总书记重要批示精神武装头脑、指导实践、推动工作。

（3）奋力实现"四个走在全国前列"和当好"两个重要窗口"

2018 年 3 月 7 日，习近平总书记在参加十三届全国人大一次会议广东代表团审议时发表重要讲话。习近平总书记对广东提出了实现"四个走在全国前列"、当好"两个重要窗口"的新要求。习近平总书记指出："进一步解放思想、改革创新，真抓实干、奋发进取，以新的更大作为开创广东工作新局面，在构建推动经济高质量发展体制机制、建设现代化经济体系、形成全面开放新格局、营造共建共治共享社会治理格局上走在全国前列。"① "广东既是向世界展示我国改革开放成就的重要窗口，也是国际社会观察我国改革开放的重要窗口。"习近平总书记提出的"四个走在全国前列"重要要求与 2017 年习近平总书记做出的"两个走在前列"重要批示一

---

① 《习近平参加十三届全国人大一次会议广东代表团审议时的重要讲话》，《光明日报》2018 年 3 月 8 日，第 1 版。

脉相承，明确地指出了实现"两个走在前列"的方向和路径，是"两个走在前列"的具体化。

2018 年 3 月 8 日，广东省委发布了《中共广东省委关于认真学习宣传贯彻习近平总书记在参加十三届全国人大一次会议广东代表团审议时的重要讲话精神的通知》。随后，全省便迅速兴起学习宣传贯彻习近平总书记重要讲话精神热潮。根据省委部署，广东省将利用两个月左右的时间，分级负责、上下联动，对全省五万多名县处级以上干部、五百二十多万名党员和五十多万名公务员（含参公管理人员）全部轮训一遍。省委组织部负责在省委党校举办 1 期市厅级主要领导干部和 5 期省管干部专题研讨班、12 期省直单位处级干部和 10 期科级干部专题培训班，对全省二千六百多名省管干部、省直二万四千名在穗科、处级干部进行集中轮训，各地级以上市负责抓好市管干部和驻本地省属单位县处级干部的集中轮训。各级公务员主管部门、各基层党组织、非公有制经济组织和社会组织等行业领域党组织分别抓好科级及以下公务员、基层党员、本行业领域党员的学习培训，推动学习贯彻习近平总书记重要讲话精神纵向到底、横向到边，全覆盖、无遗漏。2018 年 6 月 8—9 日，广东省委十二届四次全会召开，会议表决通过了《中共广东省委关于深入学习贯彻落实习近平总书记重要讲话精神奋力实现"四个走在全国前列"的决定》。

学习宣传贯彻习近平总书记重要讲话精神具有以下特点：第一，各地各部门把学习贯彻习近平总书记重要讲话精神作为首要政治任务，由主要负责领导亲自抓，进行专题部署。第二，多次学、反复学和深入学。例如，十三届全国人大一次会议广东代表团多次举行全体会议集中学习习近平总书记参加广东代表团审议时的重要讲话精神；2019 年 3 月 6 日，十三届全国人大二次会议广东代表团召开专题学习会，重温习近平总书记参加十三届全国人大一次会议广东代表团审议时的重要讲话精神。第三，从内容来看，把学习贯彻习近平总书记重要讲话精神与学习贯彻习近平新时代中国特色社会主义思想结合起来，与学习贯彻党的十九大，十九届一中、二中、三中全会和全国两会精神结合起来，与学习贯彻习近平总书记对广东工作做出的一系列重要指示批示精神结合起来，与推进"两学一做"学习教育常态化制度化和"不忘初心、牢记使命"主题教育结合起来。第四，从方式来看，有中心组学习、专题学习会议、党支部学习、专题研讨班和宣讲团等。第五，从载体来看，充分利用微博、微信、移动客户端等新媒体，采取人民群众易于接受的宣传形式。

（4）落实"四个重要要求"

2018 年 10 月 22—25 日，恰逢改革开放 40 周年之际，习近平总书记再次来广东视察，先后来到珠海、清远、深圳、广州等地，深入企业、高校、乡村、社区，就贯彻落实党的十九大精神、深化改革开放、推动经济高质量发展等进行调研。习近平总书记对广东提出了四点重要要求，"一是全面深化改革开放；二是推动高质量发展；三是提高发展平衡性和协调性；四是加强党的领导和党的建设"①。习近平总书记对广东提出的"四个重要要求"是在更高起点、更高层次、更高目标上，为全面深化改革开放提供科学指南。

2018 年 10 月 28 日，广东省召开全省传达学习贯彻习近平总书记视察广东重要讲话精神干部大会。这次会议的主要任务是：传达学习习近平总书记视察广东重要讲话精神，对广东学习贯彻工作进行全面动员部署。随后，在全省迅速兴起学习宣传贯彻习近平总书

---

① 《习近平在广东考察的重要讲话》，《光明日报》2018 年 10 月 26 日，第 1 版。

记视察广东重要讲话精神热潮。同时，随后召开的中国共产党广东省第十二届委员会第六次全体会议（2019 年 1 月 3—4 日）审议通过了《关于深入学习贯彻习近平总书记视察广东重要讲话精神奋力开创新时代广东改革开放新局面的决定》和《落实粤港澳大湾区重大战略的实施意见》，这就为把习近平总书记重要讲话精神落到实处，奋力推动习近平新时代中国特色社会主义思想在广东大地落地生根、结出丰硕成果奠定了坚实的基础。2018 年 11 月 11 日，由广东省社会科学界联合会主办、深圳市社会科学联合会协办的学习贯彻习近平总书记视察广东重要讲话精神暨创新发展理念学习研讨会在深圳市委党校举办，来自全国各地高校、科研机构的专家学者约100 人出席研讨会。

学习宣传贯彻习近平总书记视察广东重要讲话精神具有以下特点：第一，从传播地位来看，习近平总书记重要讲话精神的学习宣传贯彻是全省当前和今后一个时期的头等大事和首要政治任务。第二，从传播内容来看，把习近平总书记重要讲话与习近平总书记对广东一系列重要指示一体学习领会、整体贯彻落实。第三，从传播范围来看，省市县镇村五级党组织迅速组织传达学习，及时将习近平总书记重要讲话精神传达到全体党员干部和广大人民群众，推动习近平总书记重要讲话精神进企业、进农村、进机关、进校园、进社区、进网站，做到家喻户晓、深入人心。第四，从传播策略来看，采取分类指导、有效宣传，因地制宜、因人施策，确保宣传方法更接地气、学习方式更灵活、学习效果更明显，切实打通学习宣传贯彻"最后一公里"。第五，从传播方式来看，采取宣讲、专题会议学习、中心组学习和专题研讨班多种方式。第六，从传播效果来看，全省各级党组织和广大共产党员更加紧密地团结在以习近平同志为核心的党中央周围，全面系统领会掌握习近平总书记重要讲话的丰富内涵和精神实质，进一步把思想和行动统一到习近平总书记重要讲话精神上来，把"1＋1＋9"工作部署扎扎实实落到实处。

（5）深入学习习近平总书记2020年视察广东重要讲话精神

2020年10月，习近平总书记来广东考察调研，这是党的十八大以来习近平第三次视察广东。

10月14日，习近平总书记出席深圳经济特区建立40周年庆祝大会并发表重要讲话。习近平总书记总结了深圳等经济特区40年改革开放实践积累的宝贵经验：一是必须坚持党对经济特区建设的领导，始终保持经济特区建设的正确方向。二是必须坚持和完善中国特色社会主义制度，通过改革实践推动中国特色社会主义制度更加成熟、更加定型。三是必须坚持发展是硬道理，坚持敢闯敢试、敢为人先，以思想破冰引领改革突围。四是必须坚持全方位对外开放，不断提高"引进来"的吸引力和"走出去"的竞争力。五是必须坚持创新是第一动力，在全球科技革命和产业变革中赢得主动权。六是必须坚持以人民为中心的发展思想，让改革发展成果更多更公平惠及人民群众。七是必须坚持科学立法、严格执法、公正司法、全民守法，使法治成为经济特区发展的重要保障。八是必须践行绿水青山就是金山银山的理念，实现经济社会和生态环境全面协调可持续发展。九是必须全面准确贯彻"一国两制"基本方针，促进内地与香港、澳门融合发展、相互促进。十是必须坚持在全国一盘棋中更好发挥经济特区辐射带动作用，为全国发展做出贡献。① 这十条宝贵经验为新时代深圳等经济特区建设提供重要

① 《习近平在深圳经济特区建立40周年庆祝大会上的重要讲话》，《光明日报》2020年10月15日，第1版。

指导，必须倍加珍惜，长期坚持，在实践当中不断完善。同时，习近平总书记还对深圳等经济特区提出坚定不移贯彻新发展理念、与时俱进全面深化改革、锐意开拓全面扩大开放、创新思路推动城市治理体系和治理能力现代化、真抓实干践行以人民为中心的发展思想、积极作为深入推进粤港澳大湾区建设、加强党的全面领导和党的建设、在物质文明建设和精神文明建设上都要交出优异答卷等要求。①

10月15日，广东省委书记李希主持并召开省委常委会扩大会议，专题传达学习习近平总书记出席深圳经济特区建立40周年庆祝大会和视察广东重要讲话、重要指示精神，研究广东贯彻落实意见。学习宣传贯彻习近平总书记出席深圳经济特区建立40周年庆祝大会和视察广东重要讲话、重要指示精神，是当前和今后一个时期全省的头等大事和首要政治任务：一是省委向全省各地各单位发出通知，对学习宣传贯彻工作做出安排部署。二是召开全省传达贯彻大会，对学习宣传贯彻工作进行动员部署，并召开省委情况通报会，向省各民主党派、工商联和无党派人士通报总书记重要讲话、重要指示精神。三是开展新一轮"深调研"，进一步深化"大学习、深调研、真落实"工作，研究广东省贯彻落实的具体措施，适时召开省委全会进行全面部署。四是精心组织学习宣传工作，举办省委理论学习中心组学习会暨专题研讨班，及时将学习贯彻总书记重要讲话、重要指示精神纳入各级党校（行政学院）和干部教育培训机构的学习培训内容，积极做好宣传报道工作，在全省迅速、持续兴

---

① 《习近平在深圳经济特区建立40周年庆祝大会上的重要讲话》，《光明日报》2020年10月15日，第1版。

起学习宣传贯彻热潮。①

（六）显著的传播效果

传播效果是指传播主体在多大程度上实现传播目的以及传播对象接受信息后在思想和行为等方面发生的变化。

习近平新时代中国特色社会主义思想在广东的传播效果非常显著，不仅实现了传播主体的目的，而且也得到传播对象的广泛认同。党员干部认真学习宣传习近平新时代中国特色社会主义思想，增强"四个意识"、坚定"四个自信"、做到"两个维护"，自觉做习近平新时代中国特色社会主义思想的坚定信仰者和忠实实践者，更好地用习近平新时代中国特色社会主义思想武装头脑、指导实践。各民主党派坚持以习近平新时代中国特色社会主义思想为指引，更加紧密地团结在中国共产党周围，不断增强对中国共产党和中国特色社会主义的政治认同、理论认同、思想认同和情感认同，凝心聚力共筑中国梦的磅礴力量。工商业者通过学习习近平新时代中国特色社会主义思想找准圆心，增进共识，画出最大同心圆，不断增强凝聚力、影响力、执行力，为实现中华民族伟大复兴做出重要贡献。广大学生坚持用习近平新时代中国特色社会主义思想武装自己，自觉成为习近平新时代中国特色社会主义思想的宣传者和引领者，勇做新时代的弄潮儿，为实现中华民族伟大复兴的中国梦而不懈奋斗。知识分子深入学习领会习近平新时代中国特色社会主义思想，着力在学懂弄通做实上下功夫，始终在思想上政治上行动上

---

① 《省委常委会召开扩大会议，认真学习贯彻习近平总书记出席深圳经济特区建立40周年庆祝大会和视察广东重要讲话、重要指示精神》，《南方日报》2020 年 10 月 16 日，第 A01 版。

同以习近平同志为核心的党中央保持高度一致，把自身的前途命运同国家和民族的前途命运紧紧联系在一起。广大基层群众善用微传播集体学习，通过微平台进行问题的讨论和交流，更加自觉参与、相互启发，从而提高其对习近平新时代中国特色社会主义思想的理解，让人民群众更为直观地感受到新时代与自身的紧密联系。

从传播对象来看，习近平新时代中国特色社会主义思想在广东的传播已取得显著效果，深入人心。广大人民自觉用习近平新时代中国特色社会主义思想武装自己，指导实践。

第六章

马克思主义在广东传播的
历史经验与时代使命

从 20 世纪初的星星之火到今天成为广大人民群众团结奋进、共创中华民族伟大复兴之路的共同思想基础，马克思主义已经在中国化之路上走过了它的百年历程。在这样一个重要的时间节点上，回顾和梳理百年来马克思主义在广东传播的经验得失，总结马克思主义传播在不同历史时期的规律和特点，对于我们在新的历史起点上更好地坚持和发展马克思主义，在更高的水平上推进马克思主义中国化、大众化、时代化，无疑是一件极其重要的事情。

一、马克思主义在广东传播的历史经验

马克思主义在广东百年传播的历程，形成了诸多值得总结和发扬的有益经验。在此，分别从马克思主义的传播初心与归宿、传播主体建设、传播环境建设、传播话语建设及传播模式建设等方面逐一梳理。

（一）以人民为中心的传播初心与归宿

马克思主义从进入中国就以其为人民福祉、为人类解放的初心和崇高使命，受到人们的关注和重视。中国共产党自成立以来，就秉承这一初心和使命，持之以恒地推动马克思主义为普罗大众所认识、所接受。可以说，以马克思主义为思想指南和理论武器，表达最广大人民群众的诉求、维护最广大人民群众的利益、实现最广大人民群众的愿望，是中国共产党推动马克思主义传播的出发点和归宿，这也是广东的马克思主义百年传播获得广泛社会认同和社会接受的基本经验。

1. 共产党人始终践行为人民服务的建党宗旨

中国共产党历来重视对最广大人民福祉初心和使命的宣示。中国共产党成立百年来，为人民服务始终是全党上下坚定不移的最高使命。历任党和国家领导人都对中国共产党这一根本宗旨有过诸多重要论述。1944年，毛泽东在纪念张思德同志的追悼会上发表的《为人民服务》就指出："我们的共产党和共产党所领导的八路军、新四军，是革命的队伍。我们这个队伍完全是为着解放人民的，是彻底地为人民的利益工作的。"此后，他又在《论联合政府》一文中提出："共产党人的一切言论行动，必须以合乎最广大人民群众的最大利益，为最广大人民群众所拥护为最高标准。"中华人民共和国成立后，针对党执政以后出现的新情况，毛泽东进一步强调要全心全意为人民服务。比如，1957年3月，他在山东省级机关处以上党员干部会议上发表讲话，批评一部分同志不仅"革命意志有些衰退，革命热情有些不足，全心全意为人民服务的精神少了"，而且"闹地位，闹名誉，讲究吃，讲究穿，比薪水高低，争名夺利"。他强调："共产党就是要奋斗，就是要全心全意为人民服务，不要半心半意或者三分之二的心三分之二的意为人民服务。"[1]改革开放新时期以来，历任党和国家领导人也一再强调这一初心使命。在开启与推进改革开放与中国特色社会主义事业进程中，邓小平指出，人民拥护不拥护、人民赞成不赞成、人民高兴不高兴、人民答应不答应，是全党想事情、做工作对不对好不好的基本尺度。江泽民强调："在任何时候任何情况下，与人民群众同呼吸、共命运的立场不能变，全心全意为人民服务的宗旨不能忘，坚信群众是真正英雄的历史唯物主义观点不能丢。必须始终把体现人民群众的意志和利益作为我们一切工作的出发点和归宿，始终把依靠人民群众的智慧和力量作为我们推进事业的根本工作路线。"[2]胡锦涛指出："必须坚持以人为本。全心全意为人民服务是党的根本宗旨，党的一切奋斗和工作都是为了造福人民。要始终把实现好、维护好、发展好最广大人民的根本利益作为党和国家一切工作的出发点和落脚点，尊重人民主体地位，发挥人民首创精神，保障人民各项

---

[1]　《毛泽东著作选读》（下册），人民出版社1986年版，第800页。

[2]　江泽民：《在庆祝中国共产党成立八十周年大会上的讲话》，《江泽民文选》第3卷，人民出版社2006年版，第271页。

权益，走共同富裕道路，促进人的全面发展，做到发展为了人民、发展依靠人民、发展成果由人民共享。"① 习近平总书记也强调指出："我们党来自人民、植根人民、服务人民，党的根基在人民、血脉在人民、力量在人民。失去了人民拥护和支持，党的事业和工作就无从谈起。党要继续经受住执政考验、改革开放考验、市场经济考验、外部环境考验，就必须始终密切联系群众。在任何时候任何情况下，与人民同呼吸共命运的立场不能变，全心全意为人民服务的宗旨不能忘，群众是真正英雄的历史唯物主义观点不能丢，始终坚持立党为公、执政为民。"②

2. 马克思主义广东传播始终以人民群众根本利益为旨归

在中共广东各级党组织的领导下，马克思主义在广东的百年传播始终以人民利益为根本旨归，将维护、实现人民群众的利益与马克思主义传播结合起来，从而获得了人民群众广泛的认同和支持。

大革命时期，以马克思主义为思想武器的年轻的中国共产党，在推动马克思主义与工人运动、农民运动、学生运动相结合的过程中，短短的几年内使之成为包括工农商学兵等在内的广大社会群体所共同接受，成为推动国共合作、推动大革命走向纵深的共同思想基础。在当时的中国革命中心地区广州，在海陆丰地区、粤西（南路）地区、韶关地区……无数的共产党人以生命和鲜血谱写了为人民福祉、为中华崛起而拼搏奋斗的壮丽之歌，从而赢得了人民群众发自内心的尊敬和拥护。土地革命战争时期、抗日战争时期、解放

---

① 胡锦涛：《高举中国特色社会主义伟大旗帜，为夺取全面建设小康社会新胜利而奋斗》，《十七大以来重要文献选编》（上），中央文献出版社 2009 年版，第 12 页。

② 中共中央文献研究室：《习近平总书记重要讲话文章选编》，中央文献出版社、党建读物出版社 2016 年版，第 42 页。

战争时期，常年的白色恐怖、频繁的作战行军，使得马克思主义传播的环境极端恶劣，但由于能够始终坚持以人民的福祉为中心，与人民群众患难与共，广东的马克思主义传播还是在艰苦的条件下曲折推进，为新民主主义革命的胜利奠定了扎实的群众基础。

中华人民共和国成立后，马克思主义传播的内容从以无产阶级革命斗争为主转换为以社会主义建设为主。如何顺利实现新民主主义社会向社会主义社会的过渡，应该建设什么样的社会主义，应该如何建设社会主义，成为中国共产党和全国人民面临的时代主题，也成为马克思主义传播的新课题。这一时期，广东的马克思主义传播继续秉持为人民谋福祉的初心使命，在经过社会主义革命和社会主义建设的不同阶段，初步建立起了覆盖各个社会群体的马克思主义传播体系，形成了党内党外、全社会常态化运行的传播机制。

改革开放新时期以来，广东作为中央特许的先行先试的地区，马克思主义的传播也率先碰到如何适应改革开放新形势新要求的挑战。但由于始终抓住了"为人民服务""人民福祉"这一根本宗旨，马克思主义传播最终为人民群众所普遍接受，成为改革开放以来确立和坚持中国特色社会主义道路的最深厚的土壤和基石。比如，在改革开放之初，毗邻香港的宝安地区（今深圳市）一再上演群体性大规模逃港行为。屡禁不绝乃至呈愈演愈烈之势的偷渡外逃事件，最终惊动了中央高层，明令广东要以最严厉的手段予以杜绝。其时，刚到广东任职中共广东省委第二书记的习仲勋，顶着烈日深入宝安调研，深刻认识到群众性偷渡外逃的根本原因。回到广州后，他召集省委有关领导和有关部门负责人开会，他认真分析了反偷渡外逃问题的实际情况，明确提出不能把偷渡外逃当成敌我矛盾看待，大部分还是人民内部矛盾。偷渡的人总归还是自己人，不能把他们当成敌人。习仲勋认为："主要原因是经济原因而不是政治原因。如果把偷渡看成是政治上的原因，就会把大批农民推到对立面去，这是不对的，要教育，要怪我们没有教育好农民，要怪我们没有制定好的政策维护他们的利益。"他严肃地指出："我们自己的生活条件差，问题解决不了，怎么能把他们叫偷渡犯呢？这些人是外流不是外逃，是人民内部矛盾，不是敌我矛盾，不能把他们当作敌人，你们要把他们统统放走。不能只是抓人，要把我们内地建设好，让他们跑来我们这边才好。"① 习仲勋对逃港事件的正确定位及处置对策，使得改革开放初期的政策得以沿着正确的路线演进，确保了马克思主义传播的正确方向。

此后，无论是邓小平有中国特色社会主义理论（邓小平理论）的传播，还是"三个代表"重要思想、科学发展观的传播，以及习近平新时代中国特色社会主义思想的传播，都在"为人民服务""以人民为中心"根本宗旨的统领下，形成了以实际问题为聚焦、以实践为导向的马克思主义传播取向。

（二）知行合一的传播主体建设

马克思主义作为一种揭示人类社会发展规律的真理，同时又是改造世界的实践指南，因此，要让马克思主义真正得到广泛而深入的传播，前提条件必定是传播者有马克思主义的真信仰。只有在此基础上，传播者以震撼人心的信仰之力，感染、感动、感化传播对象，使之在精神震撼的同时，深刻思考并接纳这一信仰力量背后的真理之光。马克思主义在中国、在广东的百年传播，首要的推动力量就是来自一代代身体力行、知行合一的马克思主义者，他们将马

---

① 《习仲勋主政广东》编委会：《习仲勋主政广东》，中共党史出版社 2008 年版，第 80 页。

克思主义的真理性转化为改造世界的不竭动力，从而推动着越来越多的人接触、认识，进而接纳马克思主义，成为马克思主义的忠实信仰者和践行者。

1. 培育知行合一的马克思主义传播者

马克思主义在广东的传播，首先是得益于早期共产党员群体身体力行而带来的感化和示范效应。这个名单可以排列很长很长，如杨匏安、谭平山、彭湃、黄学增、邓中夏、苏兆征、阮啸仙、刘尔崧、周其鉴、周文雍、陈铁军等，他们以马克思主义为毕生信仰，以生命和鲜血谱写了马克思主义传播的时代之歌。这些信仰坚定的马克思主义传播者，多数有着留学或大学教育的经历，在当时属于文化程度较高的一个群体。他们在接受马克思主义信仰的洗礼之后，将马克思主义传播与工农革命实践相结合，突出地体现了知行合一、身体力行的特征。如杨匏安作为华南地区马克思主义传播的先驱者，他借助《广东中华新报》等报刊，先后发表了《社会主义》《共产主义》《马克斯主义（一称科学的社会主义）》等五十余篇总计近十万字的文章，介绍马克思主义和社会主义学说。与此同时，杨匏安还是广东最早的一批共产党员之一，他积极投身革命斗争，在实际的斗争中向群众宣传传播马克思主义，对早期广东马克思主义的传播做出了突出贡献。如彭湃早年曾留学日本，回国后在其家乡广东海丰创办社会主义研究社和劳动者同情会，研究社成员七十多人。彭湃在海丰的马克思主义传播提高了当地农民的思想觉悟，为其后来领导的海陆丰农民运动、创建苏维埃政权奠定了坚实的思想基础。又如，在南路地区，黄学增领导遂溪青年成立了广东南路第一个具有共产主义理想的革命组织——雷州青年同志社，在青年中间宣传马克思主义，同时组织开展农民运动，倡导革命，为南路地区的革命斗争做出了突出贡献。

大革命失败后，在白色恐怖笼罩的土地革命战争、抗日战争及解放战争时期，无数的青年人前赴后继投身到信仰马克思主义的行列中，传播马克思主义，为实现共产主义的理想而抛头颅洒热血。他们是令人仰望的英雄群体，是真正地做到了知行合一的坚定的马克思主义传播者。

中华人民共和国成立以来，和平年代的社会主义建设和中国特色社会主义建设，在复杂多变的国际国内环境下，优秀的共产党人群体登高望远，始终不渝地将马克思主义与中国国情相结合，创造性地走出一条有中国特色的社会主义道路。党的十一届三中全会以来，广东作为改革开放的试验区、先行地，能够在打开国门、接纳"八面来风"的同时，始终高举马克思主义的旗帜，坚定地走社会主义的道路，将广东的改革开放事业推向前进，究其根本，就是因为有这么一个坚守马克思主义信仰、坚决践行马克思主义真理的知行合一的共产党人群体。

2. 构建"一核多元"马克思主义传播主体格局

中华人民共和国成立后，中国共产党成为执政党，马克思主义传播由此迎来了相较革命斗争年代完全不同的、良好的传播环境。在全国统筹推进马克思主义传播体系建设的背景下，广东省委根据中央对广东的指示要求、结合广东的社会主义建设需要，马克思主义传播逐渐形成了以各级党委统一领导下，以各级党委宣传部为主管、以共产党员群体为核心，包括各级讲师团，各级党校、社会主义学院、团校，各类干部培训学校、高校、中小学校等在内的日趋完善的"一核多元"马克思主义传播主体格局。

这一格局在改革开放后得到进一步的强化和优化。改革开放以来，在党中央的集中统一领导下，广东省委一直高度重视马克思主义传播主体建设，传播主体格局持续优化。一方面，党内的马克思主义信仰教育持续推进。另一方面，在各级党委的统一领导下，民主党派、政协机构、宗教团体以及社会组织、民营企业等纷纷加入马克思主义传播的队伍，传播马克思主义、提高马克思主义素养日益成为全社会多数人的共识。

党的十八大以来，以习近平同志为核心的党中央大力开拓创新执政党自身建设，用党的自我革命精神和勇气加强党的全面领导，坚定推进全面从严治党，提出了一系列新思想，做出了一系列新部署，实施了一系列新举措，党的建设新的伟大工程全面推进到一个新阶段。在此背景下，马克思主义传播主体建设也更上一层楼，马克思主义传播进入了历史上最好的时期。广东省委在党中央的统一部署下，持续开展系列精准化、高效率的党内教育活动，传播主体的马克思主义的信仰自觉得到进一步强化，马克思主义理论素养和实践能力得到了进一步的提升。与此同时，广大人民群众基于"四个自信"的确立，前所未有地激发了对马克思主义学习的自觉，接受者也纷纷成为传播者，马克思主义传播主体队伍呈现不断壮大扩容的态势。

（三）理性对话的传播环境建设

讲真话是人类最基本的善。日常生活所谓讲真话，事关的主要是人际关系的处理。日常生活中如果有人谎话连篇，社会群体成员通常会启动"清退"机制，让总爱说谎话的人"信誉破产"，使其最终被群体所抛弃。政治生活中所谓"真话"，主要是指切合实际的话、有真知灼见的话、能反映客观规律的话、剖析时弊解决问题的话等，一言以蔽之，就是要讲实事求是的话，实事求是地讲话。政治生活中是否讲真话、是否形成鼓励讲真话的氛围，许多时候意味着利益共同体的可持续发展问题。一个任由谎言充斥的共同体，最终的结果就是在自欺欺人、相互欺骗中走向末路。在政治生活中鼓励讲真话，让说话的人敢于说出真实的感受、说出事实的真相，实在是有利于人民、有利于国家长治久安的重大事情。因此，执政者要营造敢于讲真话的氛围，免除人们讲真话的恐惧。

1. 鼓励讲真话是中国共产党的优良传统和作风

实事求是、求真务实是中国共产党的优良传统和作风。同样，敢于说真话，鼓励说真话，也是党一以贯之的优良传统与优良作风。讲真话是党正确决策、科学领导、不断发展的重要保证。正确的决策需要正确的信息，正确的信息需要靠真话来传递。早在党的七大上，毛泽东就曾强调："我们要谦虚谨慎，不骄不躁。今天再说这样一点，就是要讲真话，不偷、不装、不吹。偷就是偷东西，装就是装样子，'猪鼻子里插葱——装象'，吹就是吹牛皮。讲真话，每个普通的人都应该如此，每个共产党人更应该如此。"①

历史经验告诉我们，什么时候坚持实事求是、多讲真话，什么时候我们党和国家的事业就胜利、就前进；什么时候不敢不愿讲真话，虚报浮夸，弄虚作假，党和人民的事业往往就会遭到挫折和失败。土地革命战争时期，王明"左"倾教条主义关闭了说真话的大门，造成了中国共产党和红军的重大损失，造成了人民革命事业的重大挫折。中华人民共和国成立后的"大跃进"时期及"文化大革命"时期，讲真话的人一再受到打击，其结果就是党和人民的社会主义事业遭受重大曲折。这些历史的教训，使中国共产党始终警醒，要时时刻刻重视营造讲真话的条件和环境。对于广大党员领导干部来说，坚持讲真话最重要的就是要做到以下两点：一要善于听

---

① 《在中国共产党第七次全国代表大会上的口头政治报告》（1945 年 4 月 24 日），《毛泽东文集》第 3 卷，人民出版社 1996 年版，第 349 页。

真话。要鼓励群众讲心里话，反映真实情况，并敢于为讲真话的人主持公道；要畅通渠道，搭建各类平台，鼓励老百姓讲真话。二要带头讲真话，有一说一，实事求是，从自己做起，努力营造讲真话办实事的良好环境。

2. 马克思主义传播离不开讲真话的氛围

马克思主义传播同样离不开一个鼓励讲真话、敢于讲真话的社会氛围。从百年马克思主义传播的历程看，可以讲真话、敢于讲真话的社会氛围是马克思主义有效传播的基本条件之一。在允许自由探讨、免除讲真话恐惧的传播环境下，马克思主义就能得到更有效的传播；反之，马克思主义传播就会受到阻碍。

新民主主义革命时期，中国共产党带领广大人民群众奋起抗争。马克思主义的传播正是在持续不断的讲真话过程中得以不断扩大影响并深入推进的。以早期广东马克思主义传播中与无政府主义者的大辩论为例。20 世纪 20 年代初，新文化运动和五四运动催生了保守主义、自由主义、激进主义等各种社会思潮，这些社会思潮对传统文化、西方价值观念、社会发展等各个方面的观点各不相同又相互交织。如何推动正本清源，让更多的人深刻认识到马克思主义作为科学思想的真正价值，广东马克思主义者利用《广东群报》和《新青年》等报刊平台，与无政府主义者进行了激烈的论战。通过论战，不仅划清了马克思主义与无政府主义的界限，更加清晰地向社会阐述了马克思主义的观点和精神，同时也促使一部分无政府主义者转向马克思主义，进而吸收了一批有识之士，扩大了马克思主义的队伍和影响。

"文化大革命"时期，在中国共产党已经作为执政党的情况下，将人民内部矛盾与敌我矛盾混淆，以阶级斗争的方式来处理人民内部矛盾，用政治运动的方式来强行传播和灌输意识形态，结果则是马克思主义遭到教条化的歪曲，偏离了马克思主义的基本原理，导致马克思主义传播事业遭受挫折。

党的十一届三中全会后，广东省委善于营造敢于讲真话的氛围，敢于将问题拿出来让全社会进行辩论，结果是"真理越辩越明"，马克思主义传播在先行先试的改革试验中得到有力推进，大大提升了广大人民群众辨识是非的能力。如在改革开放之初，依托《羊城晚报》《南方日报》等党报党刊开展的是不是应该禁止"香港电视"的争论，关于"恭喜发财"与"且慢'恭喜'"的论争，对广州《南风》文学报在全国首次引进刊登梁羽生武侠小说、花城出版社首次出版梁羽生小说《萍踪侠影》以及邓丽君流行歌曲的批评论争，等等，都在公开公平的论辩氛围中得到充分的展开，真理在辩论的过程中得到认识，人们在辩论的过程中凝聚了对真理的共识，为进一步推进改革开放营造了敢于质疑、敢于创新、敢于突破的良好创业干事环境。正是在这样的社会文化环境下，使得改革开放新时期广东的马克思主义传播与广东改革开放的历史进程相融合，在理性的社会风气中展开问题的讨论，解决改革开放过程中出现的矛盾和问题，为广东保持先行一步的态势提供了重要的方向指引和精神支持。

（四）多元展开的传播话语建设

通常来说，根据话语主体的不同身份，我们可以将话语方式区分为政治话语、学术话语、大众话语。在马克思主义传播中，政治话语、学术话语、大众话语齐头并进、分头阐释，但最终还需落到大众话语的层面，让马克思主义入脑入心、进入老百姓头脑，成为人民群众认识世界、改造世界的科学工具。为此，话语运作要在尊重各自逻辑、特征的基础上，尽可能地向传播的最终目标受众靠近，为广大人民群众所易于接受、乐于接受。在2018年全国宣传思想工作会议上，习近平总书记指出："要加强传播手段和话语方式创新，让党的创新理论'飞入寻常百姓家'。"这一重要论述表明，在推动马克思主义中国化的进程中，要让老百姓真正理解、接受创新发展的当代马克思主义，必须加强话语方式的创新。这种创新，说到底就是要用老百姓能听得懂的方式、习惯听的方式，去传播当代中国的马克思主义。

1. 政治话语、学术话语、大众话语殊途同归

政治话语、学术话语、大众话语都有各自的运行逻辑。政治话语通常聚焦宏大的时代，关注特定社会群体的利益表达、利益实现。与政治运作相适应，政治话语更多地与发展规划、政策制定、社会动员、社会整合等偏向于群体性行动的实践活动相关联。马克思主义进入中国百年来，在中国共产党的领导下，我们已经形成了一套成熟的马克思主义政治话语体系。学术话语（特指与政治相关的学术话语）则更多地聚焦知识的运作，通过"问题"的发现和分析，发现规律、总结规律、提炼理论，以期形成超越个案的普遍性知识谱系。大众话语是指人民群众日常工作生活中沟通交流所惯常使用的表达方式，通俗、简洁、追求形象化便捷化是其基本的特征。在讨论群体利益表达、利益实现时，三种话语方式都要聚焦于具体问题，突出问题意识，但由于运作逻辑的差异，则有可能出现在讨论同样问题的时候，政治话语、学术话语、大众话语各行其是的情况，为此，在讨论特定政治问题时，有意识地强化共性，形成三种话语之间的共振，是政治运作的一个重要命题。

在马克思主义传播中，虽然政治话语、学术话语、大众话语有着各自的运行逻辑和运作方式，但其最终的目的还是在将马克思主义传导到人民群众中去，为广大老百姓所理解、所接受，因此，将

政治话语、学术话语、大众话语打通，用老百姓听得懂、喜欢听的方式讲好马克思主义的故事，是不同话语的共同目标和归宿。

2. 马克思主义传播要让话语亲近生活

马克思主义作为一种体系化的科学理论，是一种充满了理性思辨光芒的思想结晶，是典型的学术话语运作的结果。这样一种"阳春白雪"的知识话语，必须要经过话语转换，才能真正为人民群众所理解、所接受。

早期广东马克思主义的传播者，大多是一些接受过高等教育的知识分子。他们深入人民群众中，将马克思主义的科学理论转化为百姓话语，在很短的时间里推动马克思主义扎根中国底层百姓的生活中，这是非常了不起的事情。究其根本，就在于把握了马克思主义传播的话语密码：一是贴近大众生活的实际问题。理论的传播要与大众生活中的真实问题、现实困惑相对应，使受众能够从理论解读中获取有价值的信息、受到启迪。早期广东共产党人从一开始就将马克思主义传播与工人、农民、知识分子等不同群体的实际需要结合起来，通过革命斗争为底层民众争取物质条件的改善，为底层民众过上有尊严的生活鼓与呼，从而被人民群众视为同道人、知心人。二是与大众的发展需求相结合。当理论传播能够对受众当下的生活给予关照，基于未来发展的智慧和启示，就会形成心理需求。早期广东共产党人积极向处于生活底层的劳工、农民传播无产阶级当家做主的思想，鼓励大家团结起来共同推翻旧的制度，建立人民当家做主人的新社会，从而激发了广大人民群众对未来美好生活的向往。三是以通俗易懂的生活话语与群众沟通交流，以看得见摸得着具体可感的方式让人民群众接触、接受马克思主义。拉家常、街头文艺、标语口号、广播、谈心会……将马克思主义传播融入老百姓日常生活中，使之成为老百姓日常生活的一部分。

这样一种行之有效的做法，在后来的不同历史时期得到很好的继承和优化。"充分发挥群众语言的艺术魅力，将抽象事物具体化，将具体事物形象化，将深邃的理论通俗化，提炼通俗易懂的标识性话语，打造易为人民群众所理解和接受的新概念、新范畴、新表述。"① 一句话，根据不同阶层受众的思想状况、发展需求，以及理论接受能力，选择合适的理论宣传内容和大众传媒方式，运用通俗易懂的群众语言，将深邃的理论以人民群众喜闻乐见的话语形式表现出来，这成为马克思主义在广东百年传播的一个基本经验。

（五）与时俱进的传播模式建设

传播离不开特定的媒介。单一的传播活动，通常只需借助一种或者若干种媒介就可以较好地达成传播的目的。但在持续的大范围的传播中，统筹运用各种传播工具，以任务分设最终达成总体传播目标的整合传播模式，则是基本的要求。

1. 百年来整合传播的基本维度

在马克思主义广东传播的百年历程中，整合传播一直是基本的传播模式。马克思主义在广东整合传播的百年进程，尽管在不同历史时期因传播媒介的条件限制而有不同的表现形式，但总的来说，其基本的维度则是确定的：

其一，将理论的内容进行多层面多维度的阐释。这是百年传播的上游甚至源头部分。具体由三个部分组成：第一，整理、出版马克思主义经典文献，还原马克思主义的本来面貌；第二，总结、提炼马克思主义与中国具体实践相结合的创新理论成果，整理、出版中国化马克思主义的理论创造，迄今为止，具体包括毛泽东思想、

---

① 孙明增：《创新话语方式让话语亲近生活》，《光明日报》2018 年 9 月 20 日，第 2 版。

邓小平理论、"三个代表"重要思想、科学发展观、习近平新时代中国特色社会主义思想；第三，对马克思主义经典文本和基本原理的学术研究，以及对中国化马克思主义理论成果的学术研究，这既是将马克思主义推向大众、开展传播工作的必经环节，也是推动中国化马克思主义发展创新、延续马克思主义在新的时代条件下生机活力的重要维度。

其二，将理论内容经由特定的媒介（载体）、渠道组合，向传播对象进行传输。从媒介形态来看，既包括传统的媒介如报刊、广播、电视，乃至于标语口号、张贴画等，也包括新兴的互联网新媒体、融媒体等。从渠道组合来看，既包括传统的面对面的谈话、行为示范、节日纪念日庆典等活动传播形式，也包括组织形态下的教育、培训、读书会、研讨会等沟通传播形式，还包括互联网新媒体语境下的朋友圈、微信群、网络会议等新媒体传播形式。从理论呈现形态上看，既包括理论的通俗化解读，如 20 世纪 30 年代艾思奇为宣传马克思主义哲学而撰写的《大众哲学》，以及为配合马克思主义宣教活动而出版的通俗读物等；也包括直接面向受众的通俗化宣讲，如电视台的专题访谈节目、近年来基于新时代文明实践中心建立起来的宣教体系；还包括将理论转换为文艺形态的电影、电视片、纪录片、文献片等。

2. 融媒体语境下整合传播的新机遇新挑战

基于互联网的新技术催生了一众新媒体的出现。时至今日，以打通新媒体与传统媒体、发挥媒体融合优势的"融媒体"日益成为传播领域的后起之秀。互联网新媒体和融媒体相较于传统媒体的根本变化，是在重新定义了传播的基本模式，即将传统传播活动中单向传播的模式，演进为"施"与"受"双向互动的模式。在可以即时互动的新媒体条件下，传统传播中截然两分的传播者与受众身份边界模糊了，传播者同时是接受者，接受者同时也是传播者。

这无疑为马克思主义传播带来了新的机遇与挑战。

从机遇的方面来说。第一，互联网与新媒体技术的迅速发展，特别基于移动终端新媒体技术应用的普及，极大地拓展了马克思主义传播的可能空间，提升了马克思主义传播的精准化水平。传统媒体因为技术能力的限制，单向化的模式使得传播存在极大的盲区，马克思主义传播极易出现"接受端无感，传播端自顾自"的情况。互联网与移动互联网的普及，以及基于应用软件即时互动功能的实现，使得基于大数据存储上的数据分析成为可能，使得马克思主义传播在极大拓宽传播覆盖面的同时，极大提升了传播的精准度。第二，网络软硬件技术及新媒体技术的不断升级，全方位地改善了马克思主义接受的体验性。可视听性、互动性等极大地提升了传播的直观性和娱乐性，基于网页、应用软件等而开发的相关内容，对推动马克思主义传播受众的广泛化、知识的普及化、理解的深度化都提供了前所未有的巨大可能。

就挑战的方面来说。互联网及新媒体技术的广泛运用，对习惯了传统模式开展传播活动的执政党传播主体来说，是一次全新的战役。当前而言，整个社会、整个时代发展都越来越嵌入到一个被称为"媒介化"的发展趋势中，换句话说，这意味着当今社会的发展，包括政治、经济、文化、生产与消费等各个领域、各个行业在内的社会生活方方面面都面临一次重构，而这个重构的核心逻辑和核心法则，就是传播的逻辑、机制、法则。在此背景下，如何运用新媒体开展马克思主义传播，我们并没有完全准备好。目前来说，单就马克思主义传播中产品内容而论，其内容匮乏、制作粗糙、创意缺失等就是普遍存在的问题。更遑论新媒体语境下传播机制、传播方式创新了。特别是近年来，随着融媒体时代的到来，如何尽快提升能力，迅速适应新技术条件下传播马克思主义的能力，提升执政党在融媒体环境下的话语权，实在是一项至为紧迫的课题。

二、马克思主义在广东传播的时代使命

20 世纪初，马克思主义进入中国，成为中国共产党带领全国人民奋起抗争、自强不息的思想指南，中华民族自此开始从低谷中爬出来，上山爬坡，不断地从胜利走向新的胜利。改革开放之初，中国共产党始终坚持以马克思主义为指导，始终坚定不移地走建设中国特色社会主义的道路。正如党的十九大报告中所指出的："我们党团结带领全国各族人民不懈奋斗，推动我国经济实力、科技实力、国防实力、综合国力进入世界前列，推动我国国际地位实现前所未有的提升，党的面貌、国家的面貌、人民的面貌、军队的面貌、中华民族的面貌发生了前所未有的变化，中华民族正以崭新姿态屹立于世界的东方。"

党的十八大以来，面对世界经济复苏乏力、局部冲突和动荡频发、全球性问题加剧的外部环境，面对国内经济社会发展中一系列深刻复杂变化和挑战，我们党始终高举马克思主义的伟大旗帜，始终坚持将马克思主义与中国改革开放的国情相结合，迎难而上，开拓进取，取得了改革开放和社会主义现代化建设的历史性成就。党的十九大报告郑重宣示："中国特色社会主义进入了新时代。"报告为此指出，在这中华民族稳步发展的新的历史方位，"中华民族迎来了从站起来、富起来到强起来的伟大飞跃，迎来了实现中华民族伟大复兴的光明前景"，"科学社会主义在二十一世纪的中国焕发出强大生机活力，在世界上高高举起了中国特色社会主义伟大旗帜"，

中国特色社会主义"拓展了发展中国家走向现代化的途径，给世界上那些既希望加快发展又希望保持自身独立性的国家和民族提供了全新选择，为解决人类问题贡献了中国智慧和中国方案"。

在这中华民族发展的全新阶段，在这网络互联技术升级的新一轮全球化的时代，马克思主义的传播也面临着一个全新的展开，这既是重要的机遇，也是重大的挑战。在此背景下，广东的马克思主义传播更需要在赓续百年辉煌的基础上，敢闯敢干，率先走出一条创新推动、高效实施的路子，推动马克思主义与本土文化、时代文化深度融合，为广东在新时代、新发展阶段开创新局提供强大的思想武器和精神动力，为提升中华文化开创新的辉煌做出更大贡献。

（一）为广东率先实现现代化提供思想武器

1. 广东发展在国家整体战略中承载着特殊使命

党的十一届三中全会以来，广东作为改革开放先行先试的地区，一直以来就承担着重要的改革发展试点的功能。党的十八大以来，以习近平同志为核心的党中央更是对广东高度重视和寄予厚望，先后对广东做出了一系列重要讲话和重要指示批示，从"三个定位、两个率先"到"四个坚持、三个支撑、两个走在前列"，到"四个走在全国前列"和"两个重要窗口"，再到"四个重要要求"，充分体现了党中央对广东的发展高度重视和寄予厚望。

2020年10月，习近平总书记再次莅临广东视察，出席深圳经济特区建立40周年庆祝大会并发表重要讲话、做出一系列重要指示，寄望在全面建设社会主义现代化国家新征程中广东走在全国前列、创造新的辉煌，由此进一步明确了在全面建设社会主义现代化国家新征程中广东的总定位、总目标。

为此，广东省委书记李希在全省市厅级主要领导干部学习贯彻习近平总书记出席深圳经济特区建立40周年庆祝大会和视察广东重要讲话重要指示精神暨学习贯彻党的十九届五中全会精神专题研讨班开班式上指出，广东以此统筹新发展阶段广东工作，全方位、全过程、高水平、高站位走在全国前列。要围绕实现总定位、总目标，深入思考、深刻认识事关发展全局的重大问题，与时俱进优化完善提升"1+1+9"工作部署，形成广东推进现代化建设的行动方案和施工图。李希进而强调，要对实现总定位、总目标面临的困难挑战做好充分准备，始终保持一往无前的奋斗姿态、风雨无阻的精神状态。要以"我将无我、不负人民"的崇高境界，以"功成不必在我、功成必定有我"的定力与担当，坚定不移为全面建设社会主义现代化国家、实现中华民族伟大复兴的中国梦而奋斗；要以"逢山开路、遇水架桥"的作风和能力，永葆"闯"的精神、"创"的劲头、"干"的作风，一步一个脚印把总定位、总目标落到实处；要以"敢于斗争、善于斗争"的勇气和魄力，发扬斗争精神，增强斗争本领，扎扎实实办好自己的事，趋利避害、积累优势、赢得胜利。

2. 马克思主义传播推动新发展阶段广东工作开创新局

2018年5月，习近平总书记在纪念马克思诞辰200周年大会上的重要讲话中指出："马克思主义始终是我们党和国家的指导思想，是我们认识世界、把握规律、追求真理、改造世界的强大思想武器。"

百年来，中国共产党始终以马克思主义作为自己的行动指南，坚持以马克思主义作为认识中国、改造中国的思想武器，从而带领中华民族走出低谷，奇迹般地创造了"从站起来、富起来到强起来的伟大飞跃"，迎来了实现中华民族伟大复兴的光明前景。

当然，历史也一再告诫我们，坚持马克思主义的指导思想，并不是教条主义地死死抱住理论的文本就可以实现的，而是要在中国革命、社会主义建设、改革开放的具体实践中融会贯通，在实践中不断丰富和发展马克思主义。

恩格斯说过："马克思的整个世界观不是教义，而是方法。它提供的不是现成的教条，而是进一步研究的出发点和供这种研究使用的方法。"① 确切地说，马克思主义作为科学的思想体系，为人们发现规律、把握规律提供了强大思想武器。自马克思主义诞生一百七十多年以来，人类社会的发展已经发生了翻天覆地的变化，因此，我们不能教条主义地理解、运用马克思主义，而是应该"把马克思主义作为追求真理和弘扬真理的思想武器，不断推进实践基础上的理论创新，坚持用马克思主义中国化最新成果武装头脑、指导实践。在经济社会发展日新月异的当下，尤其要坚持用马克思主义观察时代、解读时代、引领时代，用当代中国实践推动马克思主义发展，让马克思主义这一强大思想武器在新时代放射出更加绚丽的真理光芒"②。

新时代被赋予特殊使命的广东，要在更高水平上增创新优势，推动发展再上新台阶，就需要全体广东人民通过深入学习领会马克思主义的思想精髓，深刻把握马克思主义的立场观点方法，提升发现问题、分析问题、解决问题的能力，增强斗争本领，强化行动能力。这一切都需要以踏踏实实的马克思主义传播为基础，通过马克思主义的创新传播，确保马克思主义入脑入心，确保马克思主义的思想武器真正为人民群众所掌握。

---

① 恩格斯：《致威纳尔·桑巴特》，《马克思恩格斯全集》第 39 卷（上），人民出版社 1974 年版，第 404 页。

② 张浩：《思想纵横：用好马克思主义这一强大思想武器》，《人民日报》2018 年 5 月 16 日，第 7 版。

（二）为建设幸福广东凝聚价值共识

1. "幸福广东"诠释马克思的"人的解放"思想

人的解放是马克思主义的出发点和归宿。在《反杜林论》和《社会主义从空想到科学的发展》中，恩格斯把"人的解放"思想具体化为实现"三个解放"，成为"三个主人"：其一，人的生存离不开自然界。"人所进行的积极的自觉活动，是对自然规律的认识和对客观世界的改造，由此使人'成为自然界的自觉的和真正的主人'。"其二，人作为一种社会的存在，还会受到社会的奴役和压迫，因此，人要获得解放和自由，还要摆脱社会的奴役和压迫，使之成为"自身的社会结合的主人"。其三，作为肉身和精神存在的统一体，人的存在还会受到他自身的束缚和压迫，要获得解放和自由，人就必须正确认识人自身，认识人的精神、本质、价值和作用，从而摆脱自己对自己的束缚和压迫，使人"成为自身的主人——自由的人"。①

中国四十多年的改革开放史，也是马克思"人的解放"思想的实践史。多年前，广东就提出要建设幸福广东，这与马克思"人的解放"思想是一脉相承的。本质上来说，建设幸福广东就是"要把经济社会的协调、持续发展与人的全面、自由发展统一起来，要把得民心、顺民意、兴民利、藏民富与树正义、修善德、知礼耻、懂荣辱统一起来，要把建立'合天人'的新景观与创造'同人我'的

---

① 孙代尧：《马克思主义理论也是人的解放的理论》，《学习时报》2019 年 2 月 25日，第 A2 版。

新局面、发挥'谐个我'的新境界统一起来"①。具体来说，还是物质和精神两个维度的问题：一是在广东经济发展、物质条件不断改善的背景下，如何将"蛋糕"分好，并持续将"蛋糕"做大的问题。这不仅是物质文明、政治文明的问题，也是生态文明的问题。这一问题的解决，是幸福广东建设的物质基础和政治基础所在。二是在经济持续发展、社会公平正义、生态文明建设得到落实和推进的同时，人民群众精神文明、文化建设如何匹配的问题。幸福广东建设，说到底是要在民族认同、身份认同、文化认同上达成共识和凝聚，要在文化消费、精神愉悦上形成自我认可和社会认可的获得感幸福感，要在社会精神气质、软实力上与硬实力相匹配。

2. 以马克思主义传播进一步激发广东实践的共识与活力

在经济与社会的发展中，文化推动力是其中根本性的因素。马克思主义的历史辩证法把人类认知和改造世界的能动性看作是精神的最本质的东西，认为人的文化本质的能动性和创造性首先是客观物质性的活动，人在其精神外化的实践中能动地改造了世界；同时，又在这种精神外化的实践中改造了自身主观世界，丰富和发展了人自身。因此，文化活动作为人类认知世界和改造世界的自觉的能动的实践活动，是一个既改造外在世界同时又改造自我的过程。

在全省市厅级主要领导干部学习贯彻习近平总书记出席深圳经济特区建立 40 周年庆祝大会和视察广东重要讲话重要指示精神暨学习贯彻党的十九届五中全会精神专题研讨班开班式上，广东省委书记李希强调，要对实现总定位、总目标面临的困难挑战做好充

① 杨竞业、曾学龙：《论"幸福广东"概念及其对中国特色社会主义发展理论的创新》，《南方论刊》2012 年第 3 期，第 6 页。

分准备，始终保持一往无前的奋斗姿态、风雨无阻的精神状态。要以"逢山开路、遇水架桥"的作风，永葆"闯"的精神、"创"的劲头、"干"的作风，一步一个脚印把总定位总目标落到实处；要以"敢于斗争、善于斗争"的勇气和魄力，发扬斗争精神，扎扎实实办好自己的事。李希的讲话，将聚焦点落在"精神状态"的激发上，无疑，这是当前全省上下践行党中央赋予广东特殊使命的行动起点。重视马克思主义传播，做好马克思主义传播，其最大意义就在于通过马克思主义的学习，提升人民群众对于经济社会发展中各种关系的辩证理解，提升人民群众认识世界、改造世界的主观自觉，从而在最大范围内凝聚广东现代化建设、幸福广东建设的目标共识，激发人民群众敢于创新、勇于拼搏的行动自觉。

（三）为马克思主义与中华文化深度融合提供广东样本

1. 马克思主义与中国文化的世纪融合

百年来，马克思主义在中国的广泛传播与接受，首先是因为中国社会历史发展的必然选择，即在当时五四运动前后国际国内特定政治、经济、文化条件下，马克思主义才在中国传播并迅速被广泛地接受。与此同时，百年来马克思主义在中国的接受，似乎一切都来得很自然，中国人民对马克思主义的接受似乎天然地有着一种认同感和亲近感。因此，有研究者认为，这是文化气质契合的结果，"马克思主义产生在西方资本主义国家，它能传播到中国，并在中国枝繁叶茂，必然有其适宜的文化切合点。这个切合点就是中国传统文化的精华，即中国传统文化中的大同思想、崇实思想、民本思想"①。

---

① 周艳姣：《马克思主义传播中国的文化切合点》，《江西社会科学》2006年第1期，第92页。

当然，问题如果仔细推敲下去，我们会发现也不完全是这么回事。马克思主义作为一种源自西方文化土壤的科学思想体系，其本质上又是充溢着科学思维和理性精神的。马克思主义的直接理论来源是德国古典哲学、英国古典政治经济学和英法两国空想社会主义。这些学说正是19世纪欧洲哲学社会科学发展的最高成就。与此同时，马克思主义理论体系的三个主要组成部分形成了不可分割的统一整体，突出地体现了科学性的特征。其中，马克思主义哲学揭示了自然、社会和思维发展的普遍规律，是科学的世界观和方法论体系，也是全部学说的理论基础。政治经济学是研究人类社会生产方式发展规律，特别是关于资本主义的产生、发展和灭亡规律的科学。它是马克思主义理论最深刻、最全面、最详细的证明和运用。科学社会主义则是关于无产阶级解放运动发展规律的科学。它以马克思主义哲学（唯物史观）和政治经济学（剩余价值学说）为理论依据，论证了社会主义一定要代替资本主义，共产主义理想一定能实现的历史必然性。三个主要组成部分相互贯通、交叉渗透，构成一个内容科学、逻辑严密的统一的理论体系。马克思主义的这种理论品格，恰恰是中国文化传统历来所相对缺乏的。

自五四运动前后以来，中国文化的发展总体上是在三种文化即马克思主义文化、中国传统文化和西方现代性文化的碰撞融合中不断推进的。时至今日，在中国经济发展已经稳居世界第二、"中华民族迎来了从站起来、富起来到强起来的伟大飞跃"关键时期。在此背景下，可以说，在百年来传承、吸收融合中国传统文化、马克思主义文化、西方现代性文化的基础上，中国模式的现代性文化正在"显山露水"。当此之际，在中国特色社会主义进入新时代的背景下，如何在更高水平上推动中国本土文化与马克思主义的融合发展，是一项至为重要的时代课题。

2. 优化传播，推动马克思主义与岭南文化深度融合

自《共产党宣言》发表一百七十多年来，马克思主义传遍世界，至今还在对人类产生着广泛而深刻的影响。其中奥秘何在？2018 年 5 月，习近平总书记在纪念马克思诞辰 200 周年大会上的重要讲话回答了这一问题："马克思的思想理论源于那个时代又超越了那个时代，既是那个时代精神的精华又是整个人类精神的精华。"他进而指出："马克思主义是科学的理论，创造性地揭示了人类社会发展规律。马克思主义是人民的理论，第一次创立了人民实现自身解放的思想体系。马克思主义是实践的理论，指引着人民改造世界的行动。马克思主义是不断发展的开放的理论，始终站在时代前沿。"无疑，正是马克思主义所具有的科学性、人民性、实践性、开放性品格，使得其历经近两个世纪风霜雨雪的考验，始终充满活力，长盛不衰。

20 世纪初，马克思主义在广东开启传播之旅。百年来，马克思主义与岭南文化碰撞融合，已然深深地嵌入在当代广东的文化土壤里，成为当代岭南文化的有机部分。今天，在广东开启新征程、续写新辉煌的历史时刻，如何以更高水平、更高质量的马克思主义传播，推动马克思主义与岭南文化的深度融合？

地域文化的研究无疑是必不可少的。人们在讨论岭南文化特质的时候，通常都会注意将其与岭南的历史沿革，特别是近代以来岭南在中国的历史创造联系起来。岭南由于开化较晚，至秦汉时期都未形成任何定型的文化体系。秦汉以后，在源源不断的中原移民和海外移民迁入的背景下，在因频繁的海外贸易带来丰富多元文化交流的环境下，岭南文化更像一张白纸，以开放的心态面对形形色色的外来元素，包容和吸纳异质文化，由此成就了岭南文化包容多元的浓重底色。与此同时，也由于岭南本来就较少体制化的成规禁

锢，在学术传承如训诂、考据以及对典籍原义的知解上与北方相比稍逊一筹。但所谓失之东隅收之桑榆，岭南人触事而悟，却在主观觉解上开辟了一条新路，即在学风上不拘泥于古旧成说，在文风上不滞着于烦琐的证定，通过直抒胸臆、重主观悟得而成就了思想创造、学术创新、商业发展的新途径。惠能成为禅宗顿教的开创者，陈白沙成为明代心学家的肇始者，正是这一思想新路的典型见证。

　　诚如研究者所指出的，岭南文化是在历史演进的机缘中，成就其独特的"岭南性"的。要而言之，有两方面是最重要的：其一，南宋末代朝廷因蒙古入侵而流亡岭南，经崖山一战而覆亡的悲壮结局，却使得崖山精神在岭南大地落地生根、照耀后世，极大地激发和凝重了岭南思想文化的力量感。"崖山作为汉人亡国的永久'纪念'（毋宁说是耻辱），加深了岭南与中原的联系和认同，激发了岭南人强烈的危机意识、社会责任感和主体担当，也促进了岭南人对历史和传统的理性批判和反思，乃至积极甚至激烈的行动。"自此，岭南文化的主体意识日渐确立，岭南思想文化的厚重底色也渐趋沉淀成型，"其共同特点是'以天下为己任''敢为天下先'"。[1] 其二，惠能创立禅宗，将佛教众生平等观念深深地印刻于岭南文化中，并升华为岭南精神和中华文化的重要部分。禅宗思想以向下的视角，更多地将目光投注于日常生活，将深奥的佛理和修行寓于行住坐卧的生活场景之中，以现实关照和日常践行来取代对彼岸净土的缥缈追求，由此形成了岭南人无贵无贱的平等意识、自我作祖的创新精神、从心而行的浪漫情怀，这种强调"直心"的平民化、通俗化、简捷化取向，培养了岭南人既超脱尘世又脚踏实地的生活态

---

① 　徐燕琳：《论移民、遗民、逸民精神及其对岭南文化的塑造和影响》，《文化遗产》2016 年第 1 期，第 143 页。

度，也成就了岭南文化效率至上、实用为要的突出特征。

时至近代，西方现代文明首先从广东登陆，与岭南文化冲突激荡、交融会通，广东地区日益成为西风东渐的桥头堡，岭南由此"摇身一变"成为古老中华走向新文明形态的观念发祥地、行动践行地。要而言之，岭南文化作为一种有着典型的工具性倾向的文化形态，最为突出的特征就在其变革的灵活性及指向当下的实效性和功利性。改革开放以降，岭南这种灵活变通、重商趋利的文化观念恰与经济全球化所普遍流行的效率原则相吻合，从而使后者能够以较快的速度和较低的成本在广东文化中传播并得到广泛的认可和根植。

在马克思主义与岭南文化不断碰撞融合的百年历程中，马克思主义所具有的人民性、实践性、开放性，恰恰与岭南文化中所固有的平民性、实用性、包容性特征相对应，形成了二者在碰撞融合过程中的"气质互洽"。与此同时，岭南文化（乃至中华文化）较为缺乏的科学精神、理性精神，也在马克思主义百年传播的进程中得到了较大程度的改进。

回顾历史，我们在其中收获了诸多有益的经验与启示。这些经验与启示，将对我们未来的马克思主义的广东传播产生积极而有益的指引。与此同时，展望新时代、新发展阶段，我们应该始终警醒，文化的融合不是也不该是仅仅停留于书斋中的单纯理论话语的运作，推动马克思主义的当代传播，一方面使马克思主义的科学性、人民性、实践性、开放性来强化、提升岭南文化固有或本来缺乏的文化品格；与此同时，通过与岭南（中华）历史文化传统相融合，从而使当代马克思主义呈现出鲜明的岭南（中国）风格、岭南（中国）气质，都离不开一个基本的语境：当下正火热进行中的中国特色社会主义伟大实践。

参考文献

《马克思恩格斯全集》第 39 卷（上），人民出版社 2006 年版。

《马克思恩格斯文集》（1—10 卷），人民出版社 2009 年版。

《毛泽东选集》（1—4 卷），人民出版社 1991 年版。

《毛泽东文集》（1—8 卷），人民出版社 1993—1999 年版。

《邓小平文选》（1—3 卷），人民出版社 1994 年、1993 年版。

《江泽民文选》（1—3 卷），人民出版社 2006 年版。

《胡锦涛文选》（1—3 卷），人民出版社 2016 年版。

《习近平谈治国理政》（1—3 卷），外文出版社 2018 年、2017 年、2020 年版。

中共广东省委党史研究室编：《广东改革开放决策者访谈录》，广东人民出版社 2008 年版。

中共中央文献研究室编：《建国以来重要文献选编》（1—20 册），中央文献出版社 2011 年版。

中共广东省党史研究委员会办公室：《广东群报选辑》，1964 年编印。

中共湛江市委党史研究室：《中共南路党史大事记》，广东人民出版社 1996 年版。

中国第二历史档案馆编：《中国无政府主义和中国社会党》，江苏人民出版社 1981 年版。

广东百科全书编纂委员会：《广东百科全书》，中国大百科全书出版社 1995 年版。

中共广州市委党史研究室：《广州党史资料》第二辑，广州出版社 2016 年版。

中共广东省委党史研究委员会办公室、广东省档案馆编：《"一大"前后的广东党组织》，广东档案史料丛刊，1981 年编印。

中共中央马列著作编译局编：《五四时期期刊介绍》第 2 集（上），三联书店 1959 年版。

中共广东省委党史研究室：《广东党史资料》第十八辑，广东人民出版社 1991 年版。

中共广东省委党史研究室：《广东党史资料》第三十三辑，广东人民出版社 1999 年版。

中央档案馆编：《中共中央文件选集（1921—1925）》，中共中央党校出版社 1989 年版。

中共中央党史研究室：《中国共产党历史：1921—1949 年》第一卷，中共党史出版社 2011 年版。

中共中央党史研究室：《中国共产党历史：1949—1978 年》第二卷，中共党史出版社 2011 年版。

中共广东省委党史研究室：《中国共产党广东历史》第二卷（1949—1978），中共党史出版社 2014 年版。

中共广东省委党史研究室编：《中国共产党广东历史大事记》第二卷，广东人民出版社 2005 年版。

广州革命历史博物馆编：《黄埔军校史料》，广东人民出版社 1985 年版。

中共中央马克思恩格斯列宁斯大林著作编译局马恩室编：《马克思恩格斯著作在中国的传播》，人民出版社 1983 年版。

中共中央文献研究室编:《十六大以来重要文献选编》(上),人民出版社 2005 年版。

中共中央文献研究室编:《十七大以来重要文献选编》上、中、下册,中央文献出版社 2009 年、2011 年、2013 年版。

《中国共产党第十九届中央委员会第五次全体会议文件汇编》,人民出版社 2020 年版。

《中国共产党党校(行政学院)工作条例》,中国法制出版社 2019 年版。

中共中央党校:《春潮——十八大以来党校事业大发展纪实》(上),中共中央党校出版社 2016 年版。

《孙中山全集》,中华书局 1982 年版。

《杨匏安文集》,中央文献出版社 1996 年版。

《邓中夏文集》,人民出版社 1983 年版。

《陶铸文集》,人民出版社 1987 年版。

《习仲勋主政广东》编委会:《习仲勋主政广东》,中共党史出版社 2008 年版。

任建树等编:《陈独秀著作选》第 2 卷,上海人民出版社 1993 年版。

许德珩等:《回忆李大钊》,人民出版社 1980 年版。

梁钊主编:《中共广东省委党校志 1950—1990》,1991 年编印。

胡为雄:《马克思主义哲学在中国传播与发展的百年历史》(上),百花洲文艺出版社 2015 年版。

蒋祖缘:《简明广东史》,广东人民出版社 1997 年版。

陈弘君:《中共广东历史摘要探究》,广东人民出版社 2005 年版。

成龙、郭丽兰、张伟东:《马克思主义中国化在广东——历史·理论·实践》，北京大学出版社 2012 年版。

王海军：《马克思主义中国化进程中经典著作编译与传播研究（1919—1949）》，中国人民大学出版社 2019 年版。

王海军、李莉：《马克思主义中国化进程中经典著作编译与传播研究（1949—1978）》，中国人民大学出版社 2019 年版。

张江明：《张江明自选集》，广东人民出版社 2007 年版。

校志编写组：《前进中的中共广东省委党校 1950—2000》，2000 年编印。

校志编写组：《中共广东省委党校六十年发展历程 1950—2010》，2010 年编印。

江流、傅青元：《建设中国特色社会主义史纲》，社会科学文献出版社 2008 年版。

秦宣主编：《邓小平理论研究述评》，中国人民大学出版社 2002 年版。

周小华等：《基于新媒体技术的马克思主义传播》，国家行政学院出版社 2012 年版。

李春会：《传播视域下的马克思主义大众化》，人民出版社 2013 年版。

后　记

马克思主义在中国的传播研究，是近年来学术界较为关注的课题。今年是中国共产党建党 100 周年，我们开展"马克思主义在广东传播一百年"的课题研究，初衷也是在百年纪念这样一个有着特殊意义的时间节点，通过史论结合的方式，对马克思主义在广东百年传播的历史进程、基本特征及深刻影响等进行梳理、审视，总结经验得失，以引起进一步优化传播的自觉。

在百年传播的历史进程中，马克思主义已经深深地与中华文化相互融入，并生动地呈现为中国化马克思主义的当代形态。广东作为中国民主革命的发祥地，也历来是接受外来新思想新观念的先行之地。马克思主义的广东传播，首先表现为作为先进的政治革命指导思想的传播。与此同时，随着新民主主义革命、社会主义革命和建设及中国特色社会主义建设的深入发展，马克思主义的传播也在社会层面、文化层面的革命性变革中持续发挥作用，从而深刻地改变了广东文化（岭南文化）的固有特质，极大地提升了当代广东文化（岭南文化）的先进性。我们试图在上述相关维度的观照下，对马克思主义在广东百年传播的研究有一个相对清晰的展开。但在实际研究过程中，却发现这一目标的达成实在有些勉为其难。这既有我们学术素养的原因，也有时间紧迫的原因。从百年历程中系统地梳理、研究马克思主义在广东的传播，这是一项之前还没有人做过的事情，而其意义却是显而易见的。因此，《马克思主义在广东传播一百年》的出版，或者只能说是完成了研究的第一步，在此，私下也希冀未来会有更多富有价值的创新性研究成果的出现。

本书是广东省哲学社会科学"十三五"规划 2020 年度特别委托项目"马克思主义在广东传播 100 年"（GD20TW03 - 04）的研究成果，全书共分 6 章，其中张承良教授、博士承担了第一、第四、第六章撰写及全书规划和统筹的工作，舒建华副教授、博士承担了第二、第三章撰写的工作，蓝强副教授、博士承担了第五章撰写的工作。感谢省委宣传部对我们研究团队的信任和指导，感谢广东人民出版社编辑团队认真细致的编校和支持。

张承良

2021 年 3 月